PERSONA
PERIG

LIDADES
OSAS

JOE NAVARRO

com TONI SCIARRA POYNTER

CRIME SCENE
DARKSIDE

DANGEROUS PERSONALITIES: AN FBI PROFILER SHOWS YOU
HOW TO IDENTIFY AND PROTECT YOURSELF FROM HARMFUL PEOPLE
Copyright © 2014 by Joe Navarro

Imagens do Projeto Gráfico © Dreamstime

Tradução para a língua portuguesa
© Renan Santos, 2023

Diretor Editorial
Christiano Menezes

Diretor Comercial
Chico de Assis

Diretor de Novos Negócios
Marcel Souto Maior

Diretora de Estratégia Editorial
Raquel Moritz

Gerente de Marca
Arthur Moraes

Editora Assistente
Jéssica Reinaldo

Capa e Projeto Gráfico
Retina 78

Coordenador de Diagramação
Sergio Chaves

Designers Assistentes
Aline Martins
Jefferson Cortinove

Preparação
Marcela Filizola
Vinícius Tomazinho

Revisão
Lauren Nascimento
Maximo Ribera
Retina Conteúdo

Finalização
Sandro Tagliamento

Marketing Estratégico
Ag. Mandíbula

Impressão e Acabamento
Braspor

DADOS INTERNACIONAIS DE CATALOGAÇÃO NA PUBLICAÇÃO (CIP)
Jéssica de Oliveira Molinari - CRB-8/9852

Navarro, Joe
  Personalidades perigosas / Joe Navarro, Toni Sciarra Poynter;
tradução de Renan Santos. — Rio de Janeiro : DarkSide Books, 2023.
  272 p.

  ISBN: 978-65-5598-301-2
  Título original: Dangerous Personalities: An FBI Profiler Shows You
How to Identify and Protect Yourself from Harmful People

  1. Criminosos 2. Personalidade
  I. Título II. Santos, Renan

23-3671   CDD 345.04

Índice para catálogo sistemático:
1. Criminosos

[2023, 2025]
Todos os direitos desta edição reservados à
DarkSide® Entretenimento LTDA.
Rua General Roca, 935/504 — Tijuca
20521-071 — Rio de Janeiro — RJ — Brasil
www.darksidebooks.com

JOE NAVARRO
com TONI SCIARRA POYNTER

COMO **SOBREVIVER** A PESSOAS TÓXICAS
PERSONALIDADES PERIGOSAS

TRADUÇÃO | RENAN SANTOS

DARKSIDE

PARA AS **VÍTIMAS**

*Existem dois tipos de pessoas no mundo:
as que enchem seu copo e as que esvaziam.*

JOE NAVARRO
com TONI SCIARRA POYNTER

PERSONALIDADES PERIGOSAS

SUMÁRIO

13 | NOTA DO AUTOR

15 | PREFÁCIO: Útil para todos

19 | INTRODUÇÃO: Por que e para quê

37 | **CAP.1**: Personalidade Narcisista

81 | **CAP.2**: Personalidade Emocionalmente Instável

119 | **CAP.3**: Personalidade Paranoide

157 | **CAP.4**: Predador

203 | **CAP.5**: Combinações de Personalidades

225 | **CAP.6**: Autodefesa contra Personalidades Perigosas

251 | RECURSOS

256 | BIBLIOGRAFIA

266 | AGRADECIMENTOS

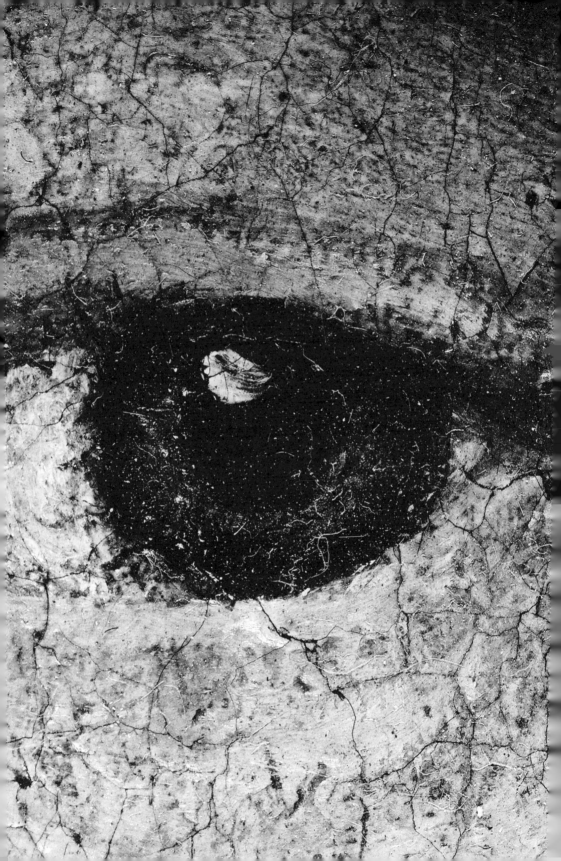

NOTA DO AUTOR

ESTE LIVRO TEM POR OBJETIVO informar o leitor ou confirmar o que ele possa ter testemunhado ou vivenciado. Não tem o objetivo de ser um guia clínico e não deve substituir os serviços de um profissional treinado ou licenciado.

Sempre que converso com as vítimas, estou bastante ciente do que sofreram e da necessidade de proteger a privacidade e a dignidade delas. Por isso, alterei os nomes de todas as vítimas entrevistadas. Para protegê-las ainda mais, alterei um pouco os detalhes dos acontecimentos, datas, hora e local, pois alguns boletins de ocorrência policial e processos de divórcio podem ser encontrados hoje em dia na internet se pesquisarmos determinadas palavras ou grupo de palavras. Por fim, fiz o melhor para proteger as vítimas sem descaracterizar o tipo de crime com o qual tiveram de lidar.

PREFÁCIO
ÚTIL PARA
TODOS

QUANDO MEU BOM AMIGO e colega Joe Navarro completou a primeira versão deste livro, pediu que eu revisasse o manuscrito e fizesse comentários construtivos se fosse o caso. Assim que peguei o livro e comecei a ler, não consegui parar. É, sem dúvida, um dos livros mais interessantes, úteis e fáceis de acompanhar que eu já li sobre este assunto. Embora numerosos estudos acadêmicos tenham sido realizados analisando personalidades perigosas, Joe tomou uma decisão consciente de não encher este livro com o jargão das ciências sociais ou com análises estatísticas elaboradas. Contudo, ele deixa bem claro ao leitor que as discussões e conclusões sobre esses indivíduos são bem fundamentadas e baseadas em seus muitos anos de experiência como Agente Especial do FBI e criminólogo especialista em perfil criminal.[*]

---

[*] É o profissional que une as competências do investigador criminal e do especialista em comportamento humano para traçar o perfil dos criminosos, por meio de tipologias, e ajudar nas investigações. Neste livro, o autor faz uma análise criminológica dos padrões psicológicos e comportamentais das pessoas que podem apresentar uma personalidade perigosa. Tal análise é apresentada num espectro tipológico que varia do grau mais leve ao mais intenso, ou seja, da pessoa que pode representar pouco perigo, à pessoa que pode se tornar uma grande ameaça vindo, possivelmente, a cometer algum crime.
[Notas do Tradutor, daqui em diante NT]

Uma das principais questões que me ocorreu conforme eu lia este livro foi: quem o acharia ao mesmo tempo útil e interessante? Cheguei a uma conclusão em duas palavras: *todo mundo*. Afinal, todos nós, em algum momento da nossa vida, iremos encontrar uma ou mais dessas personalidades perigosas. Em alguns casos, serão nossos familiares, pessoas com quem estamos saindo ou com as quais temos a intenção de nos casar, amigos íntimos ou casuais, ou colegas de profissão. Ou talvez sejam completos estranhos.

Este livro é valioso porque ajudará leitores a entender que, mesmo que se lide casualmente com uma personalidade perigosa, há uma boa chance de ser vitimizado por ela. Esses indivíduos são tão falhos e insensíveis que conseguem nos fazer sentir como se nós fôssemos responsáveis pelo sofrimento que causam, enquanto eles se mantêm distantes a ponto de não serem influenciados a modificar ou alterar seu comportamento tóxico.

Se este livro for lido com atenção, conseguirá alcançar diversos objetivos. Primeiro, auxiliará leitores a reconhecer personalidades perigosas, impedindo-as de entrar em sua vida. Segundo, fornecerá aos leitores sugestões específicas sobre como lidar de forma mais eficaz com tais indivíduos caso tenham de fazê-lo. Terceiro, e mais importante, as advertências estabelecidas neste livro, se atendidas, podem salvar a vida de alguém, ou no mínimo prevenir alguém de ser seriamente agredido mental, física ou financeiramente.

Como ex-detetive de homicídios e ainda na ativa, sou testemunha pessoal da devastação que essas personalidades perigosas infligem em vítimas inocentes e muitas vezes não conscientes. Eles matam, estupram, agridem, roubam, oprimem e exploram qualquer um que caia em sua esfera de influência e controle. Eles são, de fato, oportunistas ardilosos e manipuladores. Com base em meus muitos anos de experiência como policial, assim como em minha extensa pesquisa como criminólogo, digo com confiança que são altas as chances de alguém com uma personalidade perigosa surgir em sua vida ou na vida de alguém que você ama. Embora a mera vigilância seja útil, a vigilância aliada ao conhecimento é o ideal para nos manter a salvo. Posso dizer com confiança que Joe Navarro escreveu um livro notável que alcança esse propósito.

Dr. Leonard Territo
Professor Titular Honorário de Justiça Criminal
Universidade de Justiça de Saint Leo
Saint Leo, Flórida
Professor Emérito do Departamento de Criminologia
Universidade do Sul da Flórida

INTRODUÇÃO

POR QUE E PARA QUÊ

EM 27 DE JUNHO DE 1975, uma jovem mulher chamada Susan "Sue" Curtis desapareceu de um campus universitário que costumava ser considerado bastante seguro. A garota tinha 15 anos de idade e participava de uma conferência juvenil na Universidade Brigham Young (BYU) em Provo, Utah, onde eu era um policial novato.

Conduzi a investigação inicial de seu desaparecimento. Entrevistamos amigos e parentes atrás de pistas e descobrimos que ela havia retornado a seu quarto para limpar o novo aparelho ortodôntico. Porém, quando vasculhei o lugar, sua escova de dentes estava seca. A garota não havia chegado ao quarto.

Conseguimos identificar algumas de suas atividades (seu bilhete de almoço tinha sido usado), mas havia um limite ao que conseguíamos reconstruir — isso foi antes de câmeras serem onipresentes nos campi e celulares nos manterem conectados o tempo todo.

Conversamos com a família dela. Ainda me lembro da dor e do desespero incomensuráveis. O trauma dos familiares era devastador e triste, muito triste.

Sue nunca foi encontrada, e, por fim, todas as pistas lógicas foram exauridas. Mas o mistério de seu desaparecimento sempre me incomodou, porque eu estava de plantão naquela noite, patrulhando o campus, e, de alguma forma, me sentia parcialmente responsável. Guardei uma cópia do arquivo do caso com uma grande fotografia dela e, pelos anos seguintes, esquadrinhei multidões, procurando um rosto que fosse remotamente similar ao dela. Guardei o arquivo, também, para me lembrar de meu fracasso em proteger aquela alma inocente.

Anos se passaram, e eu me tornei agente do FBI. Então, um dia, recebi o telefonema de um investigador de Salt Lake City: "Há algo que você deveria saber", disse ele. "Jamais encontramos Sue Curtis. Mas nós sabemos quem a pegou." Então, ele me contou que um jovem bonito estava dirigindo ao redor do campus em um Volkswagen naquela noite, procurando uma vítima. Aquele homem havia finalmente admitido o sequestro e assassinato de Sue Curtis. Seu nome era Theodore "Ted" Bundy, um homem que, por fim, confessaria o assassinato de 35 jovens mulheres em quatro estados diferentes.

Ainda é difícil pensar sobre a garota de olhos amendoados e cabelo comprido cuja foto eu contemplava dia após dia... cujo diário eu li... cujas roupas cheirei atrás de sinais de onde ela poderia ter estado... cujos sapatos toquei atrás de umidade ou sujeira conforme eu procurava desesperado qualquer pista possível do paradeiro dela. É muito possível que eu tenha visto seu assassino naquela noite dirigindo pelo campus. Eu teria olhado duas vezes o carro por não ter um adesivo de estudante ou docente da BYU — mas muitos não tinham à época, pois muita gente visitava o local. Nenhuma atividade ilegal havia sido vista ou reportada. Foi como qualquer outro dia, exceto que neste havia uma personalidade perigosa no campus: um predador e assassino serial que iria assassinar muitas vezes mais.

O campus da BYU é um dos mais seguros do país, mas, ainda assim, havia ocorrido um rapto, e uma vida fora ceifada. Como isso aconteceu e quem faria algo assim? A percepção de que uma pessoa fosse capaz de fazer tanto estrago, não apenas às vítimas, como também a seus entes queridos, era arrepiante. Eu tinha 22 anos, era um policial fardado, quando compreendi de verdade, pela primeira vez, que existem personalidades perigosas neste planeta e que, por causa delas, nós nunca estaremos completamente seguros. Estremeço em pensar o que Sue Curtis, de meros 15 anos, teve de entender naquela noite, sozinha com um predador, antes de morrer.

Estou convencido de que este evento singular me levou anos depois a servir como analista de perfis criminais na Divisão do FBI em Tampa e, mais tarde, na elite do Programa de Análise Comportamental de Segurança Nacional do FBI. Senti-me compelido a compreender comportamentos criminosos e anormais, e este objetivo dominou muito de minha carreira no FBI. Sue Curtis desapareceu durante minha vigília. Eram minhas as palavras e as iniciais naquele relatório investigativo. Aquele evento trágico inflamou minha paixão por buscar respostas daqueles que mais sabem: os próprios criminosos e suas vítimas.

O que aprendi com eles, ao longo de um período de quatro décadas, é que existem certas personalidades que machucam mais as pessoas. De forma recorrente, elas são responsáveis por crimes, tormentos, aflições, perdas financeiras, assim como perda de vidas. Este livro é sobre essas personalidades perigosas que nos causam tanta dor e sofrimento. O que eu aprendi sobre criminosos, comportamento anormal e personalidades perigosas você também deveria saber, pois isto pode salvar sua vida.

A REALIDADE DAS PERSONALIDADES PERIGOSAS

A esta altura, estamos familiarizados com manchetes sinistras: assassino solitário entra em um prédio de escritórios, sala de aula, acampamento ou outra área — e, sem provocação evidente, dispara com uma metralhadora ou com outras armas, matando ou ferindo dezenas de vítimas inocentes. E, após cada um desses eventos, após o caos terminar e as vítimas estarem enterradas ou remendadas (as últimas, sem dúvida, traumatizadas pelo resto da vida, assim como seus familiares), a pergunta que devemos fazer é: "Quem faria algo assim, e como isso poderia ter sido impedido?".

Quando esses eventos violentos ocorrem, eles dominam o noticiário e nos preocupam por meses (os massacres na Virginia Tech; na Escola de Ensino Médio Columbine e na Escola de Ensino Fundamental Sandy Hook; e em Oslo, Noruega, para citar alguns). Infelizmente, esses horríveis assassinatos em massa acontecem com alta frequência. Somente nos Estados Unidos, ocorrem em média dezoito a vinte vezes por ano. Atingindo-nos com frequência quase metronômica — mais de um por mês —, tais eventos são quase entorpecentes. Quantos foram assassinados desta vez?, perguntamos com incredulidade. Foram 8, 16, 26 ou 77 (tal como em Utoya, Noruega, em 22 de julho de 2011, pelas mãos de Anders Behring Breivik, um extremista de direita narcisista e xenofóbico)?

Ainda assim, por mais impressionantes que esses eventos violentos sejam, eles não representam a realidade de quem vitimiza a maioria das pessoas. A triste verdade é que, para cada assassino em massa, existem centenas de outros que matam uma criança por vez, uma paquera por vez, um cônjuge por vez — e esses eventos, às vezes, mal aparecem nos principais jornais. O caos que passa despercebido, sem se tornar notícia nacional, é o tipo de crime, tormento e sofrimento que muitos de nós temos mais chances de experimentar.

As personalidades perigosas entre nós nos machucam entre quatro paredes; na igreja; na escola; no escritório; muitas vezes atacando em segredo vítimas que não suspeitam dessas pessoas ou confiam nelas

— e, na maioria das vezes, ninguém descobre até que seja tarde demais. Apenas se tornam manchete nas raras ocasiões em que são pegas. São responsáveis por muitos dos quase 15 mil homicídios, 4,8 milhões de agressões domésticas, 2,2 milhões de violações de domicílios, 354 mil roubos e mais de 230 mil agressões sexuais que ocorrem anualmente nos Estados Unidos, muitos das quais não são denunciados nem punidos. Ou, como Bernard Madoff, elas podem desviar dinheiro dos mais velhos ou mesmo de amigos por anos (em tal escala, no caso dele, que o bem-estar econômico de milhares ficou comprometido). Essas personalidades conseguem seguir sem ser perturbadas por décadas, destruindo vidas como o molestador de crianças condenado Jerry Sandusky fez na Universidade do Estado da Pensilvânia.

Pense naquela época em sua vida quando alguém furtou algo seu ou tirou vantagem de você de maneira dolorosa. Talvez sua casa tenha sido invadida, ou seu carro tenha sido roubado. Talvez você tenha namorado alguém que se revelou tóxico, ou talvez você tenha sido atormentado na escola ou no trabalho. Talvez você tenha sido agredido, assaltado ou abusado sexualmente e nunca denunciou, ou, se o fez, não deu em nada. Muito ocorre ao nosso redor que nunca é denunciado, e, quando é, raras vezes os responsáveis são encarcerados. Há sessenta anos, criminólogos sabem que menos de 1% dos criminosos chegam a ser presos por seus crimes.

O que isso significa para nós é que a maioria das pessoas que pode nos machucar — as personalidades perigosas — vai evitar o escrutínio oficial, instaurando o caos em nossa vida sem nunca serem pegas, ou persistindo por anos antes de pararem. E isso é só dano físico. Nem todas as feridas são desse tipo. A maioria das pessoas que nos causa dano também o faz emocional, psicológica ou financeiramente. Essas também são personalidades perigosas, pois nos colocam em risco a seu próprio modo.

COMO QUATRO PERSONALIDADES PERIGOSAS SE JUNTARAM

Enquanto trabalhava no FBI como criminólogo, comecei a ver um padrão surgindo quanto aos tipos de personalidade que pareciam dominar nossa atenção. Eram pessoas que estavam constantemente fazendo os outros infelizes, burlando leis, adotando comportamentos arriscados, tirando vantagem ou abusando de pessoas e, em geral, causando dor e sofrimento — não uma vez, nem duas, mas, sim, de forma repetida.

Com meu esforço e a orientação de outros, aprendi que existem certas personalidades que sempre serão maldosas, enganadoras e manipuladoras, que obtêm prazer em tirar vantagem dos outros e que não respeitam pessoas ou leis. Elas são exaustivas emocionalmente e podem ser cruéis, indiferentes e exploradoras. E vão repetir seu comportamento, várias e várias vezes, sem se importarem com o dano físico ou psicológico que infligem.

Ao investigar, prender e entrevistar estupradores, assassinos, sequestradores, ladrões de banco, criminosos do colarinho branco, pedófilos e terroristas, aprendi, às vezes do modo mais difícil, que personalidades perigosas podem ser muito enganadoras. Elas podem agir e parecer muito normais externamente. Podem até ser inteligentes, interessantes, charmosas e atraentes. Mas são sempre perigosas.

Em 1995, conheci Kelly Therese Warren. Aos 30 anos de idade, ela vivia em Warner Robins, na Geórgia, com a filha e o marido. Kelly havia servido no exército lidando com tarefas administrativas e tinha sido dispensada com honras após sua passagem pela Alemanha. O marido trabalhava em uma madeireira, e ela fazia vários bicos, incluindo cuidar de crianças e atender em uma loja de conveniência.

Kelly sempre abria um sorriso para mim e me recebia com um abraço. O pouco de comida que eles tinham ela me servia com prazer e sempre fazia questão de manter cheio meu copo de chá gelado adoçado. Ela conversava comigo mais do que uma dúzia de vezes por verão, sempre sorridente.

Kelly me contou como havia sido a vida de soldado do exército dos Estados Unidos na Alemanha e como havia sido crescer pobre no Sul. Ela era alegre e engraçada e sempre rápida para responder às minhas perguntas e preencher as lacunas. Por quase um ano, deu a meus colegas de FBI e a mim informações que utilizamos para perseguir um criminoso — e não era um criminoso qualquer, mas um espião do bloco soviético. Por um ano, nós seguimos cada palavra de Kelly. Cada fragmento de informação que ela entregava de forma voluntária e entusiasmada nós investigávamos.

Mas havia algo errado. Nada do que Kelly dizia dava certo. Levou um longo tempo até descobrirmos isso porque a maioria das pistas era na Europa, não nos Estados Unidos. Por fim, conseguimos confrontá-la sobre os fatos. Foi então que entendemos que ela havia não só mentido, mas também posto sua nação em risco. Foi ela que, em seus meros 20 anos, no auge da Guerra Fria, colocou toda a Europa Central em perigo ao vender para o bloco soviético planos de guerra altamente sigilosos que ela havia datilografado.

Kelly, de sorriso tão doce quanto seu chá, foi mais um exemplo de como personalidades perigosas podem ser charmosas, engraçadas e interessantes, mas também podem colocar uma nação inteira — ou, no caso dela, uma série de nações — em risco. Ela está cumprindo pena de 25 anos por cometer espionagem.

Esses indivíduos são falhos, não só em termos de personalidade, mas também de caráter — ou seja, em moralidade e ética. Em suma, não se pode confiar que eles vão dizer a verdade, se importar com você e protegê-lo, nem manter você em segurança. E, por causa de suas falhas, invariavelmente seu comportamento deixa para trás as ruínas de um campo de sofrimento humano.

Com o tempo, cheguei à conclusão de existirem quatro tipos de personalidade responsáveis pela maioria dos dados que estávamos vendo. Essas quatro personalidades perigosas nos colocam diariamente em risco financeiro, emocional e físico e são as personalidades que iremos focar neste livro:

- A personalidade narcisista
- A personalidade emocionalmente instável
- A personalidade paranoide
- O predador

NOTA SOBRE TERMINOLOGIA

Alguns leitores podem se perguntar por que eu escolhi usar termos não clínicos, tais como *predador* e *emocionalmente instável*, para descrever dois tipos de personalidades perigosas neste livro. É uma questão pertinente.

Quis usar termos que pessoas leigas pudessem compreender de imediato e que fossem facilmente transferíveis para outras culturas. Teria sido muito fácil (e talvez benéfico para as vendas do livro, como sugeriram alguns amigos) usar o termo *psicopata* para descrever o predador. Infelizmente, o termo *psicopata* se tornou tão usado que mesmo alguns profissionais o utilizam sem cuidado, quando os mais perspicazes diriam que *transtorno de conduta*, *sociopata*, *transtorno de personalidade antissocial* ou, como a Organização Mundial de Saúde prefere, *transtorno de personalidade dissocial* teria sido mais adequado ou preciso (Walsh & Wu, 2008).

A literatura médica e de saúde mental claramente diferencia o psicopata, o sociopata, o indivíduo com transtorno de personalidade antissocial e o indivíduo com transtorno de conduta. Ao colocar o rótulo de um desses termos em particular em alguém, é preciso estar consciente dos critérios específicos estabelecidos pela comunidade de saúde mental ou por pesquisadores tais como Robert Hare.

Se isso é complexo para os profissionais, é ainda mais para o leitor leigo. É por isso que uso o termo *predador*, que sintetiza o fato de estarmos lidando com indivíduos que caçam outros, tiram vantagem deles e têm pouco apreço por regras ou pelos direitos e pela santidade dos outros.

Da mesma forma, termos como *personalidade borderline*, *histriônico*, *transtorno de conduta* ou *transtorno bipolar* são um mistério para a maioria das pessoas não familiarizadas com o sentido clínico completo deles. Então, uso o apelativo *emocionalmente instável* para englobar a essência dessa personalidade, de modo que uma pessoa comum, e isso me inclui, seja capaz de compreender.

Também estou ciente de que alguns termos psicológicos, tais como *borderline* ou *histriônico*, têm se tornado tão fortemente carregados de sentidos e conotações negativas que são estigmatizados ou usados pejorativamente, ao mesmo tempo que oferecem muito pouca clareza a respeito de com o que estamos lidando. Por essas razões, evitei usar esses termos.

Personalidade narcisista e paranoide foram usadas, contudo, por serem termos amplamente compreendidos, graças à longa linhagem na mitologia e na literatura.

MINHA INTENÇÃO

Personalidades Perigosas é minha tentativa de compartilhar o que eu sei sobre as pessoas que vão machucar você. Personalidades perigosas estão ao nosso redor. Podem ser seus vizinhos, amigos, chefes, flertes, cônjuges, parentes, seu pai ou sua mãe. Podem ser líderes de comunidade ou profissionais responsáveis por sua educação, dinheiro, saúde ou segurança — e é por isso que precisamos estar bem vigilantes.

Maldade, crime ou sofrimento chega até nós de várias formas, e é raro que agite uma bandeira ou assobie para se anunciar: "Prepare-se, estou chegando!". De fato, considerando minha experiência como Agente Especial do FBI, sei que criminosos são incrivelmente competentes em chegar perto de nós para tirar proveito. Dennis Rader, também conhecido como o assassino BTK, escondeu-se em plena vista por trinta anos. Vivendo em Park City, no Kansas, perto de Wichita, Rader era um líder do conselho da igreja e apanhador de cachorros/oficial de *compliance* municipal. Ele também era um assassino serial (ao menos dez vítimas) que gostava de amarrar, torturar e matar — daí o apelido BTK (bind, torture, kill) em inglês —, algo que ele manteve em segredo de sua esposa e filhos, assim como dos oficiais da cidade e de sua igreja, por três décadas. David Russell Williams, um coronel condecorado das Forças Canadenses, também manteve um segredo de sua esposa e de seus colegas de trabalho: era um estuprador e assassino serial. E quanto aos inúmeros padres católicos que por décadas esconderam seus crimes de abuso infantil debaixo do manto do clero?

São casos como esses que nos fazem ponderar: em quem podemos confiar? Como podemos detectar e evitar o pior antes que aconteça? No final, temos de confiar em nossas habilidades inatas em sentir o perigo, nossos poderes de observação e no comportamento dos outros que nos alerta de que algo não está certo.

Às vezes, a única pessoa fazendo os comentários-chave que podem salvar você é você mesmo, sentado próximo àquela pessoa esquisita ou irritadiça em um cubículo no trabalho ou atrás daquela porta fechada em casa. Considere o caso de Ariel Castro em 2013, que prendeu, torturou e estuprou três meninas em sua casa por mais de uma década (mais de 3600 dias — imagine isso). Poucas horas após sua prisão, vizinhos conversaram com jornalistas, mostrando como estavam aturdidos, pois Castro era "conhecido por ser alegre, alguém que era bom com as crianças". Um vizinho que vivia a duas casas dali e conhecia Castro fazia 22 anos disse: "Me sinto um pouco culpado, eu deveria ter percebido".

Mas e se esses vizinhos, membros da família ou músicos colegas e membros da banda (Castro tocava violão e cantava) tivessem sido melhores observadores? A maioria das pessoas, infelizmente, não está motivada a olhar mais de perto. De fato, a sociedade faz cara feia para quem se mete na vida dos outros, e, francamente, a maioria das pessoas simplesmente não sabe quais sinais procurar. É triste, mas a cegueira social é regra, não exceção.

Não quero que você seja vitimizado. Não quero que você passe pelo que eu testemunhei nem pelo que várias pessoas sofreram. Quero que tenha uma vida feliz e plena. Mas sei que há personalidades perigosas por aí, muito prontas para atormentar e tirar o que você valoriza. Se você tem alguma dúvida, basta ler o jornal, e entenderá por que devemos estar preparados.

Uma pessoa que foi vitimizada sempre se pergunta depois: "Como isso pôde acontecer comigo? Por que eu não vi os sinais?". Todos nós já experimentamos isso, inclusive eu. Embora em retrospectiva pareça óbvio, a previsão costuma ser cega. Ninguém nos ensinou quais sinais procurar. Nós que trabalhamos com casos criminais sabemos que quase sempre há traços de personalidade ou sinais de comportamento que aos bem-informados dizem: "Tem problemas aqui, preste atenção, tome cuidado, ou fuja" — mas ou isso não é reconhecido, ou as pessoas escolhem ignorar.

É aqui que entra o *Personalidades Perigosas*. Quero ajudar a antecipar quando alguém estiver prestes a machucar você ou tirar vantagem. Segurança é nossa responsabilidade. Não pode ser terceirizada, e, se tentarmos fazê-lo, ficaremos desapontados. Departamentos de polícia são notórios por sua sobrecarga, clínicas de saúde mental estão lotadas, tribunais ainda deixam muita gente sem punição, e, como já mencionei, a maioria daqueles que cometem erros raramente é pega. Portanto, nossa segurança cabe a nós mesmos.

Como seria bom se pudéssemos apenas bloquear esses indivíduos de nossa vida com a facilidade com que bloqueamos mensagens de spam ou um *pop-up* na internet — com um clique. Mas não podemos. Isso significa que devemos estar vigilantes. Quero partilhar esta informação com você porque não temos especialistas a nosso lado 24 horas por dia para recorrermos e perguntarmos: "O que você acha? Ele é perigoso?", "Ele é uma boa pessoa?", "Posso confiar nela para tomar conta do meu filho?", "Eu deveria investir nele?", "Devo aceitá-la como colega de quarto?", "Este gerente tem a capacidade de arruinar minha empresa?", "Devo trazê-lo para casa e deixá-lo dormir aqui?". Essas decisões são nossa responsabilidade e, ainda assim, poucos de nós estão preparados para avaliar os outros de forma adequada no intuito de responder a essas perguntas. Se falharmos em responder a elas hoje, podemos descobrir a triste resposta na primeira página do jornal de amanhã.

Agora você pode assumir um papel ativo no reforço da sua segurança. *Personalidades Perigosas* oferece conselhos de especialistas de modo simples e prático para que você possa tomar o controle de sua vida. Quero ajudar você a aprender a avaliar os outros buscando falhas de caráter ou de personalidade para reduzir as chances de que tirem vantagem emocional, psicológica, financeira ou física de você. Benjamin Franklin disse tudo: "Investir em conhecimento remunera com os melhores juros". Acrescentaria apenas que um investimento neste tipo de conhecimento pode salvar sua vida.

AS LISTAS DE VERIFICAÇÃO DE PERSONALIDADES PERIGOSAS

No mundo no qual eu trabalhava, nunca tivemos o luxo de ter dias ou semanas para avaliar um indivíduo. Decisões sobre quem investigar, enfocar, seguir, questionar, confrontar, lidar, ou prender tinham que ser tomadas com rapidez. Afinal, quando você está negociando com um sequestrador, não pode dizer: "Aguarde um minuto; temos de consultar um comitê de especialistas a respeito de como é sua personalidade para que saibamos como negociar com você". Não funciona assim. A vida real ocorre em tempo real, e decisões são tomadas em instantes.

Em situações de crise, nosso conhecimento genérico do comportamento humano é determinante, mas as informações específicas que gradualmente coletamos a respeito do comportamento dessas personalidades perigosas também são. Com o tempo, conforme eu estudava e conversava com esses indivíduos e também com especialistas e vítimas, suas características essenciais foram se formalizando em listas de verificação para me ajudar a aferir essas pessoas em tempo real nas situações de alto risco confrontadas diariamente pelo FBI.

Partilharei com você o que apenas poucos analistas de perfis criminais do FBI sabiam até então, e o que eu próprio usei repetidas vezes e refinei ao longo dos anos.

Capítulo a capítulo, descreverei os traços definidores de cada uma das quatro personalidades, como se comportam, como nos fazem sentir e onde e como podemos encontrá-las, com exemplos da vida cotidiana, de meus próprios arquivos criminais e do noticiário. Concluo cada capítulo com a Lista de Verificação de Personalidades Perigosas específica para aquele tipo de personalidade, descrevendo sinais de alerta centrais em linguagem direta. As listas incluem um sistema prático e fácil de usar para ajudar você a avaliar onde o comportamento de uma pessoa se localiza em um espectro que vai do leve ao moderado e ao severo — em outras palavras, do irritante ao tóxico e ao perigoso.

As listas de verificação ajudarão você a compreender o seguinte:

- Os traços de personalidade e comportamentos mais comuns que dizem: "Prossiga com cautela";
- Os traços, comportamentos ou acontecimentos que aparentam normalidade, mas que, na verdade, comunicam perigo;
- O que você pode esperar desse indivíduo para o futuro;
- O nível de ameaça possível a você e àqueles que se associam com esse indivíduo.

Cada lista de verificação é bastante específica e rica em detalhes — elas são muito mais detalhadas, de fato, do que as usadas por profissionais da saúde mental quando diagnosticam transtornos de personalidade. Ao conferir as listas, você pode se perguntar por que são tão longas. A resposta é simples. Avaliar personalidades perigosas é, com frequência, complexo e sutil. As listas são longas porque precisam ser. Detalhes asseguram a precisão e ajudam a evitar o risco de deixar passar comportamentos significativos ou nuançados que a pessoa leiga pode ter esquecido ou pode não ter percebido, mas que são importantes para identificar uma personalidade perigosa em particular. Quando se trata de salvar vidas ou de manter os outros a salvo, tenho de considerar o que é útil para a mais ampla audiência e também o que é necessário. Assim como um piloto experiente usa uma lista de verificação longa para decolar e aterrissar, assegurando o máximo de segurança a todos a bordo, nós também temos que usar listas detalhadas para sermos o mais cuidadosos e precisos possível. Em se tratando de personalidades perigosas, detalhes e precisão superam a brevidade e a ambiguidade.

Conforme você ler este livro e usar as listas, notará que, ao contrário da maioria dos livros sobre este assunto, aqui há poucos dados estatísticos. A meu ver, há uma razão pertinente para isso. Quando dizemos que este ou aquele tipo de personalidade contabiliza 1 ou 6 ou 2,8% da população, acredito estarmos fazendo um desserviço aos leitores, pois os convidamos a focar em probabilidades (estatísticas) em vez de comportamentos. Há o risco de alguém dizer: "Bom, tenho 96% de chances de estar seguro, então não preciso me preocupar em ter de lidar com esse tipo de pessoa". Muitos fumantes se iludem ao focaremas estatísticas relacionadas àqueles que não desenvolvem câncer no pulmão em vez de se concentrarem nos comportamentos e estilos de vida que levam ao câncer no pulmão. Esse tipo de mentalidade é exatamente o que precisamos evitar. Basta apenas *um* encontro com *uma* personalidade perigosa — na rua, no trabalho, em seu carro, em sua casa, em seu quarto — para arruinar sua vida por completo. Portanto, neste livro, nos concentramos em comportamentos, não em estatísticas ou probabilidades.

Também sei por pesquisas (para mais informações, consulte a quinta edição do *Manual Diagnóstico e Estatístico dos Transtornos Mentais*, conhecido como DSM-5) que certos transtornos são, com maior frequência, diagnosticados ou associados com um gênero específico: o transtorno de personalidade antissocial, por exemplo, é mais diagnosticado em homens, enquanto o transtorno de personalidade borderline é mais diagnosticado em mulheres. Esses dois transtornos têm, respectivamente, muitos dos traços comportamentais do predador e da personalidade emocionalmente instável, discutidos neste livro. Pela mesma razão que não é aconselhável restringir muito o foco a estatísticas, seria um erro associar um transtorno ou tipo de personalidade a um gênero específico. Não queremos nos cegar ao nos fixarmos em estatísticas ou em preconceitos de gênero. O que queremos é focar em *comportamentos*. Comportamentos definirão de forma esmagadora o tipo de personalidade perigosa.

UM ALERTA IMPORTANTE

Enquanto estiver lendo este livro, tenha em mente que não sou um profissional da saúde mental, e este não é um livro de diagnóstico. Diagnósticos clínicos são exclusivos a profissionais da saúde que foram treinados durante anos na arte e na ciência do diagnóstico, usando critérios específicos estabelecidos por associações nacionais de psiquiatria. Embora profissionais possam achar útil o conteúdo deste livro, ele não foi feito para ser usado com propósitos diagnósticos.

As listas de verificação foram projetadas como uma ferramenta de avaliação para os interessados em identificar personalidades perigosas ou comportamentos associados com personalidades perigosas. Assim como somos prudentes ao avaliar quem permitimos que entrem em nossas casas ou quem empregamos, este livro e estas listas de verificação também nos auxiliam a ser mais minuciosos em nossa avaliação sobre os outros. Este é um livro descritivo sobre como identificar personalidades perigosas por seus comportamentos. Também é um livro sobre como proteger a si próprio e seus entes queridos.

Existem diversos livros e recursos excelentes sobre saúde mental, psicologia anormal e transtornos de personalidade, bem como suas possíveis causas e tratamentos. Este não é um deles, e você deveria ir atrás dessas fontes se é essa a perspectiva que procura. Este livro é estritamente minha perspectiva como um ex-Agente Especial do FBI que teve que lidar com esses tipos de indivíduos perigosos de forma rotineira, seja face a face, como alvo de minhas investigações, seja de forma indireta, como consultor. Minha abordagem, portanto, não é a das artes curativas — deixo isso para os profissionais da saúde mental.

Os Recursos Selecionados e a Bibliografia oferecem uma seleção de fontes valiosas que recorrem às artes curativas, centros de crise, criminólogos, departamentos de polícia e perícia criminal, além de observações das próprias vítimas. Espero que você explore esses recursos adicionais e continue a se educar por muito tempo após terminar a leitura do livro. Acredito de verdade que você está mais bem-servido quando considera o que muitos autores têm a dizer e não apenas um.

Muitos outros livros exploram *o porquê* de essas personalidades serem do jeito que são. Você não encontrará esse enfoque aqui, por esta razão: quando alguém sente prazer em humilhar os outros todos os dias, limpa sua conta bancária, molesta seu filho ou está sufocando você com um cinto, faz mesmo diferença *o porquê* de essa pessoa ser desse jeito? A única coisa que importa, se você não for um profissional da saúde nem um pesquisador, é sua segurança e o bem-estar de quem você ama.

Durante minhas décadas como policial, quanto mais entendimento tínhamos sobre a personalidade de um suspeito, maior era a probabilidade de capturar esse indivíduo ou impedir novos atos criminosos. Por exemplo, em situações com reféns, saber se estávamos lidando com alguém que era principalmente paranoide, predador, narcisista ou altamente instável podia fazer uma grande diferença em como nos comunicávamos com essa pessoa, com qual frequência e por quais meios. Isso também nos ajudava a determinar que ações deveriam ser tomadas para resgatar a pessoa refém. Identificar o tipo de personalidade do indivíduo nos dava conhecimento sobre o provável desfecho da situação, pois traços de personalidade com frequência nos ditam a trajetória de como alguém estará mais propenso a se comportar. É por isso que dizemos em análise comportamental: "O melhor profeta do comportamento futuro é o comportamento passado". Ou para citar um lendário pensador da natureza humana:

Nós somos o que
fazemos repetidamente.
— Aristóteles —

Então, se você busca saber o "porquê" das personalidades perigosas, este livro não é para você. Mas, se quer saber como eles pensam e agem, se quer proteger a si mesmo, seus entes queridos ou seus negócios, então este é um bom lugar por onde começar.

UMA ÚLTIMA REFLEXÃO ANTES DE COMEÇARMOS

Embora meu treinamento e filosofia pessoal ditem que todo mundo merece ser tratado com ética e respeito, também acredito que ninguém tem a obrigação social de ser vitimizado. Vou repetir isso: ninguém tem a obrigação social de ser vitimizado. É por isso que estou escrevendo este livro. Eu me importo apenas com uma coisa: sua segurança e seu bem-estar. O que importa para mim é que nem você, nem seus filhos, nem seus pais, nem seus avós se tornem vítimas.

Meu objetivo não é assustar, e, sim, empoderar. Quero sensibilizá-lo para essas personalidades, de modo que sejam identificáveis antes que machuquem você ou pessoas queridas, e ajudá-lo a se distanciar caso estejam lhe fazendo mal. Quero ajudar você a desenvolver seu "radar de segurança" para detectar comportamentos que sinalizem *atenção, tenha cuidado com esta pessoa, vá devagar, não confie*.

Quanto mais pudermos fazer isso como indivíduos, mais protegidos estaremos como sociedade. Então, talvez o caos desenfreado criado pelas personalidades extremamente perigosas deste mundo possa ser contido muito antes de elas se tornarem manchetes.

Se este livro ajudar você a identificar e se proteger de alguém que poderia machucá-lo física, emocional, psicológica ou financeiramente — então, terei atingido meu objetivo.

"TUDO ME DIZ RESPEITO"

CAPÍTULO 1

PERSONALIDADE NARCISISTA

DE TODOS OS RÓTULOS QUE são repetidos sem cuidado, *narcisista* é talvez um dos mais usados e um dos menos compreendidos. É um termo popular com origens antigas (o mito grego de Narciso, que se apaixonou pelo próprio reflexo); ainda assim, o que significa de verdade pode ser desconcertante.

Muitas pessoas pensam no narcisista como sendo alguém que talvez nomeie hotéis com o próprio nome ou que está sempre querendo ser o centro das atenções — quem sabe um personagem de reality show. Com certeza, diversas pessoas amam a ribalta. Mas o tipo de narcisista que estamos tratando aqui vai muito além da autopromoção, agindo de formas que são tóxicas e perigosas. Deste ponto em diante, usarei os termos *narcisista* e *personalidade narcisista* como sinônimos.

Personalidades narcisistas só se importam consigo mesmas, suas necessidades e prioridades. Enquanto eu e você apreciamos receber atenção, o narcisista a anseia e manipula as pessoas e as situações para consegui-la. Enquanto eu e você trabalhamos arduamente para sermos bem-sucedidos, a personalidade narcisista conspira para obter sucesso e pode trapacear, mentir, enfeitar a verdade ou tramar para tirar vantagem, sem se importar com o modo como os outros são afetados.

Essas personalidades podem ser encontradas em qualquer nível de nossa sociedade, desde o topo, iniciando guerras e exterminando populações, como o sombrio registro histórico mostra. Mas também podem ser encontradas no trabalho ou no banco de bar ao seu lado, em casa, na equipe, na sala de aula ou mesmo em sua comunidade espiritual.

"Cinderela", o clássico conto da madrasta malvada e as meias-irmãs obcecadas por si mesmas, é a epítome da natureza exploradora do narcisismo. São pessoas que vivem egoisticamente à custa dos outros. A mais famosa versão de "Cinderela" é a da Disney, mas historicamente há mais de trezentas variações desse conto. Pelo visto, muitas culturas acharam adequado nos avisar sobre esta personalidade, e com razão.

Assim como a madrasta e as meias-irmãs de Cinderela, essas personalidades enxergam poucas falhas em si mesmas e consideram qualquer um que não as valoriza tanto quanto elas próprias como ninguéns, que devem ser rebaixados ou atormentados. E, embora a Cinderela da Disney desfrute de um mágico final feliz, na vida real não há fada madrinha ou príncipe para nos salvar do bullying dessas pessoas. Ao lidar com a personalidade narcisista, nossa proteção cabe a nós mesmos.

O COMPORTAMENTO DA PERSONALIDADE NARCISISTA

Narcisismo não é a mesma coisa que confiança. A verdadeira confiança reflete uma admirável força de caráter. A confiança do narcisista é, na realidade, arrogância — uma falha de caráter que conduz a ideias grandiosas e a uma busca incansável dos desejos do narcisista, com frequência à custa dos outros.

Algumas ideias grandiosas podem ser boas para a sociedade. Vejam os avanços provenientes da invenção da eletricidade e da missão de pousar na Lua, para citar só dois exemplos. Walt Disney também teve uma ideia grandiosa: um lugar "mágico" para crianças e adultos se divertirem — o que se tornou a Disneylândia, a Disney World e o Epcot.

A grandiosidade do narcisista é inteiramente diferente. Considere Jim Jones, cuja visão para Jonestown, na Guiana, foi criar um lugar no qual pessoas prestariam homenagem a ele como um indivíduo supremo. O preço da admissão? Suas economias de toda a vida e seu livre-arbítrio. Você também tinha de estar disposto a matar seus filhos e a si mesmo ingerindo um suco batizado com cianureto, acompanhado por mais de novecentos outros seguidores.

No primeiro caso, uma ideia grandiosa leva a um lugar no qual podemos realizar nossos sonhos. No segundo, nossos piores pesadelos são realizados. A diferença não está nas ideias, e, sim, no tipo de personalidade e nas falhas de caráter. Um busca felicidade para todos. O outro busca adoração e felicidade apenas para si. É por isso que eu quero advertir você sobre os traços definidores desta personalidade perigosa.

Egocêntrico

Na infância, todos nós passamos por uma fase na qual sentimos como se fôssemos o centro do mundo, com uma alta sensação de direito às coisas. A personalidade narcisista, em essência, nunca supera essa fase. Sua necessidade infantil de ter seus pedidos sempre atendidos o leva a fazer tudo, desde o ridículo até o impensável, para se tornar o centro das atenções ou conseguir que as coisas saiam de seu jeito.

Essas pessoas chegam tarde às reuniões, às festas, aos eventos de família, atrasam atividades, fazem os outros esperarem e até mesmo se sacrificarem por conta delas. Podem chegar aos lugares de supetão ou de forma dramática só para obter a atenção de todos. Não hesitam em fazer você saber que são as mais espertas do ambiente. Alguns citam nomes sem vergonha alguma, sem parar, mencionando toda hora conhecidos, com quem almoçaram, para que você, com certeza, saiba que se associam com pessoas importantes.

Boa aparência em todos os sentidos é vital para o narcisista. Você pode vê-lo se envaidecendo em espelhos. Ele é altamente consciente da própria aparência física (o que pode levá-lo ao fanatismo por cirurgia estética ou musculação) e usa sua presença para impactar os outros, seja fazendo todas as cabeças se voltarem a ele em uma festa, seja se ostentando para que todos percebam que ele tem tudo do melhor, maior ou mais caro.

Algumas personalidades narcisistas se apresentam como sendo muito bem-sucedidas, mas, na verdade, alcançaram muito pouco sucesso — o que não as impede de agirem com superioridade e se enxergarem como grande inventores, artistas, músicos, pensadores, líderes ou cantores. Quando as coisas não saem como elas querem, essas pessoas culpam todo mundo, menos a si próprias. Talvez esses indivíduos cometam erros, sejam incompetentes ou apenas não sejam benquistos, mas você jamais os escutará admitindo isso. Não, o sistema, a sociedade, o chefe, o professor, o eleitorado, o mundo está contra eles. Nós que falhamos em não conseguirmos ver como eles são maravilhosos.

Quando os outros não tratam os narcisistas como sendo tão especiais quanto eles acham que são, sua reação é a raiva infantil, que vai de se emburrar a fazer manha e a se enervar, chegando, às vezes, à violência. Eles podem repreender e culpar com impunidade, guardar rancor e ser vingativos — essa é a natureza deles.

Supervaloriza a si, desvaloriza os outros

Porque se enxergam como sendo especiais e extraordinários, as personalidades narcisistas tendem a ver todos os outros como insignificantes ou inferiores. Eles se tornam mestres em colocar os outros para baixo no intuito de se elevar — são os opressores do mundo. Foi assim que a empresária e hoteleira Leona Helmsley ganhou o apelido "a Rainha da Maldade". Mas ela não era apenas malvada. Todos diziam que ela oprimia qualquer um considerado abaixo dela — sem diferença para o bullying que vemos hoje em escolas.

Se o bullying parece estar crescendo, e suas consequências (absentismo, depressão, ansiedade, suicídio) estão se tornando cada vez mais acentuadas e extremas, não é por acaso. Muitos profissionais da saúde concordam que, uma vez que o narcisismo tem crescido na população em geral, o bullying, que é uma característica comum da personalidade narcísica, também tem. O bullying persistente e o narcisismo parecem andar de mãos dadas.

Hoje em dia, a personalidade narcisista nem precisa estar presente para colocar você para baixo. No dia 9 de setembro de 2013, Rebecca Sedwick, de 12 anos de idade, pulou em direção a sua morte em uma fábrica de cimento abandonada no Condado de Polk, na Flórida, supostamente como resultado de tormento on-line (cyberbullying). Isso é o que pode ocorrer quando pessoas consistentemente supervalorizam a si mesmas e desvalorizam os outros — um típico traço narcisista.

Personalidades narcisistas têm uma habilidade extraordinária de identificar fraquezas ou inseguranças nos outros e as utilizar para colocá-los para baixo ou para fazerem a si mesmas parecerem melhores. Pode ser algo tão sutil quanto notar seu relógio novo e depois chamar atenção para o próprio relógio, muito mais caro. Em um churrasco, esse tipo de pessoa diz coisas como "Não tem picanha, só acém?" bem alto para todos os seus convidados ouvirem. Eles não se importam com o modo como você se sente; eles se fortalecem menosprezando os outros.

Eles são do tipo que, pressentindo o nervosismo de alguém antes de um discurso, dizem: "Deve ser difícil falar após um ótimo palestrante — eu não gostaria de estar na sua pele". Sei como é, pois isso aconteceu comigo pouco antes de me apresentar a um grupo em New Orleans.

Às vezes, essas personalidades traem sua verdadeira natureza ao repreender os cônjuges ou filhos em público, em ocasiões sociais ou em eventos esportivos infantis. Se é assim que agem em público, imagine o que fazem em casa quando não tem ninguém vendo.

Ou, então, fazem comentários desdenhosos com indiferença cáustica sobre como alguém é burro ou incompetente. Eles gritam ordens para um garçom e exigem atendimento; depois se voltam para você com um sorriso, como se nada tivesse acontecido. Em um evento em que estive há alguns anos em Las Vegas, um palestrante gritou com a equipe do hotel quando o microfone parou de funcionar em frente de cerca de 150 participantes: "Eu não vim até aqui para ser feito de palhaço — conserte essa merda!". Todo mundo ficou boquiaberto. Tais comportamentos deveriam servir como pistas reveladoras da presença de uma personalidade narcisista para todos que veem ou recebem esses tratamentos.

Em vez de empatia, você encontrará arrogância e autolegitimação

Uma pessoa que se sente superior às outras terá uma capacidade limitada de empatia. Enquanto a maioria de nós aprende na infância a entender os sentimentos dos outros e como nossas ações os afetam, para essas personalidades, simpatia ou compreensão para com a situação alheia e sentimentos são limitadas ou inexistentes. Você pode estar em crise e, de alguma forma, ainda não será o centro da atenção, porque nada deve diminuir as necessidades, os desejos e os anseios dos narcisistas. Você pode ter um filho doente para cuidar, e eles, ainda assim, vão querer que você os leve para fazer compras no shopping. Na verdade, personalidades narcisistas veem revelações sobre necessidades, doenças ou erros como fraquezas nos outros, que confirmam sua superioridade e justificam seus comportamentos desvalorizadores.

Alguns narcisistas demonstram sua arrogância e insolência; é palpável no modo como falam, reagem e até mesmo em como se portam. Outros reconhecem a necessidade de, ao menos, aparentar serem empáticos. A empatia deles, contudo, tem um propósito — por exemplo, quando um chefe telefona para você em casa porque você está doente e pergunta como está se sentindo, a real preocupação dele é apenas saber quando você retornará ao trabalho. Pode parecer que se importam, até descobrirmos como o interesse deles por nossa vida e bem-estar, de fato, é superficial e infrequente — exceto quando isso os afeta.

Outros ainda apenas expõem a própria hipervalorização quando há uma crise. Então, sua perspectiva egocêntrica sobre o mundo vem à superfície.

Em 20 de abril de 2010, a plataforma petrolífera Deepwater Horizon da BP explodiu no Golfo do México, matando onze funcionários e causando o maior derramamento de óleo marítimo acidental da história da indústria do petróleo (ou do mundo, na verdade). Quanto ao desastre e seus efeitos nas pessoas, Anthony "Tony" Hayward, o diretor executivo da BP, declarou a um jornalista em 30 de maio: "Lamentamos por esta pesada perturbação causada na vida deles. Não há ninguém que queira tanto quanto eu que tudo isso termine logo. Quero minha vida de volta". O termo "de cair o queixo" se aplicaria aqui. Estamos falando de um desastre ambiental de proporções históricas, acompanhado da morte de onze seres humanos, e ele fala em querer "sua vida de volta". Às vezes, basta uma crise para revelar os traços narcisistas que dizem: "Nada é mais importante para mim do que eu".

Então, quanto mais você conversa com personalidades narcisistas, maior é a impressão de que elas não se importam com você. Elas não fazem muitas perguntas sobre você. O que querem mesmo é que você preste atenção nelas e nas necessidades e desejos delas, ou cumpra suas ordens. Mas, por serem hiperconscientes de como são vistas pelos outros, essas pessoas podem, em muitos casos, modular e moderar o próprio comportamento para controlar como são percebidas. Podem fazer isso por um tempo, mas, no final, seus verdadeiros sentimentos vêm à tona.

Narcisistas agem de forma gentil para conseguirem o que querem, não para expressar carinho real. No filme *Os Bons Companheiros*, o mafioso em ascensão Henry Hill (interpretado por Ray Liotta) usa seu jeito atencioso para cortejar Karen, sua futura esposa, mimando-a com bons restaurantes, assentos na primeira fileira, a melhor comida, o melhor vinho — o foco de sua total atenção. Quando os dois se casam, pronto, isso acaba. O narcisista trabalhou para isso e conseguiu o que queria, então qual é o problema quando ele chega em casa bêbado, cheirando a outras mulheres? O que a esposa dele quer não importa; a única coisa que importa é o que ele sente que tem direito. Ele é atencioso para enredar, mas não se importa de verdade.

Na vida real, o financista Bernard Madoff usou conexões e amizades para iludir pessoas a confiarem em seu esquema de pirâmide. A diferença esmagadora entre o que elas esperavam e o que receberam é a terrível verdade dos relacionamentos com uma personalidade narcisista. Você espera ser tratado como um igual, um amigo, mas um narcisista não tem iguais. Para eles, amigos são funcionais. Eles servem a um propósito: providenciar ao narcisista algo que ele quer ou precisa.

Os narcisistas mais perigosos são aqueles cuja completa falta de empatia e altos níveis de grandiosidade beiram a psicopatia: a capacidade de causar dano sem remorso. Eles não sentem culpa e exploram os outros emocional, financeira e, às vezes, fisicamente. Se você lhes agradar, é conveniente; se lhes desagradar, é algo para depreciar ou talvez destruir. Quando lemos sobre um pai ou uma mãe que encarcera, abandona ou mata o próprio bebê para poder se divertir e sair, estamos lidando, antes de mais nada, com uma personalidade narcisista: alguém que se supervaloriza e desvaloriza os outros com indiferença reptiliana.

A indiferença reptiliana é o que vemos em grandes cidades e em outros lugares no fenômeno conhecido como "agressão de nocaute", na qual os desavisados (incluindo mulheres idosas) se tornam alvo de um soco rápido sem provocação, apenas para testar se a pessoa cairia desmaiada (geralmente causando uma concussão) com um único golpe. Alguém capaz de se comportar com tamanha insensibilidade precisa ser capaz de desvalorizar os outros — um traço que a personalidade narcisista tem em abundância.

Pegam atalhos, não seguem regras, violam limites

Por se sentirem no direito, personalidades narcisistas podem acreditar que não devem ter de trabalhar tanto quanto os outros, que podem pegar atalhos para conseguir o que querem ou que as regras não se aplicam a elas. É assim que surgem políticos que arranjam amantes, as engravidam e, depois, tentam negar a paternidade (John Edwards, ex-senador dos Estados Unidos); transformam recursos públicos em seu cofrinho particular (Jesse Jackson Jr., ex-deputado federal); ou estão dispostos a vender favores políticos por um preço (Rod Blagojevich, ex-governador de Illinois).

Um executivo me contou sobre a contratação de um gerente relativamente bem-sucedido que, de súbito, começou a flertar com suas colegas de trabalho. Foi como se ele simplesmente não conseguisse controlar suas investidas sexuais. Todos os funcionários sabiam que tal comportamento era intolerável, mas, quando ele foi confrontado, ficou enraivecido, insistindo que nada em seu comportamento violava os termos de seu contrato e que estava apenas sendo amigável. Lembre-se, narcisistas não veem nada de errado no que fazem; eles se sentem autorizados. Apenas se irritam que alguém esteja apontando seu comportamento inadequado.

Alguns criam ficções a respeito de si para alimentar a própria necessidade de reconhecimento. Por exemplo, dizem ser um oficial prestigiado da marinha, porém nem mesmo serviram nas forças armadas — e, é claro, prova convincente nunca está disponível, pois seu trabalho é "secreto". Já é bem terrível quando alguém finge ser um herói militar — uma afronta a todos os que serviram —, mas, quando alguém finge ser um médico, um piloto ou demais profissionais, e os outros confiam nessa pessoa com sua saúde, vida ou economias, isso talvez seja a traição definitiva da confiança e da ética. Tais violações debilitam a sociedade e, em minha experiência, são cometidas com frequência pela personalidade narcisista.

A personalidade narcisista é muito talentosa em ludibriar os outros e se aproveitar deles. Isso é exatamente o que Christian Karl Gerhartsreiter, um imigrante alemão, fez ao se passar por "Clark Rockefeller", membro da icônica família Rockefeller. Ele acabou se casando com Sandra Boss, uma respeitada mulher de negócios, e teve um bebê com ela.

Quando ela descobriu todas as mentiras dele e pediu o divórcio, ele sequestrou a criança. Quem faria algo assim? Só mesmo uma personalidade narcisista fracassada buscando reconhecimento.

Lembro quando uma viúva chamada Sara procurou o FBI solicitando nossa ajuda. Fui designado para entrevistá-la, visto que poderia ter havido possíveis questões interestaduais envolvendo fraude, um crime federal. Sara havia acabado de pagar para seu terceiro e último filho concluir a faculdade. Com mais tempo livre, ela voltou sua atenção a um pregador carismático que há pouco tempo havia se estabelecido na cidade. Ela foi cativada por sua devoção, seu "conhecimento de tantos assuntos" e como ele fazia amigos com facilidade. A atenção dele a levou a auxiliar seus "trabalhos espirituais" para construir sua igreja, investindo quase 30 mil dólares que ela havia economizado. Porém, após entregar-lhe o dinheiro, o homem desapareceu.

Conversei com Sara três anos após o ocorrido, e ela ainda estava sofrendo o efeito dessa calamidade financeira. Tinha perdido a maioria de suas economias, e seus filhos estavam chateados porque ela havia caído nas garras desse vigarista, tal como ocorrera com outras mulheres idosas. Mas igualmente devastadora foi sua revelação para mim de que ela havia perdido sua "espiritualidade" e "confiança nos outros".

Com sua ilimitada sensação de autoimportância, a personalidade narcisista carece de limites claros. Eles forçam a barra com pessoas, leis, regras e normas sociais. Como titereiros sociais, veem os outros como extensões de si mesmos, comandando, direcionando, manipulando e usando pessoas para alcançarem seus desejos. Por exemplo, em um encontro, flertar, provocar, beijar e acariciar são incitações ao sexo para o narcisista. Uma mulher pode querer interromper isso em algum momento e não continuar, mas a personalidade narcisista se sente no direito de agir como bem quiser, então, para ele, as palavras *não* e *pare* não têm sentido. Essas palavras são só quebra-molas, e não sinais de parada obrigatória. É a isso que nos referimos quando dizemos que o narcisista não tem limites.

Cada vez que você escuta sobre mais um diretor executivo que mente sobre o valor financeiro da empresa e coloca seus funcionários em risco financeiro, você está testemunhando uma personalidade narcisista em ação. Jeffrey Keith "Jeff" Skilling e Kenneth Lay foram responsáveis pelo colapso da Enron em 2001 — à época, a maior falência no meio corporativo da história dos Estados Unidos. Ambos foram condenados por formação de quadrilha e fraude, mas isso foi uma consolação para os acionistas, para quem eles haviam mentido, e para os mais de 20 mil funcionários da Enron que foram encorajados a investir em uma empresa perto do colapso. Eles perderam seus empregos e suas economias. Permitir que algo assim aconteça requer um nível chocante de autolegitimação e grandiosidade, bem como uma grande falta de empatia, qualidades que a personalidade narcisista tem em abundância.

Quando lemos ou escutamos a história de um padre, monitor de acampamento ou treinador que viola sexualmente uma criança, estamos falando de uma personalidade narcisista que não respeita os direitos humanos. Já percebeu que, quando esses indivíduos são pegos, eles não pedem desculpas? Não o fazem, pois, em primeiro lugar, se sentem no direito de molestar crianças. Quando olho para Jerry Sandusky, um treinador aposentado da Penn State que foi condenado por ser um molestador em série de crianças, vejo uma personalidade narcisista e um ser humano deplorável que usou crianças como um parque de diversões. Nenhum pedido de desculpas saiu de seus lábios. Ele merece desprezo e uma vida inteira na cadeia. Pode ter sido um treinador admirado, que fez coisas boas, mas não era uma boa pessoa — isso é parte da patologia narcisista.

Necessidade de controle

Às vezes, as pessoas brincam que são "obcecadas por controle", mas, se você já teve um chefe ou amigo controlador, sabe que não é piada. Uma mulher chamada Matilda se apaixonou por um belo homem que, como ela, era da América Latina. Ela permanecia em casa enquanto ele trabalhava, e ele estava sempre no comando das finanças da família. Isso funcionou bem no começo, mas, após um tempo, o controle dele se tornou sufocante. Ela foi ficando cansada de ter de lhe pedir dinheiro

Palavras que descrevem
O NARCISISTA

Ao longo dos anos, coletei palavras de pessoas que conviveram, trabalharam ou foram vitimizadas por personalidades perigosas. Estas são as palavras de quem eu entrevistei ou dos que procuraram o FBI ou me procuraram pessoalmente, solicitando assistência. Quando se pede que descrevam esses indivíduos perigosos, as pessoas não costumam seguir o politicamente correto e podem não saber os termos clínicos ou médicos, mas falam de coração por causa de seu trauma, dor ou medo. Estas são as palavras delas, não minhas, sem censura. Talvez algumas pareçam familiares a você ao descrever alguém conhecido. Estas palavras em si são instrutivas e soam um alarme importante que deve ser percebido a respeito desses indivíduos:

Abjeto, abusivo, agressivo, amoral, ardiloso, arrogante, articulado, ator, audacioso, autocentrado, calculista, camaleão, cansativo, carismático, cascavel, charmoso, cobra, conivente, controlador, criminoso, cruel, deplorável, desinteressado, desonesto, destemido, desumanizador, disruptivo, dissimulado, distraído, dominador, duas caras, egocêntrico, encantador, enganador, enganoso, escroque, esperto, espirituoso, estorvo, explorador, falador, falsário, fraude, fingido, fingidor, frio, frívolo, grandiosidade, grandioso, hipnotizante, hostil, impassível, impostor, inconfiável, indiferente, inescrupuloso, infiel, infrator, insensível, insincero, insolente, intenso, interessante, intimidador, irresponsável, irritante, irritável, jogador, lorde, loroteiro, mal-amado, manipulador, maquiavélico, mentiroso, narcisista, nazista, nocivo, opressor, parasita, pavão, pedófilo, pegajoso, perigoso, perverso, polido, predador, predatório, preocupado, promíscuo, radiante, rasteiro, rei, regente, sarcástico, sedutor, sem carinho, sem consideração, sem culpa, sem remorso, sem simpatia, sem tato, sorrateiro, superficial, teatral, temperamental, tirânico, tóxico, trapaceiro, vigarista, vingativo, vil.

para as compras de mercado, roupas novas e presentes de Natal. Quando ela tocava no assunto, ele dizia: "Não estou tomando conta de você? Não tenho te dado tudo? Não deveria se preocupar com essas coisas".

Pouco tempo depois, ele a trocou por outra mulher. Esse homem que no início parecia tão generoso manteve Matilda tão sob seu controle que ela não fazia ideia de quanto dinheiro havia no banco ou mesmo onde o dinheiro estava. Hoje, aos 50 anos, ela está trabalhando em diversos empregos. Não tem dinheiro no banco, nem crédito, nem economias para a aposentadoria, e ele não responde a nenhum dos apelos dela. O senso de valor dela mesma é tão baixo quanto seu valor financeiro. Ela me disse, às lágrimas: "Não tenho nada e dei tudo pra ele". Temos aqui uma mulher que colocou sua confiança em alguém que roubou dela sua liberdade e dignidade. Como se chegou a essa situação? Como ocorre na maioria desses casos: um passo de cada vez em direção ao abismo da vida com um narcisista.

Narcisistas, muitas vezes, buscam posições nas quais podem controlar os outros. É por isso que você tende a encontrar mais deles em áreas tais como direito, medicina e política, ou em posições executivas de alto nível, nas quais podem usar seu cargo ou status para se dar bem. Eu me recordo de um entrevistado para uma vaga no FBI me dizendo: "Assim que eu conseguir esse distintivo, ninguém mais vai se meter comigo". Nem preciso dizer, sua inscrição foi rejeitada assim que ele saiu da sala. Não é incomum indivíduos narcisistas buscarem empregos nos quais podem exercer poder e autoridade para controlar os outros em vez de ajudá-los.

No fim das contas, não importa quão alta ou baixa é a posição ou o título, ele será usado para o próprio proveito da personalidade narcisista. Quando você lê que um membro de um clube, de uma organização ou associação é um tirano autocentrado, ou que alguém tem desviado dinheiro por anos, pense, antes de tudo, em um narcisista — isso é o que eles fazem.

O EFEITO DELES SOBRE VOCÊ

É difícil identificar narcisistas de imediato, pois eles podem ser inteligentes, cativantes e interessantes, até mesmo exalando uma aura de onipotência. Podem ser charmosos àqueles em condição de ajudá-los, mas, em algum momento, mostrarão sua verdadeira face.

Às vezes, você verá amostras explícitas de arrogância, insolência ou grandiosidade que darão um estalo e poderão fazer você sentir que algo não está certo. Outras vezes, eles podem ser reservados, condescendentes e distantes, o que deixa os outros com um sentimento desagradável. Às vezes, eles não demonstram afeto ou se recusam a ajudar ou a honrar os próprios compromissos. Seja lá o que fizerem, o efeito é sempre o mesmo: deixam você se sentindo perturbado, incompleto ou atormentado.

Narcisistas também podem ser sutilmente cruéis. Eles deixarão de validar, de propósito, algo importante que você tenha alcançado ou qualquer dor ou sofrimento que estiver sentindo. Em razão de sua deliberada indiferença, vão deixar você apodrecer em triunfo ou sofrimento solitário — simplesmente não estão dispostos a demonstrar o mínimo de interesse. Agir assim significaria fazer você se sentir bem, e isso não é o que a personalidade narcisista quer.

Como são muito limitados em empatia, são como "pessoas pela metade" procurando alguém para completá-los. Ainda assim, quando encontram alguém, as coisas vão daí para pior, pois ninguém consegue preencher de verdade um narcisista. E eles não são, de fato, capazes de preencher ninguém. Pensar que as coisas podem dar certo com um narcisista cobrará um preço terrível de você, emocional, psicológica e até fisicamente.

E é esse o efeito central deles: desgastar você. As personalidades narcisistas enxergam suas necessidades, quereres e desejos apenas como distrações ou obstáculos aos deles. Se você estiver incomodado, infeliz, frustrado ou estressado, não é do interesse deles. Mas, se eles não conseguem o que querem, aí você os vê reagindo: reviradas de olhos, amostras de desprezo, beicinho, impaciência, petulância, bufadas, discurso inflado, ou podem apenas ir embora. São como crianças em corpos de adultos.

Às vezes, sentimos instantaneamente a dor de estar com um narcisista; outras vezes, só registramos a dor alguns segundos depois, como uma punhalada ("Eu vi/ouvi isso mesmo?"). É possível acordarmos sobressaltados às duas da manhã quando cai a ficha em nosso subconsciente, e ele nos alerta para algo doloroso que nos fizeram ou mentiram. Ou o comportamento deles provoca a sensação de que algo não está certo. Algumas pessoas se sentem confusas ou fisicamente nauseadas nesses momentos. Alguns ficam enojados ou estressados. Alguns já me disseram: "Quando tenho de lidar com essa pessoa, não tomo café da manhã, pois sinto vontade de vomitar".

Se você sente essas emoções negativas, preste atenção. Muitos de nós fomos ensinados a "perdoar e esquecer", especialmente com família e amigos. A personalidade narcisista está esperando que você faça isso. Pois, quando essa pessoa machucar você de novo e você estiver sentado ali se sentindo alarmado, sem palavras ou derrotado, o narcisista estará se sentindo grandioso, superior e preenchido. Essas agressões emocionais exaurem até que você se torne massa de modelar nas mãos do narcisista — ou que precise tirar uma licença-saúde, como muitos fazem, para conseguir lidar com isso.

O narcisismo patológico pode chegar a extremos, nos quais as leis muitas vezes nos deixam na mão. Uma mulher procurou o FBI, pois precisava de assistência em uma questão doméstica. Infelizmente, havia pouco que pudéssemos fazer além de indicá-la para o serviço social. Sua denúncia era que, por anos, seu marido fazia com que ela e os filhos se sentassem no chão quando ele marcava reuniões de família para castigá-los por um motivo ou outro. Sim, ele se sentava em uma cadeira como se fosse um trono, e ela e as crianças tinham de se sentar no chão enquanto eram repreendidas ou obrigadas a revelar seus fracassos.

Ela acabou, enfim, conseguindo libertar a si mesma e seus filhos, mas a um alto custo financeiro e não antes de ela e as crianças sofrerem um dano psicológico significativo. Esse foi um caso de personalidade narcisista querendo rebaixar a própria família para se sentir superior. Departamentos de polícia ao redor do país ou ao redor do mundo veem isso todos os dias — os detalhes são diferentes, mas a intenção é a mesma: a glorificação de um à custa dos outros.

Quando não estão colocando outros para baixo, os narcisistas apenas agem de forma torpe. Conforme Claire reportou a mim sobre seu gerente: "Ele passava pela minha mesa e literalmente despejava trabalho nela fazendo cara feia. Arquivos se espalhavam; derramava café. Ele não se importava com o que eu estava fazendo ou que minha mesa não era seu depósito de lixo. Nem consigo contar quantas pessoas ele fez chorar. Chorar. Quem faz esse tipo de coisa?".

Toda vez que ouço uma mulher ou uma criança sendo repetidas vezes repreendida em público, apanhando ou sendo submetida a alguma forma de abuso doméstico, o primeiro pensamento que me ocorre é que há um narcisista naquela casa que desvaloriza sua parceira ou filhos e sobrevaloriza tanto a si mesmo que pode estapear, bater ou espancar um membro da família.

O caso de Hedda Nussbaum e Elizabeth "Lisa" Steinberg, de 6 anos, que vivia com os Nussbaum, é um lembrete de como é ter de viver com um narcisista que se safa ao cometer abuso entre quatro paredes. Nussbaum, editora de livros à época em que conheceu o advogado Joel Steinberg em 1975, é citada como tendo inicialmente visto Steinberg como "divino", submetendo-se à orientação dele sobre como seguir adiante nos negócios, mas a vida dela com Steinberg não era nada paradisíaca. Ele tinha o hábito de criticá-la e difamá-la a ponto de fazê-la rastejar no chão como um animal. Joel batia nela quase todos os dias, tanto que desfigurou sua face. Em 1987, em um ataque de raiva, ele descontou em Lisa, matando-a. É um exemplo trágico de como pessoas envolvidas com personalidades narcisistas se tornam submissas ou inertes. Era evidente aos promotores que Hedda tinha sido tão brutalizada por Steinberg que não conseguia reagir e defender uma criança inocente ou procurar ajuda médica para Lisa. Ela personificou o que veio a ser chamado de síndrome da esposa espancada. Mais de trinta anos depois, ainda é doloroso pensar no que aconteceu com Hedda e Lisa.

Nem todo mundo que se envolve com uma personalidade narcisista sofre como Hedda e Lisa sofreram. Mas saiba disso. Toda pessoa com quem conversei que se envolveu com uma personalidade narcisista disse a mesma coisa: de uma forma ou outra, em um nível ou outro, ela foi proibida de florescer. Como se sentiu? Em suas próprias palavras: "pequena" — "insignificante" — "inferior". Não preciso dizer mais nada.

A PERSONALIDADE NARCISISTA EM RELACIONAMENTOS

Narcisistas não conseguem expressar amor como nós o entendemos. Para eles, é condicional ou vem com expectativas; em outras palavras, "farei isto por você, mas espero certas coisas de você em retorno". Para o narcisista, o amor é *quid pro quo*: uma mão lava a outra. Não é altruísta.

Pessoas que se envolveram romanticamente com um narcisista com frequência me dizem que, no começo, se sentiram hipnotizadas pelo charme, inteligência, atenção e grandes gestos da pessoa — parecido com o cortejo que descrevi de Henry Hill com Karen no filme *Os Bons Companheiros*. Todos nós somos vulneráveis ao carisma e ao charme de um narcisista. Mas, uma vez que alguém se compromete com uma personalidade narcisista, o charme rapidamente some, deixando-nos sem saber como reconciliar a pessoa sedutora que conhecemos com o parceiro manipulador e indiferente que agora encaramos.

Em casa, esses indivíduos podem exigir que tudo pare com a chegada deles. Se são um cônjuge que fica em casa, então toda a sua existência se resume a satisfazer as necessidades deles. E não importa o que fizer, nunca será suficiente.

O parceiro narcisista nunca está satisfeito com aparência, hábitos, gostos, atividades e habilidades de seu par. A crítica pode ir desde "aquele olhar" de desaprovação a censuras e até insultos no privado ou em público. Perguntei a uma mulher qual era a frequência com que era criticada por seu esposo. A resposta dela foi um choque de realidade: "Todos os dias. Cada dia da minha vida com ele. Eu nunca fazia nada certo aos olhos dele, e ele ensinou as crianças a me criticarem e a rirem de mim também".

Um amigo meu (hoje divorciado) me contou ter gastado horas procurando o presente perfeito para sua ex-esposa. Quando finalmente a presenteou, ela atirou o presente no balcão e disse "obrigada" como se ele tivesse lhe dado um copo de água. Ela nem mesmo o retirou da caixa, disse ele. Isso pode parecer algo pequeno, mas ela fez isso com ele tantas vezes ao longo de anos que serviu de testemunho do fato de que não se importava com ele; em vez disso — como ele descobriu de outras maneiras —, ela se importava apenas em avançar profissionalmente (pois estava usando o marido para progredir na carreira). Esse tipo de invalidação é consistente com a personalidade narcisista. Quer fazer as pessoas se sentirem sem valor? Menospreze seus esforços; não reconheça sua boa vontade; não se interesse. É isso o que a personalidade narcisista faz, e machuca.

A vontade da personalidade narcisista de se sair bem a todo custo pode ter consequências devastadoras para o resto de nós. Foi o que ocorreu com Miriam, que procurou a ajuda do FBI, pois seu marido havia se mudado para fora do país e a deixado sem nenhum dinheiro. Ela queria que o FBI o localizasse para reivindicar o dinheiro que ele tinha retirado da conta bancária conjunta dos dois. De acordo com Miriam, seu marido estava obcecado por comprar casas cada vez mais caras em bairros melhores, carros melhores e joias mais caras, enquanto insistia na filiação a dois clubes campestres. Ela afirmou que começou a sentir que algo estava errado quando ele passou a lhe dizer para cortar gastos em saídas, férias de verão, roupas para as crianças e despesas com comida. Esse último foi a gota d'água. Ele permanecia gastando quase três mil dólares por mês com filiação em clubes enquanto exigia dela que economizasse. Por fim, Miriam o confrontou, pois não trabalhava e queria saber o que estava acontecendo. Ele se virou para ela e disse de forma quase casual: "Estamos falidos". Não havia mais dinheiro no banco.

Embora devesse milhões, sua necessidade narcisista de manter a imagem pública significava que ele ainda frequentava o barbeiro toda semana e mantinha a filiação em dois clubes enquanto Miriam cortava gastos com comida e tinha "ataques de ansiedade e pânico". Chegou um ponto em que ele apenas foi embora — saiu do país e a deixou, sem nenhuma informação, sem um centavo, segurando a bomba, pois ela havia assinado em conjunto alguns dos empréstimos. A profundidade da insensibilidade de seu marido era de tirar o fôlego, conforme Miriam descobria a cada novo telefonema de um cobrador ou advogado. Quando ela, enfim, o localizou fora do país, a resposta foi: "Não lhe devo nada.

Você viveu super bem, graças a mim, por vários anos. Você viveu numa comunidade fechada. Deveria estar me agradecendo".

A história de Kim é igualmente triste em outro sentido. Ela se aproximou de mim em um evento no qual palestrei e me perguntou se poderia contar algo pessoal. Kim havia sido casada com um homem nove anos mais velho: um homem com grandes planos que a perseguiu com tamanho vigor que, por fim, ela e seus pais cederam, encantados pelo "entusiasmo" e "persistência" dele e por sua grande visão para a vida dos dois.

Contudo, uma vez casados, contou Kim, nada que ela fazia o deixava satisfeito. Primeiro, ele a insultava no privado, chamando-a de "ignorante, burra, tola", mas, em pouco tempo, começou a fazê-lo em público, causando enorme constrangimento. Seu marido a culpava pelos próprios fracassos na política, sem perceber, como ela e seus pais perceberam depois, que ele falava muito e fazia pouco, indisposto e incapaz de alcançar qualquer coisa que planejasse.

Os amigos dela sumiram, pois ele desaprovava pessoas que não "estavam no mesmo nível" e tornava as visitas desagradáveis. Ela me disse que não recebia nenhum amigo em mais de dez anos e raramente saía para não expor os outros ao marido e a seu relacionamento conturbado.

Ao longo da vida, os filhos eram sempre castigados pelo pai, e ela relutava em interferir, exceto quando "ele batia neles com muita força". A maior parte do tempo, ela fingia que não notava sua "metralhadora de palavras", pois, segundo Kim, a dor de lidar com ele não "valia a pena". Tinha, em suas palavras, "nada mais com que lutar, nada mais a defender".

Kim havia apanhado não com socos ou um bastão, mas com constantes reprimendas e humilhações. Fotos dela de duas décadas antes a retratam vibrante, linda, feliz e radiante. Mas, quando a conheci, estava no final de seus 40 anos e havia murchado emocional e fisicamente, seu rosto refletia o que ela vivera desde os 22 anos. Ela parecia derrotada. Tanto Kim quanto Miriam me disseram a mesma coisa, cada uma a seu modo: "Se pelo menos eu tivesse sabido no que prestar atenção".

Como pai, mãe ou responsável, a personalidade narcisista não tem a capacidade emocional de ser carinhosa de verdade com os filhos. Assim como narcisistas idealizam a si mesmos, eles também podem esperar perfeição dos filhos, forçando as crianças a serem as melhores, até mesmo em coisas que não gostam ou nas quais não são boas (mas nas quais podem se esforçar ao máximo, tentando ganhar a aprovação do pai ou da mãe), e constantemente aumentando a exigência ("Por que você não tirou dez?", "É uma pena você não ter conseguido entrar para o time da escola", "Sei que você consegue fazer melhor que isso."). Imagine a mãe exigente ao extremo, o pai que grita nos jogos de futebol do filho ou filha, o pai ou a mãe que vê o fracasso do filho ou da filha em entrar para a mesma universidade, fraternidade ou sororidade* dos pais como um reflexo de si.

Ou esses pais podem usar os filhos como fantoches para trazer fama e fortuna a si próprios; por exemplo, ao forçar as crianças a vencerem concursos de beleza ou campeonatos esportivos, ou fazerem aparições televisivas, ou desempenharem algum outro empreendimento público ou lucrativo. Eles vão jurar que estão fazendo isso em benefício da criança, incapazes de admitir o próprio deleite narcísico com a fama por associação. Para personalidades narcisistas, a atenção deve, no final, recair sobre elas, ainda que via seus filhos — mas jamais deve se extinguir.

Uma filha já adulta em um de meus seminários comportamentais comentou sobre ficar tão ferida por ser incessantemente forçada a competir como atleta por sua mãe narcisista que, na maioridade, cortou toda a comunicação com ela. A sensação de "estou sendo usada" criou um abismo emocional entre as duas.

Se os filhos fracassam em ser perfeitamente atléticos, estudiosos, belos ou obedientes, o pai/a mãe narcisista vai se distanciar. Em algum ponto, a criança pode ser vista mais como um fardo do que como uma fonte de prazer.

Alguns pais narcisistas veem filhos como trabalho conveniente. Carlina é esse tipo de mãe. Aos cinquenta anos, começou a adotar crianças do que ela própria chamava de "classes baixas" e as adestrou para

---

* As repúblicas universitárias nos Estados Unidos são organizações sociais divididas por gênero, sendo as fraternidades exclusivas para os homens e as sororidades exclusivas para as mulheres. [NT]

fazerem os serviços domésticos. Ela dizia para elas, mesmo na presença de estranhos, como precisavam tomar conta dela na velhice, pois ela os havia "resgatado" e isso era uma "dívida". É triste, de verdade, como desvalorizar os outros é fácil para alguns, em especial a personalidade narcisista. Por fim, de acordo com o profissional da saúde que trabalhou neste caso para o estado, as crianças adotadas foram capazes de se emancipar dessa mulher superegoísta. Mas elas sofreram. Como disse uma delas ao defensor público: "Mesmo no orfanato a vida era melhor — eu não era amada lá, mas ao menos não me faziam sentir como uma escrava".

E você achando que "Cinderela" era só um conto de fadas.

Pode ser pior. Há incontáveis casos de crianças sem receber comida ou assistência médica porque os pais narcisistas simplesmente não estão nem aí ou não se sentem obrigados a isso. Elas podem acabar atadas em camas, trancadas em quartos, colocadas para adoção ou até mesmo assassinadas.

É desolador ver como as crianças desesperadamente continuam a buscar a atenção do pai ou da mãe narcisista, ainda que seja racionada, uns minutos aqui, umas horinhas ali, sem entenderem que essa pessoa não consegue amar como elas desejam ser amadas. Ao crescerem, elas percebem quão pouco receberam, e a que custo, e com quais contrapartidas. Todos os problemas que tiverem serão recebidos com indiferença ou alguma versão de "Supera isso", "Não é tão grave" ou "Não seja um bebê chorão — isso não é nada comparado com o que eu passei".

Amanda ainda carrega as cicatrizes emocionais de ter crescido com uma mãe narcisista. Ela me escreveu em busca de conselhos após ler alguns dos meus livros. Se você perguntar, ela dirá, de imediato, que "nunca se sentiu amada" quando criança. Jamais. Que terrível deve ser isso. Ela sentia como se nunca conseguisse agradar ou fazer algo direito. Sua mãe sempre a questionava, desafiava, ordenava; nunca perguntava, manifestava curiosidade ou demonstrava muito interesse nas necessidades, anseios ou desejos da filha. Ela se pergunta em voz alta por que se sente tão vazia. Tudo se resume a como foi tratada — como se fosse nada.

Amanda me lembrou de que essas feridas de infância reabrem repetidas vezes: qual é o presente certo de Dia das Mães para alguém que critica tudo? O que você escreve no cartão de aniversário para um pai que não tem interesse em você? Se você se muda, com qual frequência visitará aquela pessoa que não respeitava você nem demonstrava amor? Você assumirá as responsabilidades de cuidado na velhice? O que você dirá e fará no funeral dessa pessoa? Sequer estará lá?

Às vezes, pais sem limites criam uma criança que também não tem nenhum, satisfazendo-a em excesso, assim como fazem com eles próprios. Desse modo, a criança internaliza o narcisismo do pai/da mãe, e o narcisismo segue de geração em geração. Sim, crianças podem ser ensinadas por seus pais a serem indiferentes. Elas crescem sentindo pouca compreensão ou respeito pelos outros. É possível ensinar uma criança a ser torpe e difamar os outros para se sentir legitimada. Não é surpresa, portanto, quando esses indivíduos começam a fazer bullying, seja na juventude, seja na fase adulta. Não dá para esperar flores quando plantamos e regamos ervas daninhas.

ENCONTROS COM A PERSONALIDADE NARCISISTA

Quer estejam lhe apunhalando pelas costas e fazendo você perder uma promoção, quer estejam menosprezando você em uma reunião ou furando a fila do caixa, essas personalidades não se importam se são inconvenientes, intimidadoras ou se deixam os outros com raiva em sua missão de papariar o Número Um — elas mesmas.

Sempre que ouço falar de um chefe, gerente, treinador, professor ou colega de trabalho que surta, berra, grita, se esgoela, atira coisas ou oprime, sei que estamos lidando com uma personalidade narcisista. Não há desculpa para nenhum desses comportamentos, e uma organização que mantém pessoas assim deveria se envergonhar. Adultos que agem como crianças causam danos sérios no mundo adulto, e quanto maior a autoridade, maior e mais ampla sua trajetória de devastação.

Como as personalidades narcisistas têm egos descomunais, elas também têm um senso de propriedade descomunal. Em um caso do FBI que investiguei pessoalmente, um contratante do governo que estava trabalhando com material altamente sigiloso e sensível nos contatou para ajudá-lo após o administrador do sistema de computadores ter se apoderado do computador da empresa. Uma análise das comunicações ao longo dos anos com seus superiores revelou que ele, repetidas vezes, se vangloriava de como era importante e como ele tinha feito isso ou aquilo. O funcionário falava e até mesmo insistia que aqueles eram "meus sistemas", "minha rede", "meus códigos", "meus protocolos". Não eram dele, é óbvio; ele era um funcionário, mas seu narcisismo era evidente no que escrevia. No final, especialistas externos tiveram de intervir fora do horário de trabalho para retomar o sistema. E esse é o problema com funcionários narcisistas. Pode ser sua empresa, leitor, seus bens ou seu emprego na mira, mas eles não veem desse modo. Acham que lhes pertencem e arriscam a sua custa. No final, pagamos o preço pelos excessos da personalidade narcisista — com frequência, um alto custo físico, psicológico ou financeiro.

O narcisismo não tem a ver apenas com possessividade; também pode se intensificar até uma violência que quase nunca é denunciada. O chefe que atira coisas em você, segura seu braço ou (como em um caso relatado a mim em uma conferência) bloqueia a porta com o corpo e empurra um funcionário de volta para o escritório. O inquietante é que o funcionário nunca denunciou isso no próprio trabalho. Essa não foi a única vez que isso ocorreu, nem a última — ele fizera aquilo com outros, mas, como esse funcionário relatou, "nós tínhamos nos acostumado com esse comportamento".

Infelizmente, as pessoas com frequência deixam passar ou ignoram esses e outros comportamentos ultrajantes, dizendo que "não são tão ruins", "não acontecerão de novo", ou porque é mais fácil apenas tolerar o agressor que está errado, especialmente se ele for o chefe.

Então, elas se deixam intimidar e pisotear, problemas são varridos para debaixo do tapete, boas ideias não são trazidas à tona porque ninguém quer correr o risco de ser menosprezado, e funcionários valiosos ficam de saco cheio e se demitem. Às vezes, a disfunção do narcisista se torna tão entranhada que outros o acobertam, ou começam a achar que esses comportamentos fora do limite fazem sentido, ou os desculpam porque a pessoa é "brilhante" ou "ok na maioria do tempo". Não, desculpa, não é ok, porque você paga um alto preço por esse tipo de disparate detestável.

Esses incidentes precisam ser denunciados quando possível. Certamente, o RH precisa tomar conhecimento de imediato. Se, por qualquer razão, você não puder ou não fizer isso, então registre na hora em um calendário, em um e-mail para os outros ou para si mesmo, em um celular, em qualquer lugar — apenas faça um registro do que exatamente ocorreu, o que foi dito, quando e onde. Por quê? Porque esses indivíduos não mudam. E, se as coisas piorarem, e o assunto vier à tona ou ocorrer um processo judicial, quem tiver o registro mais preciso dos fatos vence. Narcisistas não vão tomar nota: "eu fisicamente empurrei fulano e beltrano hoje" ou "eu chamei fulano e beltrano de _____ hoje". Eles não veem nada de errado no que fazem. Mas você precisa anotar e partilhar com os outros. Se quiser conhecer mais estratégias para lidar com a personalidade narcisista, veja o Capítulo 6, "Autodefesa Contra Personalidades Perigosas".

Ao final de um seminário que conduzi na Virginia sobre personalidades perigosas, um executivo de alto nível se aproximou e me perguntou se eu me importaria de telefonar para o chefe dele, que não pôde participar da conferência. Eles tinham um "funcionário problema" que se encaixava nos critérios de uma personalidade perigosa, e ele achava que eu deveria conversar com o diretor executivo. Fiquei em choque na conversa por telefone que tive com esse diretor no caminho até o aeroporto. O comportamento do funcionário havia saído tanto de controle que estava ameaçando a solvência da empresa. O executivo me contou uma história angustiante atrás da outra de um completo abuso de confiança por parte desse indivíduo, que tinha comprometido informações pessoais de clientes, informações de cartões de crédito de clientes, assim como de alguns colegas funcionários, informações estratégicas vitais sobre os planos da empresa e mais. Como se não bastasse, o funcionário estava praticamente chantageando (ou seja, chegando bem perto da extorsão) o diretor e outros executivos, ameaçando usar a informação caso não conseguisse o que queria.

O diretor tentou tudo para apaziguar o indivíduo e trabalhar com os protocolos do departamento de RH, mas eles não estavam chegando a lugar nenhum. Na verdade, seus esforços em dialogar estavam empoderando o narcisista. O diretor havia se adoentado a ponto de precisar fazer tratamento com o médico de família e um psicólogo para lidar com a ansiedade que esse funcionário estava causando. O funcionário narcisista, é claro, estava numa boa.

O diretor disse que isso estava ocorrendo fazia cerca de dezoito meses. Perguntei: "Ele é seu funcionário, deixa todo mundo incomodado, está deixando você inquieto e doente e está sendo imprudente com informação privada e de propriedade da empresa, correto?".

"Sim", respondeu o diretor.

"Então, por que ele permanece no emprego?", indaguei.

"Porque eu realmente acreditei de verdade que as coisas melhorariam." Essa é uma resposta comum daqueles que não entendem a personalidade narcisista. Com inocência, e também ignorância, pensam que as coisas vão melhorar. Não vão.

Executivos já me contaram que desistiram de fazer negócios porque a outra parte era tão tóxica, tão narcisista, que eles e suas equipes não conseguiam ficar na mesma sala, nem mesmo no telefone, com essas pessoas. Cada vez, achavam que as coisas melhorariam; e não melhoravam. De fato, escutei histórias nas quais a coisa ficava tão feia que alguns ficaram fisicamente doentes por lidar com esses indivíduos. Como o dono de uma empresa de transporte me disse após um evento desse tipo: "Joe, nenhum negócio vale a pena se deixar meus melhores funcionários doentes e me deixar em dúvida o tempo inteiro se posso ou não confiar nessa pessoa. Desisti e estou feliz por ter desistido".

Narcisistas podem alcançar o topo de profissões de alto nível ou de alta confiança, nas quais transgressões e abusos de autoridade podem ter consequências devastadoras. Quando temos um oficial de polícia que mente, trapaceia e furta; um profissional da saúde que se vê como o árbitro de quem vive ou morre; um treinador que abusa sexualmente de crianças que confiavam nele, o potencial para causar dano aumenta de forma exponencial.

Veja Rita Crundwell, fiscal de contas e tesoureira de Dixon, em Illinois, que, em 2012, se declarou culpada por desviar 53 milhões de dólares ao longo de um período de 22 anos. Essa é uma quantia em dinheiro incrivelmente alta, que ela alega ter usado, em parte, para financiar seu interesse em cavalos quarto de milha. Sua posição de confiança como fiscal de contas da cidade lhe deu amplo acesso aos fundos municipais que ela usava como um talão de cheques particular.

Ouvimos falar de corrupção de autoridades do governo o tempo inteiro, mas a personalidade narcisista pode ser encontrada espreitando em qualquer lugar. Qualquer um que se junta a uma seita religiosa que tenha uma personalidade narcisista como líder pode ter certeza de que viverá uma vida que sobrevaloriza o líder à custa dos seguidores. Quanto às seitas, nunca estudei uma que não tivesse um indivíduo patologicamente narcisista como líder. Jim Jones (Jonestown, na Guiana), David Koresh (Ramo Davidiano), Charles Manson, Shoko Asahara (Aum Shinrikyo), Joseph Di Mambro (Ordem do Templo Solar, também conhecida como Ordre du Temple Solaire), Marshall Herff Applewhite Jr. (Heaven's Gate), Bhagwan Shree Rajneesh (movimento Rajneesh) e Warren Steed Jeffs (líder polígamo e condenado por abuso de crianças) foram ou são todos notoriamente narcisistas e intolerantes a críticas, pregando ideias grandiosas, sentindo-se legitimados e colocando-se acima dos outros e da lei. Esses indivíduos venderão sonhos a um alto preço, e você pagará.

Em novembro de 1998, um ano após o suicídio em massa em Heaven's Gate, na Califórnia, e no 20º aniversário do massacre em Jonestown na Guiana, um pequeno grupo de criminólogos do FBI se reuniu na Academia do FBI em Quântico, na Virginia, para estudar os eventos circundando Jim Jones e sua seita, o Templo Popular. Foi um dia revelador para mim, pois, embora eu tivesse lido sobre o acontecimento ao longo dos anos, ver as fotografias reais da cena do crime, ver os corpos inchados de crianças e bebês me deu uma nova perspectiva sobre o massacre, o reverendo Jim Jones e sua personalidade narcisista. Para quem tiver interesse, é possível acessar o repositório virtual do FBI e recuperar a investigação real do massacre, que tem o nome código RYMUR (em inglês, as letras remetem ao Assassinato do Deputado Leo Ryan)* FBIHQ arquivo número 89-4286, e examinar alguns dos mesmos documentos que eu vi.

Ao ler as centenas de páginas desse relatório on-line do FBI ou de algum dos muitos livros escritos sobre Jim Jones e o Templo Popular, algumas lições sobressaem:

---

* O deputado democrata Leo Ryan liderou uma comitiva para visitar Jonestown e verificar a situação, pois havia alegações de que pessoas estavam sendo mantidas no assentamento agrícola contra a própria vontade. O grupo foi recebido com uma festa de boas-vindas, o que deixou a impressão de que estava tudo bem. Contudo, logo se percebeu que era uma alegria falsa. Dezesseis moradores pediram que o deputado os levasse de volta para os EUA. Então, mais tarde, quando estavam para embarcar no avião, foram atingidos por uma rajada de balas. O deputado Ryan e mais quatro pessoas foram assassinados. [NT]

① Um número chocante de pessoas pode ser convencido a colocar a própria vida incondicionalmente nas mãos de um único indivíduo.

② Sob o manto da religião, uma personalidade perigosa pode se safar de muita coisa por muito tempo sem nenhum escrutínio externo.

③ Líderes de seita podem exercer total controle sobre a vida de seus seguidores, governando como em um regime totalitário.

④ Repetidos abusos físicos e psicológicos podem ser usados para dificultar os esforços daqueles que quiserem abandonar a seita.

⑤ Familiares e amigos que temem por membros da seita ficarão contrariados ou frustrados persistentemente em seus esforços em ajudá-los ou resgatá-los.

⑥ A personalidade narcisista do líder de uma seita é palpável — isso era evidente nas palavras e escritos de Jones, que deveriam ter servido de alerta para potenciais membros.

⑦ Apenas um punhado de membros da seita consegue ver o líder como ele, de fato, é. Apenas alguns viam Jim Jones como uma personalidade narcisista tóxica e perigosa.

⑧ Uma vez investidos e comprometidos com o líder da seita, seguidores ficam relutantes ou não desejam enxergar o perigo iminente ou resistir à persuasão da personalidade narcisista, mesmo quando a vida de seus filhos também está em risco.

Para os criminólogos estudando o massacre de Jonestown, nossas descobertas foram reveladoras em especial porque tínhamos visto fartas evidências do que é possível esperar de uma personalidade narcisista em antigos líderes de seitas (por exemplo, Charles Manson, David Koresh, Marshall Herff Applewhite Jr.) e o perigo que apresentavam ao crente não cético. Nossa análise limitada revelou o seguinte:

① Líderes de seita continuarão a atrair pessoas que não desejam ou não conseguem discernir quando estão sendo manipuladas ou exploradas.

② Seitas que tornam a saída difícil (via pressão psicológica, social ou física) alcançam submissão a um alto custo psicológico — mesmo anos mais tarde.

③ O isolamento da seita é a chave para a personalidade narcisista evitar críticas, escárnio ou escrutínio, e para controlar a organização.

④ A personalidade narcisista floresce em uma posição de líder dentro de uma seita e fará quase tudo para permanecer como líder, incluindo marginalizar ou destruir os que a ela se opõem.

⑤ A personalidade narcisista como líder de uma seita, age com impunidade em quase todos os casos, permitindo-se privilégios maiores (por exemplo, viagens, roupas, itens de luxo, sexo) que os membros da seita não têm.

⑥ A personalidade narcisista enquanto líder de seita, dá a entender que tem todas as respostas e segredos para uma vida melhor e toma todas as decisões.

⑦ Por causa das proteções constitucionais garantidas à religião e às associações voluntárias, há pouco que a polícia pode fazer para intervir em seitas, a menos que haja uma violação clara de lei estadual ou federal. Na maioria dos casos, por causa do sigilo, é difícil intervir, como vimos ter sido o caso de Warren Jeffs na Igreja Fundamentalista dos Santos dos Últimos Dias no sul de Utah em 2006 (sexo com meninas menores de idade). Ou, tragicamente, a polícia chega ao local tarde demais, como ocorreu em Jonestown.

Essas foram nossas observações sobre seitas mas, parando para pensar, muitas dessas mesmas características (sigilo e isolamento, abuso psicológico e/ou físico para enfraquecer o livre-arbítrio, poder absoluto concentrado nas mãos de uma só pessoa) podem ser encontradas em organizações ou ambientes de trabalho tóxicos, em casas governadas por tiranos ou mesmo em Estados-nação.

A história é testemunha do fato de que o narcisismo patológico está na raiz de terríveis sofrimentos. Adolf Hitler, Josef Stalin e Pol Pot se destacam como exemplos de líderes com personalidades narcisistas que exterminaram milhões, tudo por causa da extrema grandiosidade deles — acreditavam serem os únicos que tinham as respostas. Discutiremos isso e mais nos próximos capítulos.

Mas, para dar um vislumbre de como a mente narcisista opera, aqui está apenas um exemplo do que talvez fosse risível se não fosse tão lamentável. A incomparável capacidade de Josef Stalin para a crueldade foi quase equiparada a seu desejo narcisista por reconhecimento, refletido nos muitos títulos oficiais e honorários aos quais se subscreveu, incluindo: Generalíssimo da União Soviética, Supremo Comandante em Chefe, Líder do Comitê Estatal de Defesa, Secretário-Geral do Comitê Central do Partido Comunista Bolchevique, Secretário-Geral do Comitê Central do Partido Comunista, Líder do Conselho dos Comissários do Povo da URSS, o Corifeu (literalmente "o líder do coro") da Ciência, Pai das Nações e Gênio Brilhante da Humanidade. Tudo isso para mascarar sua infância humilde como Iosif Vissarionovich Dzhugashvili, um nome plebeu georgiano que ele depois mudou para Josef Stalin para refletir sua visão de si mesmo, literalmente o "Homem de Aço" (Stalin significa "aço" em russo). Esse é o modo de agir dos narcisistas, mesmo os de origem humilde.

SUA LISTA DE VERIFICAÇÃO DE
PERSONALIDADES PERIGOSAS

SINAIS DE ALERTA DA PERSONALIDADE NARCISISTA

Como mencionei na Introdução, desenvolvi várias listas de verificação baseadas em comportamentos durante minha carreira para me ajudar a avaliar indivíduos e conferir se eram personalidades perigosas. Esta lista em particular ajudará a identificar se alguém tem as características da personalidade narcisista e qual é a posição dessa pessoa em uma escala ou espectro (do arrogante e detestável ao indiferente e insensível e ao abusivo e perigoso). Isso ajudará você a decidir com maior precisão como lidar com essa pessoa, determinar a toxicidade dele ou dela e avaliar se ele ou ela pode ser uma ameaça a você ou a outros.

Esta lista, assim como as outras neste livro, foi projetada para uso na vida cotidiana por mim e por você — pessoas que não são pesquisadores ou profissionais da saúde mental treinados. Não é uma ferramenta de diagnóstico clínico. Seu propósito é educar, informar ou validar o que você testemunhou ou vivenciou.

Leia cada afirmação da lista com atenção e verifique as frases que se aplicam. Seja honesto; pense sobre o que você escutou um indivíduo dizer ou o viu fazer, ou o que outros contaram a você. Com certeza, o melhor indício é o que você mesmo observou e como você se sente quando está perto ou interagindo com essa pessoa.

Marque apenas as afirmações que se aplicam. Não conjecture nem inclua mais do que se encaixa com exatidão aos critérios. *Se ficar em dúvida, deixe de fora*. Alguns itens parecem ser repetitivos ou parecem se sobrepor — isso é intencional, para capturar nuances de comportamento baseadas em como as pessoas tipicamente experimentam ou descrevem essas personalidades.

É bem importante que você complete a lista inteira, como foi projetada, para aumentar sua confiabilidade. Cada lista de verificação cobre assuntos muito sutis, embora significativos, sobre os quais você talvez nunca tenha pensado antes. Alguns itens podem ajudar você a se lembrar de eventos que já esqueceu. Por favor, leia cada afirmação, mesmo que ache que já viu o suficiente ou que os primeiros itens não lhe pareçam aplicáveis.

As flexões de gênero são usadas de forma intercambiável nas afirmações. Qualquer frase pode ser aplicável a qualquer gênero.

Avaliaremos a pontuação quando você tiver terminado, mas, por ora, marque cada item abaixo que se aplique.

☐ 1. Demonstra ser mais importante que a própria posição, experiência ou o que foi devidamente ganho ou merecido.

☐ 2. Tem uma ideia grandiosa a respeito de quem é e o que é capaz de alcançar.

☐ 3. Com frequência, fala sobre sua necessidade de liderar, de estar no comando, de exercer poder ou de alcançar sucesso imediato.

☐ 4. Acredita que deveria se associar apenas com outras pessoas "especiais", "bem-sucedidas" ou "de alto nível".

☐ 5. Requer admiração excessiva dos outros.

☐ 6. Sente que tem todos os direitos e espera ser tratado como alguém especial ou receber prioridade o tempo inteiro.

☐ 7. Explora conexões interpessoais com os outros e tira vantagem deles para satisfação pessoal.

☐ 8. Não demonstra empatia e é incapaz de reconhecer as necessidades ou sofrimentos dos outros.

☐ 9. Com frequência, sente inveja dos outros ou acredita que os outros sentem inveja dele.

☐ 10. É arrogante e orgulhoso em comportamento ou atitude.

☐ 11. Tem a tendência de ver os próprios problemas como únicos ou mais severos do que os de qualquer outra pessoa.

☐ 12. Tem uma sensação exagerada de privilégio que o autoriza a contornar regras e violar leis.

☐ 13. É excessivamente autocentrado, a ponto de alienar os outros por concentrar-se apenas em "eu" ou "mim".

☐ 14. É hipersensível a como é visto ou percebido pelos outros.

☐ 15. Irrita ou chateia você com regularidade, e outros reclamam da mesma coisa.

☐ 16. De forma rotineira, gasta uma quantidade desmedida de tempo em assear-se, manter boa aparência e ser paparicado.

☐ 17. Tende a sobrevalorizar a si mesmo e as próprias capacidades em quase tudo.

☐ 18. Desvaloriza os outros, considerando-os inferiores, incapazes ou sem valor.

☐ 19. Demonstra pouca compreensão ou empatia pelos outros; não obstante, espera que lhe mostrem empatia.

☐ 20. Em múltiplas ocasiões, ignorou as necessidades dos outros, inclusive as biológicas (comida, água etc.), as físicas (casa, comida etc.), as emocionais (amor, contato físico, abraços etc.) e as financeiras.

☐ 21. Não fica feliz quando os outros obtêm sucesso ou alcançam reconhecimento.

☐ 22. É considerado ou age como um bully.

☐ 23. Fala para você em vez de com você.

☐ 24. Precisa ser o centro da atenção e faz coisas para distrair os outros e garantir que seja notado (por exemplo, chegando atrasado, vestindo roupas chamativas, usando linguagem dramática ou fazendo entradas teatrais).

☐ 25. Quando se comunica com você, é como se estivesse enviando mensagens, mas não recebendo mensagens. A comunicação é via de mão única.

☐ 26. Presume que os outros o valorizam tanto quanto ele valoriza a si mesmo e se choca ao descobrir que não é o caso.

☐ 27. Insiste em ter o melhor de tudo (casa, carro, eletrodomésticos, joias, roupas), ainda que não consiga pagar por tudo isso.

☐ 28. Aparenta dificuldade em compreender emoções complexas. Parece emocionalmente desconectado nas vezes em que emoções sentidas em profundidade são as mais necessárias.

☐ 29. Tem necessidade de controlar os outros e exige total lealdade toda hora.

☐ 30. Comporta-se como se as pessoas fossem objetos a serem usados, manipulados ou explorados.

☐ 31. Repetidas vezes violou limites de regras, privacidade, sigilo ou decoro social.

☐ 32. Só enxerga os próprios problemas e, repetidas vezes, ignora os problemas ou dificuldades que os outros possam ter.

☐ 33. Parece não ter qualidades altruístas — tudo é feito por um propósito egoísta; raramente faz algo pelo bem alheio.

☐ 34. Mesmo sem apresentar nenhum tipo de realização, age como se fosse importante ou bem-sucedido.

☐ 35. Tem necessidade habitual de inflar as próprias conquistas, feitos e experiências.

☐ 36. Quando outros falam sobre conquistas, ele se vangloria falando das próprias ou enveredando a conversa para a direção em que elas sejam reconhecidas.

☐ 37. Sente-se legitimado a qualquer uma dessas coisas: sucesso, fama, fortuna ou sexo, sem nenhuma inibição legal, moral ou ética.

☐ 38. No trabalho, tem o hábito de competir com os colegas por atenção ou elogio e os desvaloriza para causar boa impressão a seus superiores.

☐ 39. Quando criticado, parece inseguro e tende a revidar.

☐ 40. Por vezes, agiu de forma autoritária, sem querer saber o que os outros pensam, planejam ou com o que estão preocupados.

☐ 41. Age como se fosse ou se acreditasse ser onipotente, indisposto a notar as próprias fraquezas e fragilidades.

☐ 42. É charmoso ou interessante de forma superficial.

☐ 43. Apresentou-se como algo que não é (impostor), tal como um médico, oficial do exército, astronauta ou oficial da marinha, por exemplo.

☐ 44. É muito estimulante tê-lo por perto a princípio, mas, após um tempo, suga sua energia ou interesse.

☐ 45. Já fez você se sentir como se o copo dele tivesse de estar sempre cheio enquanto o seu é esvaziado.

☐ 46. Desvalorizou você ou seu trabalho e fez você se sentir desvalorizado, sem nenhuma consideração por seus sentimentos.

☐ 47. Demonstra interesse e curiosidade sobre como os outros alcançam o sucesso, mas não se dispõe a se dedicar ou a se sacrificar para alcançá-lo.

☐ 48. Tem fantasias grandiosas de conquista (alto cargo político) que raramente são alcançadas por meios legítimos ou nem mesmo chegam a ser alcançadas.

☐ 49. Está preocupado em obter aclamação social ou algum cargo político a qualquer custo.

☐ 50. Repetidas vezes, comprou coisas caras ou valiosas para si mesmo, mas se recusa a fazer o mesmo para membros da família.

☐ 51. Constantemente, subestima as habilidades e a capacidade de desempenho dos outros.

☐ 52. Vê a si mesmo como superior em intelecto, capacidade ou aparência ao se comparar com os outros.

☐ 53. Aprecia colocar os outros para baixo para que se sinta melhor consigo mesmo.

☐ 54. Publicamente, menospreza aqueles que não estão à altura de suas expectativas, incluindo os próprios filhos.

☐ 55. Não tem interesse em saber mais sobre você e não sente curiosidade natural sobre os outros.

☐ 56. Às vezes, apresenta certa frieza ou indiferença que deixa você apreensivo sobre quem ele de fato é e/ou se você o conhece de verdade.

☐ 57. Quando interage com os outros, acha que ações comuns, tais como ajustar o assento, virar-se, checar o telefone ou olhar o relógio, são sinais de desinteresse e fica ofendido ou irritado sem necessidade.

☐ 58. Trata aqueles que são tidos como inferiores a ele com desprezo e arrogância.

☐ 59. Aprecia apenas aqueles que podem fazer algo por ele.

☐ 60. Tem relacionamentos interpessoais que sempre parecem prejudicados ou em dificuldade em razão de seu ego e grandiosidade.

☐ 61. Vê a si mesmo como dotado de conhecimento especial ou compreensão única e fala sobre si mesmo desse jeito.

☐ 62. Tem uma personalidade que cansa você, ou você acha essa pessoa irritante.

☐ 63. Vangloria-se das próprias conquistas de forma inadequada.

☐ 64. A palavra "eu" domina as conversas. Ele não se dá conta da frequência com que se refere a si mesmo.

☐ 65. Soa moralmente superior e acima de críticas.

☐ 66. Alcançou muito sucesso, porém à custa dos outros, a quem ele, raras vezes, oferece os devidos créditos, quando o faz.

☐ 67. Comentou que essa pessoa ou esse grupo é "inferior" ou é "sem valor".

☐ 68. Prioriza o uso de cocaína (especificamente) para potencializar sua grandiosidade, habilidades ou autovalor.

☐ 69. Afirma ser um amante ou sedutor excepcional. Conta vantagem sobre conquistas de forma repetitiva.

☐ 70. Odeia ser constrangido ou falhar em público.

☐ 71. Nunca aparenta sentir culpa por nada do que fez de errado e nunca pede perdão.

☐ 72. Acredita ter a resposta e a solução para a maioria dos problemas, não importa o grau de complexidade.

☐ 73. Acredita estar sempre certo, e todo mundo errado.

☐ 74. Enxerga os que discordam dele como "inimigos".

☐ 75. Recorreu a trapacear, enganar, maquinar, desviar ou outros crimes do colarinho branco para obter sucesso.

☐ 76. Com frequência é rígido, inflexível e insensível.

☐ 77. Tenta controlar o que os outros fazem ou pensam.

☐ 78. Tende a ser possessivo com pessoas queridas ou membros da família e interfere na liberdade deles — não gosta quando amigos ou estranhos visitam.

☐ 79. Oferece demonstrações de empatia de curto prazo, superficiais ou egoístas.

☐ 80. Percebe-se que quer destruir ou estragar as conquistas daqueles que inveja ou contra quem está competindo.

☐ 81. Recusa-se a ver ou reconhecer uma conquista da qual você tem orgulho ou fracassa em perceber a dor e o sofrimento dos outros.

☐ 82. Com frequência, reage a críticas com retaliação, difamação, contra-ataque, raiva ou insensibilidade.

☐ 83. Não se preocupa em trabalhar, afirmando que isso interferiria com seu "pensamento", "planejamento", "networking", "estudos" ou "preparação".

☐ 84. Juntou-se a um clube, associação de golfe ou organização apenas para ser visto nos lugares certos com o "tipo certo de pessoa", mas mal tem condições de pagar por isso.

☐ 85. Enxerga defeitos nos outros de forma rotineira e nenhum em si mesmo.

☐ 86. Não gosta de ser criticado, nem mesmo quando isso é útil.

- [ ] 87. Vê os problemas pessoais dos outros como sinais de inferioridade, fraqueza ou pouco controle emocional.
- [ ] 88. Conta vantagem de forma constante sobre compras caras (joias, brinquedos, propriedades, carros etc.)
- [ ] 89. No trabalho, repetidas vezes, exagera seu valor e suas contribuições para a gerência.
- [ ] 90. Enxerga fraquezas nos outros com facilidade e é rápido em explorá-las.
- [ ] 91. Está em um relacionamento parasitário ou explorador, tirando vantagem financeira de alguém (recusa-se a trabalhar ou contribuir, embora seja saudável e capaz).
- [ ] 92. Ao menos uma vez, disse que, desde cedo na vida, se sentia "destinado ao sucesso".
- [ ] 93. Parece altamente dependente de homenagens e adoração e, com frequência, procura elogios.
- [ ] 94. Não é um bom ouvinte ou apenas ouve quando há um elogio para si no meio da conversa.
- [ ] 95. Exige que os outros façam mudanças, pagando o preço da inconveniência, para atender às necessidades dele.
- [ ] 96. É ardiloso e manipulador, sempre buscando obter máxima vantagem.
- [ ] 97. Não parece devolver de forma recíproca a atenção, a gratidão ou o carinho dos outros.
- [ ] 98. Usa insultos para estabelecer superioridade, dominação ou controle.
- [ ] 99. Fez afirmações falsas a respeito de sua formação ou de seus títulos (por exemplo, afirmando ter doutorado).
- [ ] 100. Mantém a aparência de um estilo de vida extravagante apesar de estar em situação financeira frágil ou de ter declarado falência.
- [ ] 101. Repetidas vezes, fracassa em ver as coisas da perspectiva dos outros; carece de compreensão empática a respeito dos outros e suas necessidades e desejos.

☐ 102. Gosta de estar perto de pessoas notáveis para gozar de sua glória ou gosta de citar conhecidos famosos.

☐ 103. Pensa que nem todo mundo é merecedor de estar perto dele.

☐ 104. Tem uma vida emocional superficial e detesta quando os outros chegam com seus problemas emocionais "triviais".

☐ 105. Pode ser tímido e solitário, mas, ainda assim, é arrogante com os outros e acredita na própria superioridade ou excepcionalidade.

☐ 106. Mentiu sobre o passado, sobre conquistas ou mentiu para esconder transgressões legais ou éticas, inclusive ao falhar em agir ou notificar.

☐ 107. Fica indignado quando outros deixam de mostrar lealdade absoluta.

☐ 108. Deixou você ou outros esperando de propósito ou estendeu reuniões e conversas de forma inconveniente aos demais.

☐ 109. Nunca aprecia ou se satisfaz com retribuições ou vantagens no trabalho, mesmo que sejam generosas.

☐ 110. Não hesita em sobrecarregar os outros com coisas triviais, mesmo quando eles estão ocupados ou executando tarefas mais importantes.

☐ 111. Tenta de forma frenética manter corpo e aparência juvenis, exagerando na musculação, atividades físicas, cosméticos ou cirurgia.

☐ 112. Parece querer se provar e afirmar a própria sexualidade ao ter repetidos casos extraconjugais.

☐ 113. A maior parte de sua alegria parece vir de homenagens recebidas dos outros.

☐ 114. Tem prazer em enganar os outros, inclusive pai e mãe, amigos e sócios.

☐ 115. Em vez de ficar feliz pelo sucesso alheio, sente inveja ou é mesquinho e se ofende com esse sucesso.

☐ 116. Terminou um relacionamento ou uma amizade uma vez que não mais o beneficiava social ou financeiramente.

☐ 117. Procurou, de forma ativa, uma parceira ou esposa troféu para ajudá-lo com sua carreira ou ambições políticas.

☐ 118. Planeja de forma estratégica dias ou eventos no intuito de obter atenção e elogio.

☐ 119. É incapaz de identificar necessidades, quereres, desejos e sentimentos de pessoas próximas a ele.

☐ 120. É impaciente com os outros.

☐ 121. Fala de forma incessante sobre si mesmo ou sobre as próprias aspirações.

☐ 122. Tende a discutir questões pessoais ou preocupações em detalhes inadequados ou extensos, sem noção das limitações de tempo ou de sensibilidade dos outros.

☐ 123. Com frequência, diz coisas que machucam os outros, mas sem demonstrar remorso.

☐ 124. Uma dessas palavras costuma se aplicar a ele: esnobe, desdenhoso, arrogante, condescendente.

☐ 125. Critica aqueles que seguem regras ou esperam pacientemente na fila.

☐ 126. Aparenta ser especialmente desprovido de tristeza e de saudades.

☐ 127. Não age conforme a ética, sua preocupação é se for descoberto fazendo algo errado ou se for constrangido em público.

☐ 128. Mesmo após muitos anos, você sente como se não conhecesse essa pessoa de verdade.

☐ 129. Usou família ou amigos para mentir a seu favor.

☐ 130. Está indisposto a reconhecer erros, maldades, ideias ruins ou ações perigosas.

PONTUAÇÃO

- [x] Conte quantas afirmações se aplicam a esse indivíduo com base nos critérios discutidos no início desta lista.

- [x] Se você contar que esse indivíduo tem entre 15 e 25 das características, é uma pessoa que irá, em algum momento, pesar emocionalmente e com quem pode ser difícil conviver ou trabalhar.

- [x] Se a pontuação for de 26 a 65, isso indica que o indivíduo tem todas as características da personalidade narcisista e se comporta como uma. Essa pessoa precisa de ajuda e causará tumulto na vida de qualquer um próximo a ele ou ela.

- [x] Se a pontuação for superior a 65, essa pessoa tem uma preponderância das principais características de uma personalidade narcisista e é um perigo emocional, psicológico, financeiro ou físico a você e outros.

AÇÕES IMEDIATAS

Talvez a lista tenha confirmado o que há tempos é uma suspeita: você pode estar em um relacionamento ou trabalhando com alguém que atende aos critérios de um narcisista. Talvez você tenha sido atormentado e vitimizado, e completar a lista tenha lhe dado validação e ímpeto para lidar melhor com esse indivíduo, procurar ajuda ou mudar sua situação. Parabéns — você deu um passo gigante ao educar a si mesmo para poder lidar de forma mais eficaz com esses indivíduos.

O que você fará agora vai se basear em muitas coisas, entre elas sua situação e como esse indivíduo pontuou na lista. Você pode ser capaz de ignorá-lo no trabalho. Ou talvez não tenha escolha: pode ter de conviver com essa pessoa, e, embora ela possa ser irritante, pode ter pontuado baixo o bastante na lista para talvez ser tolerável. Mas talvez a pessoa tenha pontuado muito alto e se apresente a você com a possibilidade de tormento prolongado, degradação ou até mesmo dano psicológico. Só você pode decidir isso, mas agora tem algo concreto com o qual trabalhar conforme lida com o que está acontecendo, seja com o auxílio de amigos, líder religioso, RH, seu chefe, um profissional de saúde mental, serviço social ou até mesmo a polícia.

Porém, faça o que fizer, sua primeira responsabilidade é defender a si mesmo e a seus entes queridos. Nunca deixe ninguém lhe dizer que você deve permanecer em um relacionamento ou em uma organização na qual é intimidado, atormentado ou vitimizado. Faça o que for necessário para se proteger.

Tente se manter à distância desses indivíduos o máximo possível. Sei que, às vezes, isso não é fácil por uma variedade de razões legítimas, e já me apresentaram todas elas. Nesses casos, tente manter limites para o que é permissível ou aceitável, mas não se surpreenda quando esses limites forem ignorados ou quando os comportamentos ofensivos se repetirem.

Aqui está a dura verdade. Você pode precisar desse indivíduo, pode não ser capaz de se distanciar, essa pessoa pode ser membro da família ou cônjuge, talvez até mesmo seu empregador. Eu compreendo. Mas saiba disso: a personalidade narcisista vai esmagar você, e, no final, você vai sofrer danos emocionais, físicos, psicológicos ou financeiros. Quanto maior a pontuação da pessoa na lista de verificação, pior será. Descobri que manter distância costuma ser o melhor recurso contra esses indivíduos. Essa é a dura verdade — e agora você também a conhece. Para conhecer estratégias adicionais contra a personalidade narcisista, veja o Capítulo 6, "Autodefesa Contra Personalidades Perigosas".

"AFIVELEM SEUS CINTOS DE SEGURANÇA..."

CAPÍTULO 2

PERSONALIDADE EMOCIONALMENTE INSTÁVEL

PESQUISAR PERSONALIDADES EMOCIONALMENTE INSTÁVEIS e conversar com as pessoas cuja vida foi colocada de pernas para o ar por tais indivíduos deveria ser uma preocupação coletiva. Embora a sociedade e os profissionais estejam bem-preparados para reconhecer o estrago causado por outras personalidades perigosas tais como o predador (veja o Capítulo 4), é raro que a devastação causada pela personalidade emocionalmente instável seja reconhecida de forma adequada. O estrago que essa personalidade causa tende a ser mais interpessoal, do tipo que o sistema criminal tende a deixar passar. Ainda assim, com frequência convivemos ou trabalhamos com uma pessoa desse tipo, e ela causa grandes danos.

Os traços principais desta personalidade são instabilidade emocional difusa marcada por comportamentos que afetam o bem-estar, relacionamentos e interações com os outros. Mutáveis como o clima e muito menos previsíveis, essas pessoas variam de um extremo do espectro emocional ao outro, sentindo-se no topo do mundo; ou como uma princesa em um minuto e uma vítima na sarjeta no próximo. Podem ser talentosas, charmosas, estimulantes e sedutoras, mas podem rapidamente se tornar hostis, impulsivas ou mesmo irracionais. Foi para esta personalidade que inventaram o termo *mercurial*.

Essas pessoas têm uma necessidade imensa de serem amadas e se sentirem seguras, mas pouca habilidade para nutrir ou estimular relacionamentos saudáveis. Aproxime-se demais, e elas se sentem sufocadas; dê espaço demais, e se sentem abandonadas. Tragicamente, sua procura rudimentar por estabilidade pode fazer com que esses indivíduos machuquem não só os outros, como também a si mesmos.

Quando ouço falar de mais uma celebridade se divorciando pela quinta, sexta, sétima ou (no caso de Elizabeth Taylor) oitava vez, me vejo obrigado a perguntar: ela é emocionalmente instável? A pessoa com quem era casada fazia ideia? Será que Richard Burton, que reatou com Elizabeth Taylor uma segunda vez, pensou que as coisas ficariam melhores? Não melhoraram — é raro que melhorem.

As pessoas podem ser atraídas pela inteligência, energia, sedução ou beleza dessas personalidades, vendo essas características como atributos positivos para um relacionamento bem-sucedido. Mas, quando observam por trás da aparência, por trás da pessoa pública bem administrada, encontram o ego verdadeiro e emocionalmente instável. Em casa, no escritório, no set de filmagens de um longa, essas pessoas brilhantes, porém altamente intensas perturbam, interferem ou se tornam difíceis a ponto de não se conseguir fazer nada ou de surgir uma animosidade inconciliável. Toda biografia disponível sobre Marilyn Monroe atesta sua personalidade emocionalmente instável, o que a afetava de forma adversa, bem como quase todo mundo com quem ela trabalhava.

De forma similar às personalidades narcisistas, as personalidades emocionalmente instáveis devem ser paparicadas: elas forçam a barra, quebram regras e têm de ser o centro da atenção. Mas, enquanto os narcisistas fazem essas coisas porque sentem que são perfeitos e merecedores de tratamento especial, as personalidades emocionalmente instáveis o fazem porque precisam de constante apoio e afirmação, mesmo de crianças, para sentirem-se bem consigo mesmas. Emocionalmente necessitadas, elas se agarram, de forma tentacular, àqueles que vão suprir suas necessidades e tolerar seu comportamento. Contudo, esse tipo de necessidade exige demais mesmo da pessoa mais generosa, e esses indivíduos tendem a ser *muito* exigentes.

Se você estiver envolvido com alguém assim, prepare-se para uma vida de extremos, exasperação e exaustão. O grau de tumulto depende da pessoa com quem você está e qual a posição da patologia dele ou dela no espectro, que é diferente para cada pessoa. Alguns são menos hostis e mais toleráveis, enquanto outros podem ser autodestrutivos ou tóxicos aos colegas de trabalho ou mesmo para os próprios filhos. Na melhor das hipóteses, serão irritantes e briguentos; na pior, você experimentará profundo trauma emocional e talvez até mesmo violência. Um psicólogo descreveu para mim o estresse excruciante de lidar com personalidades emocionalmente instáveis: "Nem sempre elas te matam. Mas parecem estar sempre com um dedo no seu olho".

Muitos fatores podem contribuir para moldar essas personalidades do jeito que são. Pode haver razões neurológicas ou mesmo biológicas para seu comportamento, ou pode ser resultado de um trauma passado, uso de drogas, abuso ou indiferença parental. Ninguém sabe ao certo, embora tudo isso certamente contribua, inclusive fatores hereditários.

O que sabemos, o que foi relatado a mim e o que minha experiência me ensinou é que esses indivíduos acabam drenando a paciência, compreensão, compaixão e tolerância dos outros. Por meio de seu comportamento e instabilidade emocional, eles forçam relacionamentos com familiares, amigos, colegas de trabalho e gerentes até o ponto de ruptura.

Ao final, os que estão ao redor deles simplesmente desistem — não têm mais nada a dar. Alguns relataram ser tão emocionalmente cobrados por uma personalidade emocionalmente instável que não se sentem mais capazes de sentir empatia ou amor. Como um marido me disse uma vez, após muitos anos casado com uma mulher emocionalmente instável: "Tentei de tudo. Rolei no chão por ela. Mas conviver com ela era um inferno. Ela me fez cogitar o suicídio — e essa foi a gota d'água.

Eu estava sem energia, pensando em me machucar. Só por causa dela". Escutei isso incontáveis vezes ao longo de 35 anos, tanto como Agente Especial do FBI quanto, mais tarde, como consultor de comportamento.

Esses mesmos sentimentos têm sido ecoados por outros, incluindo meu falecido mentor, o dr. Phil Quinn. Da perspectiva de um padre católico e psicólogo, dr. Quinn ficou chocado ao descobrir cedo em sua profissão como as pessoas que nunca tinham pensado sobre machucar alguém eram levadas a cogitar machucar a si mesmas ou desejavam causar danos em outra pessoa por causa de alguém com uma personalidade emocionalmente instável.

Chocante? Sim. E um forte indicador de como a vida pode se tornar dolorosa e danosa com uma personalidade emocionalmente instável. Após postar um artigo sobre personalidades perigosas em meu blog na *Psychology Today*,* uma leitora me escreveu no privado, dizendo: "Só quero que minha mãe finalmente morra. Ela roubou minha juventude e todo o meu senso de segurança. Quero que a pessoa que nunca me defendeu ao menos morra para que eu possa descansar. Para que eu não precise mais ficar alerta". Fiquei chocado ao ler isso em uma carta longa e articulada — até que vi as coisas que a mãe dela havia feito e como essa filha havia sido atormentada. Então, compreendi por que ela se sentia desse modo.

Cedo em minha carreira como policial, colegas mais velhos me falaram do triste fenômeno das pessoas sendo levadas a machucar outras por causa do modo como eram tratadas e como isso era comum em muitas das chamadas domésticas que eles atendiam. Essa é a realidade angustiante quando você lida com a forma mais virulenta da personalidade emocionalmente instável. Seu comportamento extremo causa reações extremas: os saudáveis são levados a pensamentos ou ações não saudáveis. E, embora esses pensamentos sejam compreensíveis, machucar os outros ou a si mesmo nunca pode ser justificado, nunca é escusável. Esses indivíduos precisam tanto de ajuda quanto aqueles que são afetados por eles.

---

* Link: <https://www.psychologytoday.com/us/blog/spycatcher>.

O COMPORTAMENTO DA PERSONALIDADE EMOCIONALMENTE INSTÁVEL

Há tamanha variedade em como as pessoas com essa personalidade se comportam que é difícil detectá-la ou reconhecê-la. Alguns vivem em dor e desespero silenciosos. Outros costumam discutir ou brigar com todos, especialmente com seu cônjuge, a quem atormentam, às vezes com violência. E tem a sedutora tempestuosa que é sexualmente atraente, mas tão exigente que sua carência a torna broxante. E há muita coisa no meio disso.

Independentemente de como a instabilidade se manifesta, altos e baixos emocionais são uma marca registrada. Embora todos nós nos sintamos temperamentais, irritáveis ou ansiosos às vezes, essas personalidades perigosas se sentem desse modo com muito mais frequência. Elas podem ter bons dias, semanas ou até mesmo meses. Porém, com o tempo, seu modo primário de reagir ao mundo se evidencia pela instabilidade emocional e por explosões mercuriais.

Isso não teria importância se vivessem sozinhos em uma cabana na floresta, mas é comum seus efeitos serem sentidos por alguém próximo: pais, irmãos, amantes, cônjuges, filhos ou um colega de trabalho. Eis aí o problema. A instabilidade fundamental desta personalidade desestabiliza os outros emocional, psicológica e até mesmo fisicamente. Adolescentes podem ser temperamentais e podem experimentar comportamentos arriscados, mas eles saem dessa fase. A personalidade emocionalmente instável persiste na instabilidade ao longo do tempo, e isso debilita os relacionamentos.

Embora muitos desses indivíduos tenham consciência dos problemas dolorosos do passado que contribuíram para seu comportamento irregular, parecem impotentes em relação às próprias emoções e comportamentos. Mesmo terapeutas acham difícil lidar com eles. Você tenta estender a mão o máximo que pode, mas nunca é o suficiente. Interagir com esse tipo de personalidade tem sido descrito como sendo uma montanha-russa emocional: você é o herói em um momento e o chiclete mastigado na sola do sapato deles no outro. Muitos do lado receptor dessa volatilidade me disseram que se sentem tanto incrédulos como desesperados conforme se perguntam: "De onde veio isso?", "Isso foi mesmo necessário?" e "Quando isso vai acontecer de novo?".

Um filho de alguém assim aprende rápido a constantemente avaliar o temperamento do pai ou da mãe. "Como ela está hoje?" se tornam as palavras de ordem sussurradas por todo mundo. É triste ver como essas crianças começam a pisar em ovos tão cedo, pois elas sabem que, daquele quarto, em qualquer manhã, pode sair um santo ou um monstro disposto a causar dor. Quando lemos sobre crianças que querem o divórcio dos pais (e muitas querem), ou quando querem emancipação antecipada (antes dos 18 anos), costuma ser porque chegaram ao limite em lidar com esse tipo de personalidade emocionalmente instável. Esses passos radicais são tudo o que lhes sobrou para o próprio bem-estar mental: tudo tem limite.

No trabalho, nós pisamos em ovos perto dessas personalidades instáveis, muito parecidas com crianças: "O chefe está tendo um bom dia ou está berrando e atirando coisas como fez ontem?". As pessoas, de fato, se escondem no banheiro ou telefonam dizendo que estão doentes para evitar ter de lidar com esses indivíduos voláteis. Seu efeito numa organização ou em uma empresa pode ser desmoralizante. Por esse motivo, cada vez mais, empresas se tornam menos tolerantes em relação às personalidades emocionalmente instáveis que surtam no trabalho. Algumas organizações foram longe o suficiente para colocar em ação o que se tornou conhecido como a "Regra de Sutton" — isto é, estabelecer um ambiente ou zona de trabalho "livre de babacas". Como Robert Sutton aponta em seu livro, sucesso na lista de mais vendidos do *New York Times* e do *Wall Street Journal*, intitulado *The No Asshole Rule: Building a Civilized Workplace and Surviving One That Isn't* [A Regra de Não Aceitar Babacas: Construindo um ambiente de trabalho civilizado e sobrevivendo a um que não é, em tradução livre], esses indivíduos causam mais mal do que bem — é melhor só se livrar deles do que danificar sua organização.

Para personalidades emocionalmente instáveis, relacionamentos amorosos se resumem à intensidade. As coisas podem se intensificar e ir de discussões raivosas para um furioso "sexo para fazer as pazes" por insistência deles. É chocante a rapidez com que vão de um bate-boca violento ao sexo fervente. Para a personalidade emocionalmente instável, isso não é um problema. Mas, para o resto de nós, como muitas pessoas relataram, o passeio na montanha-russa logo perde a graça, e, quanto maior o rancor experimentado, menos elas desejam intimidade e contato; portanto, a sorte está lançada para um relacionamento fracassado.

Hipersensíveis

Essas personalidades, com frequência, não recebem bem nenhuma crítica, são muito sensíveis a ofensas reais ou imaginárias e podem se voltar contra você quando se sentem insultadas. Elas são rápidas em se sentirem vitimizadas, então imediatamente demonizam os outros ou os acusam de deslealdade com base em suspeitas infundadas. Em um caso relatado a mim por um de meus alunos universitários, uma mãe condenou as três filhas adultas ao ostracismo por meses por irem ao cinema sem ela. A mãe as acusou de "conspirarem" para isolá-la e de usarem a oportunidade para "falarem mal" dela pelas costas a respeito de como foram criadas. Esses são papéis típicos desempenhados por essas personalidades, espelhando os altos e baixos de seu estado emocional — elas são a rainha ou o rei (desejando serem idolatradas por todo mundo) ou a vítima ou o pária ("Ninguém quer brincar comigo/todo mundo está contra mim").

Essas três irmãs, sem sucesso, moveram mundos e fundos para se comunicarem com a mãe e assegurá-la de que não pretendiam magoá-la ao irem ao cinema sem ela. Ela se emburrou, seguiu amargurada por semanas e não queria falar com elas. Isso era algo cotidiano: a hipersensibilidade da mãe a ofensas ocorria desde que as filhas eram capazes de se lembrar. E esse é o problema. Hipersensibilidade é o estado normal dessa personalidade, e é cansativo, manipulador e emocionalmente desgastante.

Mas isso não é o pior. Personalidades instáveis são "colecionadoras de ferida" permanentes. Elas estocam e estão em alerta constante atrás de desfeitas sociais, maus-tratos, incidentes de esquecimento desavisado ou gafes, no intuito de mais adiante dispararem lembretes deles, como flechas, para machucar os outros. Elas são notórias em trazer à tona repetidas vezes exemplos do passado distante, às vezes de décadas atrás, de coisas que foram feitas, esquecidas ou ditas que, de forma justificada ou não, as machucaram de algum modo. E, por serem tão frágeis, as listas de queixas podem ser bastante longas e mesquinhas, pois essas pessoas tendem a jamais perdoar a fragilidade humana alheia. Elas são, de certa forma, como o renomado criminólogo dr. Leonard Territo tão bem expressou: "vítimas em busca de um opressor".

Carentes e exigentes, sem limites

Dizer que são "altamente exigentes" é um eufemismo. Personalidades instáveis têm uma necessidade infantil de se sentirem especiais. Elas anseiam pelos holofotes, seja ter todos os olhos sobre elas (pense em como atrizes se comportam no tapete vermelho), seja ter sua atenção absoluta quando são clientes, pacientes, patrões, amigos ou amantes. Vão até mesmo criar intrigas entre os outros para que possam se esgueirar e cooptar sua atenção. Elas dividem para reinar com a habilidade de um cirurgião.

Essas personalidades têm tamanha necessidade de atenção que irão bajular ou idolatrar você de uma forma meio infantil como o "mais maravilhoso amante", o "melhor médico", o "mais talentoso" profissional ou "o mais perfeito amigo do mundo". Mas, caso você falhe com elas de alguma forma, perca o interesse ou se distraia, ou se elas se cansarem, vão se voltar contra você e o demonizar instantaneamente. É notável a rapidez com que podem mudar para a frieza da indiferença, ignorando tudo de positivo que ocorreu no passado e focando apenas nas necessidades delas, em seu fracasso singular ou em uma desfeita sua na opinião delas, por mais que seja trivial.

Com frequência, alienam as próprias pessoas que procuram ao forçar regras ou limites, ficando inquisitivas demais, exigentes demais, íntimas demais, grudentas demais ou carentes demais. Em casa ou no trabalho, se você ceder, será pisoteado, sempre querendo mais de seu tempo, tratamento especial, atenção ou flexibilização das regras.

Recuse-se a compactuar e será acusado de ser indiferente, malvado ou desleal. De certa forma, a reação delas é similar à de crianças pequenas quando exclamam, de súbito, "eu não te amo mais!" ao não conseguirem o que querem.

Para essas personalidades, não existem limites ou convenções sociais. Como elas temem o abandono, quando ficam carentes, precisam de você *já*. Espere telefonemas, e-mails ou mensagens de celular sem nenhum respeito com sua agenda, conveniência, desejos ou qualquer decoro profissional. Deus te ajude se conseguirem seu número de celular ou a linha direta de seu escritório.

Médicos me contaram que essas personalidades aparecem sem agendar um horário, exigindo serem tratadas de imediato. Quando são informadas de que esse não é o protocolo adequado, ficam indignadas e revidam no médico e na equipe. Soube de um caso em que um paciente desses bateu a porta tão forte que os quadros caíram da parede em frente a outros pacientes, que ficaram chocados. Da adoração ao ódio fumegante em um instante — esse é o comportamento padrão para a personalidade emocionalmente instável.

Alguns são conhecidos por seguir, vigiar, ler correspondência, entreouvir telefonemas e aparecer sem aviso para testar a lealdade e fidelidade não apenas de parceiros sexuais e cônjuges, mas também dos próprios filhos. São conhecidos por viajarem grandes distâncias para seguir um caso romântico que se mudou, ou seguem a pessoa amada no caminho de ida e volta do trabalho com diligência esquisita e persistente. Em essência, tornam-se stalkers, mas também podem se tornar sabotadores.

Personalidades emocionalmente instáveis são conhecidas por cometer atos de vandalismo em carros e casas que podem causar danos de centenas de dólares. Às vezes, elas invadem escritórios para confrontar ex-namorados, ou então deixam bilhetes amargos e dolorosos no painel do carro ou na caixa de mensagem do celular. Agora, com as redes sociais, conseguem ser ainda mais destrutivas e difamatórias. Nada está fora do limite quando essa personalidade está inflamada. Nem as leis importam.

Em abril de 2000, o departamento de polícia da Costa do Golfo na Flórida pediu minha ajuda em um caso peculiar. Uma mulher que chamarei de Sheila alegava que fora estuprada três vezes em cinco anos, cada vez por um estranho, quando estava entrando no próprio carro. O detetive designado para o caso queria que eu trabalhasse no perfil do caso todo, incluindo a vítima, pois três estupros em cinco anos acontecendo com a mesma mulher pareciam improváveis em uma cidade que tinha estatísticas baixas para estupro.

A primeira pergunta que me fizeram foi uma que eu não podia responder: "Ela está mentindo?". Como eu disse para o detetive, é bem difícil detectar uma mentira, mas há algumas coisas que podemos perguntar para nos auxiliar a desvendar a verdade.

Após analisar os três casos, percebi que as alegações sempre ocorriam ao final de julho ou início de agosto. Em todas as vezes, os médicos da sala de emergência não detectaram esperma para ser examinado. Ela havia sido específica nos detalhes descrevendo o perpetrador, e, em todas as vezes, um boletim completo tinha sido lançado, resultando na interpelação de vários indivíduos que batiam com a descrição e com o carro que o estuprador supostamente dirigia. Tudo sem sucesso.

Quando foi minha vez de conversar com ela, havia pouco que eu podia perguntar, então disse: "Vamos até a garagem da polícia, e lá você pode demonstrar os detalhes do encontro usando seu próprio veículo". Então, as coisas começaram a se desmantelar. A história parecia crível quando contada, mas, quando foi pedido que demonstrasse onde ela estava em relação ao suspeito em cada uma das vezes, Sheila parecia confusa, contradizia detalhes que ela havia enfatizado, ou a história não fazia sentido lógico. Por exemplo, ela disse que, em algum momento, o suspeito, que tinha uma faca, a deixou e deu toda a volta ao redor do carro para abrir a porta do passageiro. Tudo o que ela precisaria fazer para fugir seria pressionar o botão de travamento.

Quando essas inconsistências e questões foram trazidas à atenção dela, Sheila começou a chorar e, por fim, admitiu que era tudo mentira — nenhum estupro havia ocorrido.

Por que ela faria uma cidade gastar centenas de dólares em tempo de investigação ou levaria diversos indivíduos a serem parados, vistoriados e entrevistados como potenciais suspeitos? Porque ela era uma personalidade emocionalmente instável — algo que foi mais tarde confirmado ao conversar com seus colegas de trabalho, amigos e família. No auge do verão, durante as férias escolares (ela era professora), a mulher precisava de atenção. Cada vez que ligava para o 911, a polícia respondia, assim como os paramédicos superprestativos. O defensor público também era enviado à casa dela, e amigos e familiares se reagrupavam em torno dela. Na sala de emergência, ela recebia ainda mais atenção, e um detetive era designado para trabalhar com ela caso houvesse uma prisão ou denúncia. Um simples telefonema trazia uma atenção que durava semanas e semanas.

Um profissional da saúde consultado recomendou que a cidade não a processasse desde que ela apenas deixasse o emprego no sistema escolar municipal e se mudasse; afinal, Sheila poderia ser denunciada por falsas alegações. Aqui temos de novo um exemplo do que ocorre quando você está lidando com uma personalidade emocionalmente instável — uma personalidade que é ao mesmo tempo carente e sem compromisso com a verdade.

Manipulador

Essa personalidade vai chorar, se enfurecer, se culpar, fingir doença, seduzir, trocar de lado, virar a casaca em debates ou se engajar em comportamentos arriscados para conseguir amor, atenção ou que as coisas saiam como ela quer. "Não" para elas é negociável — especialmente se sabem que, com persistência infantil, "não" se tornará "talvez" e, em algum momento, "sim".

Elas podem mentir e conspirar por atenção (tal como dizer a um namorado que está grávida quando não está em uma tentativa de segurar um relacionamento falido, ou alegar ter transado com outra pessoa na esperança perversa de angariar maior fidelidade). A habilidade delas em mentir e manipular é de tirar o fôlego, tamanho o alcance e a capacidade.

E, no que diz respeito a manipular os outros, é possível defender que nada dá mais resultado com tamanha dramaticidade do que a ameaça de suicídio. Essas personalidades podem ser perigosas para si mesmas, em especial quando ameaçam, ou cometem tentativas concretas, de se machucar. Esses episódios podem ser mais prevalentes em épocas de angústia, quando se sentem sozinhas ou quando sentem que estão prestes a serem abandonadas.

É sempre inquietante quando alguém ameaça suicídio, mas a melhor forma de lidar com uma ameaça dessas é permanecer calmo. Sua primeira reação deverá ser dizer à pessoa instável que você vai ligar para o 911 (para chamar a polícia, os bombeiros ou uma ambulância) e, então, fazer isso sem hesitação. Seja real ou falsa a intenção de suicídio, isso é uma questão para profissionais, e o comportamento dessa personalidade deixa você sem escolha. Isso está bem além da expertise de uma pessoa comum e deveria ser entregue aos profissionais.

Em minha experiência, uma vez que a polícia ou a emergência for chamada, essas personalidades podem alterar a conduta. Ou talvez você descubra que, instantes antes de telefonar, a pessoa retira a ameaça. Não se engane: ameaças de suicídio ou automutilação devem sempre ser levadas a sério. Você não é um terapeuta, então é melhor deixar essa situação para um profissional resolver, pois esses indivíduos instáveis podem se machucar e já o fizeram. Ao chamar a ajuda de um profissional, você faz a coisa certa de um ponto de vista ético e também não permite que seja manipulado. Você não é um fantoche e não merece ser manipulado, por mais doente ou machucada que a pessoa possa estar.

Um homem com quem conversei em uma conferência disse que sua mulher ameaçava se matar ou se machucar caso não conseguisse o que queria quase todas as vezes que tinham uma "grande discussão". De acordo com ele, sua esposa havia ameaçado suicídio talvez "duas dúzias" de vezes ou mais ao longo do doloroso casamento dos dois. Ele jamais considerou chamar os serviços de emergência, sempre pensando que seria a última vez ou não querendo chamar a atenção para si mesmo e para a família. Surpreso? Não deveria estar. As pessoas farão o que você tolerar, e, se lhes der corda ou for permissivo por bondade ou inocência, como esse homem, as personalidades emocionalmente instáveis vão jogar esse jogo só para controlar você. Por quê? Porque podem; porque para elas é muito fácil; porque não exercitam autocontenção e apenas profissionais qualificados podem ajudá-las — mas apenas caso estejam dispostas a serem ajudadas.

Se não conseguirem o que querem e exaurirem a possibilidade de manipulação, algumas vão tomar medidas drásticas. Lembre-se: o comportamento desses indivíduos existe em um contínuo ou espectro. Algumas são apenas desagradáveis de conviver, mas outras podem ser brutais e, em certas circunstâncias, assassinas se não conseguirem o que querem. Basta ler o jornal de qualquer cidade grande e procurar notícias de cenários domésticos onde uma turbulência perene, porém crescente, leva previsivelmente a uma instabilidade ainda maior, a uma turbulência ainda maior, à violência e, com bastante frequência, à morte.

O trágico falecimento em 1988 do comediante Phil Hartman serve como um lembrete do perigo de se conviver com uma personalidade emocionalmente instável. Sua esposa, Brynn, atirou nele e nela mesma. Por anos, amigos estavam cientes da instabilidade emocional dela e do caos causado no casamento — algo que seus dois filhos sobreviventes vão ter de lidar para sempre. Infelizmente, há diversos exemplos como esse.

Pensamento irracional de tudo ou nada

Não espere que personalidades emocionalmente instáveis respondam de forma lógica quando estão chateadas ou fazendo uma cena. Elas tendem a reagir de forma emocional em vez de lógica quando estão estressadas ou sendo criticadas. O pensamento delas é binário: tudo ou nada, bem ou mal, preto ou branco; não há tons de cinza. Ou você está com elas ou contra elas; amigo ou inimigo — e, é triste, mas isso inclui filhos.

Elas testarão publicamente sua lealdade na frente dos outros fazendo perguntas tais como "Você está comigo ou com ela? De que lado você está?". Esses atos abertamente manipuladores são irritantes e constrangedores, orquestrados para testar sua fidelidade como se vocês estivessem de volta ao ensino fundamental. Sim, esse é o grau de carência que podem alcançar.

O comportamento desses indivíduos é tão imprevisível quanto seu pensamento. Você nunca conseguirá adivinhar o que, de fato, farão. Um pai me contou que botou toda a família no carro para uma viagem de três dias e dirigiu mais de 160 quilômetros quando sua esposa, uma pessoa com personalidade muito emocionalmente instável, começou a tornar um pequeno incidente cada vez maior. Pressentindo que as crianças estavam tomando o lado do pai, ela passou a revidar nas crianças verbalmente. O que ocorreu em seguida chocou até mesmo ele, que estava acostumado com essas explosões. Com irritação e raiva na expressão facial, ela berrou: "Vira essa merda desse carro de volta, ou eu vou me atirar daqui!". Assim que disse isso, abriu a porta do carro e se inclinou para fora. As crianças gritaram assustadas, pois o grupo estava na rodovia interestadual 95 em direção a Orlando, dirigindo a mais de 100 quilômetros por hora. Outro feriado arruinado, crianças tremendo e chorando, o depósito do hotel perdido — tudo porque ele havia se esquecido de "colocar na mala a loção bronzeadora favorita dela". Não há justificativa para esse tipo de comportamento. Esse evento traumatizante assombrou aquelas crianças e o pai por anos. Seres humanos não têm botão de *Apagar*, e, quando crianças testemunham eventos desse tipo, pagam um preço por conviver com uma personalidade emocionalmente instável.

Algumas personalidades instáveis podem ser ingênuas e suscetíveis a modismos. Muitas procuram gurus ou líderes de seita que possam prover um rígido sistema de crenças. Seitas são atraentes para as personalidades instáveis por causa da atenção dada a elas pelos membros da seita, da aceitação incondicional que recebem, do vínculo que costuma ocorrer com o grupo e da estrutura providenciada, que elas não parecem conseguir numa sociedade normal. Essa suscetibilidade a seitas e a charlatões, contudo, as torna vulneráveis para que sejam exploradas e, com frequência, leva a discussões com familiares ou entes queridos que questionam seu novo estilo de vida, vendo que estão perdendo tempo, dinheiro ou oportunidades. Pense um minuto sobre o tipo de pessoa que Charles Manson — líder de bando, criminoso habitual e assassino condenado — atraiu e você terá uma visão precisa: indivíduos emocionalmente instáveis que pensavam que Charles Manson era normal. "Ingênuas e suscetíveis" não dá conta de descrevê-las.

Palavras que descrevem
A PERSONALIDADE
EMOCIONALMENTE INSTÁVEL

Aqui estão, sem censura, as palavras que vítimas utilizam para descrever a personalidade emocionalmente instável:

Abatido, amalucado, amargo, ameaçador, anormal, apavorante, ardiloso, arrepiante, arriscado, assustador, atômico, atordoante, atormentado, aviltante, babaca, birrento, biruta, borderline, calamitoso, camaleão, cansativo, caótico, carente, catastrófico, complexo, conflituoso, confuso, conivente, conspirador, consternador, controlador, coquete, criticador, crítico, cruel, de lua, delirante, demente, difamador, depressivo, deprimido, deplorável, desanimado, desarrazoado, desconcertante, desconectado, desconfiado, desenfreado, desequilibrado, desesperado, desiludido, desorganizado, despudorado, destrutivo, desumanizante, disfuncional, distante, diva, dividido, doente, doido, doloroso, dramático, duvidoso, emocional, encantador, enganoso, errático, escroto, especial, esquisito, exasperador, exaustivo, excêntrico, excitante, exigente, explosivo, fascinante, fervilhante, flertativo, frio, frustrado, frustrante, furacão, galanteador, gangorra, histérico, histriônico, horrendo, horrível, imbecil, implacável, impossível, imprevisível, impulsivo, inadequado, incerto, incessante, incompleto, inconfiável, inconsistente, incrível, indiferente, infeliz, inflexível, ingrato, inquietante, insatisfeito, instável, intenso, intrincado, invejoso, irracional, irresponsável, irritado, irritante, irritável, jovial, lascivo, letal, libertino, limítrofe, *loca*, louco, luxurioso, malévolo, maligno, maluco, malvado, masoquista, megera, mercurial, mentiras, mentiroso, miserável, mórbido, negativista, negligente, neurótico, ninfomaníaco, pavio curto, pegajoso, perseguidor, perturbador, problemático, psicopata, rainha, raivoso, rancoroso, reclamão, repugnante, reservado, ressentido, sádico, sarcástico, sedutor, sedutora, sensual, sexual, sufocante, sugador, suicida, temeroso, temperamental, tempestade, tempestuoso, tenso, tornado, torpe, trem descarrilado, tumultuoso, turbulento, vadia, vazio, vil, vingativo, violento, vítima, volátil.

Impetuosos, impulsivos, caçadores de emoção

Seja para se sentirem mais vivas ou para fugir de sensações ruins, essas personalidades podem ser imprudentes e impulsivas, decidindo no ímpeto a adotar comportamentos que colocam os outros e elas mesmas em risco, dizendo e fazendo coisas que são inadequadas, ofensivas ou sedutoras nos momentos mais impróprios. Podem ser percebidas como "causadoras de problema", "problemáticas", "um canalha", "um escroto", "dramática" ou "descontrolado". Com frequência, buscam atenção pela via da exploração sexual.

Quando faleceu Anna Nicole Smith, personalidade de reality show e modelo da Playboy, inúmeros homens apareceram para reivindicar a paternidade do filho dela, e, ao que parecia, todos haviam tido intimidade com ela. Essas personalidades costumam achar sexo um elixir formidável, então adotam um comportamento sexual que pode ter consequências perigosas. Elas podem ter um monte de casos amorosos com todas as patologias associadas, incluindo doenças venéreas, crises de ciúme, gravidez indesejada e violência; porém pouco carinho ou amor. O filme *À Procura de Mr. Goodbar* tratava de uma pessoa assim. Theresa Dunn, interpretada por Diane Keaton, é cronicamente vazia e usa o sexo para angariar intimidade, mas nunca se sente preenchida.

Elas podem ter casos com "*bad boys*" ou se juntar a uma galera errada. Esse é o ponto mais triste a que uma personalidade emocionalmente instável chega. Para um pai ou uma mãe, o escoamento emocional de testemunhar um filho ou uma filha jovem desperdiçando a vida ou à beira do perigo é horrendo. A mulher instável pode ser atraída pelo predador violador da lei: lembra-se de Bonnie Parker, que fugiu com Clyde Barrow, ambos formando a notória dupla Bonnie e Clyde? Todos os relatos apontam que ela era uma personalidade emocionalmente instável, e isso transparece em seu comportamento, que a conduziu diretamente para a morte trágica.

Se álcool ou abuso de drogas se torna seu método de lidar com as tensões do mundo, sua capacidade de decidir será ainda mais enviesada pela dependência química, e sua saúde também poderá ser comprometida de outras formas.

Alguns se voltam a comportamentos impulsivos, patológicos ou destrutivos que, na superfície, podem não parecer tão terríveis; ainda assim, furtar lojas, fugir de casa, apostar dinheiro, comer sem parar, direção imprudente e bulimia, para listar alguns, têm efeitos colaterais terríveis nesses indivíduos, em suas famílias e na sociedade.

Eles podem tender a certos comportamentos em busca de dor ou prazer — para eles, infelizmente, os dois podem ser a mesma coisa. Não é incomum que alguns adotem o autoabuso para sentirem alguma coisa ou para fazer sumir um sentimento, tal como se cortar, pressionar cigarros acesos na própria pele, cutucar cascas de ferida, arrancar o próprio cabelo, até mesmo bater com a cabeça na parede.

Às vezes, essas personalidades falam sobre se sentirem entediadas e com um vazio penetrante. Marilyn Monroe comentou muitas vezes para seus vários terapeutas e amigos sobre um vazio crônico que ninguém era capaz de preencher, embora tenha tido diversos admiradores, amantes e maridos. E também existem aqueles que têm por hábito procurar irritar os outros ou que querem discutir ou provocar brigas. A impressão é que, na verdade, sentem prazer em antagonizar ou brigar com os outros. Alguns profissionais da saúde descreveram isso como uma necessidade sadista muito patológica de agressão, associada com uma necessidade masoquista de tomar parte em um ciclo de crueldade e discórdia no intuito de sentirem alguma coisa. Perguntei a alguém com essa personalidade: "Por que você o trata assim?". A resposta foi reveladora: "Porque", disse ela, "esse é o único jeito que consigo uma reação dele. Esse é o único momento que o vejo ganhar vida". E ela disse isso com um sorriso.

O EFEITO DELES SOBRE VOCÊ

É fácil ser engolfado por esta personalidade e sua mistura envolvente de idolatria e carência. Mas, no final, você vai se sentir mental e emocionalmente esgotado pelos altos e baixos desses indivíduos, bem como por suas manipulações e explosões. Quando estiverem para baixo, você vai confortá-los. Quando o comportamento arriscado deles os colocar em perigo, você vai salvá-los. Quando se desapontarem ao não conseguirem o que precisam, você será o alvo da raiva. Quanto mais próximo você estiver, maior a probabilidade de que estará na mira deles, pois essas personalidades tendem a atacar exatamente as pessoas que afirmam amar.

São pessoas que podem torrar dinheiro com uma rapidez de tirar o fôlego, comprando roupas, drogas, sexo ou apostando. Se forem presas por dirigirem sob a influência de álcool ou entorpecentes, por brigas, posse de drogas ou prostituição, haverá multas legais e fiança. Elas estão aptas a persuadir você a lhes dar empréstimos até que possam "voltar a andar com as próprias pernas". Ou podem furtar seu dinheiro para se drogar ou para buscar outras excitações. Se forem abastadas, você vai ler sobre como torraram milhões de dólares na farra. Se não forem ricas, então seremos você e eu os responsáveis por pagar a fiança delas.

Pessoas envolvidas com essas personalidades se sentem constantemente hiperalertas, incapazes de relaxar e aproveitar os bons tempos, receosas de uma virada no clima. Não vivem a própria vida, pois vivem com medo dos temperamentos dessas personalidades. O que irá detoná-las? Elas vão explodir? Vão bater no filho que chegou em casa com nota baixa? Vão roubar o que não é delas? Vão flertar sem nenhuma vergonha com quem não deveriam? Muitos me disseram que, a partir do momento em que se envolveram com uma personalidade emocionalmente instável, tiveram de estar precavidos ou constantemente preparados para defenderem a si mesmos, suas ações e, por fim, sua sensação de amor-próprio.

Quando se vive com alguém assim, como familiares muitas vezes relatam, você pode desenvolver sintomas físicos de ansiedade e estresse crônico. Após um tempo, você espelha a montanha-russa emocional da pessoa instável conforme seus limites vão sendo rompidos repetidas vezes, e tudo o que pode fazer é tentar seguir em frente. Resistir às manipulações e manter fronteiras apropriadas é exaustivo. Muitos relatam insônia, depressão, comportamentos que nunca haviam tido antes e discussões como nunca.

A raiva desse tipo de personalidade pode se intensificar do verbal para o físico: atirar ou destruir coisas, bater ou estapear os outros, ou punir crianças com violência. Uma mulher uma vez contou para mim como sua mãe costumava bater nela com uma espátula quase todos os dias na infância. E há também o executivo que chega em casa e descobre que a esposa talhou todos os seus ternos de trabalho com um estilete em razão de terem discutido na noite anterior. E que tal não só um prato de espaguete como também uma panela inteira de molho sendo atirados na parede? Outros relatam lembranças preciosas, presentes ou mesmo facas indo pelos ares. É difícil imaginar coisas como essas acontecendo, mas elas acontecem. E há também os incidentes nos quais armas são disparadas na hora da raiva. Como qualquer policial lhe dirá, chamadas domésticas são perigosas exatamente porque as pessoas envolvidas com frequência são emocionalmente instáveis e podem se tornar ainda mais perturbadas ao usarem drogas ou álcool.

Hoje a crueldade da atriz de cinema Joan Crawford em relação a sua filha adotada Christina Crawford é bem conhecida. Se você não leu o livro *Mamãezinha Querida*, escrito por Christina, recomendo dar uma olhada — mas não antes de dormir, senão você pode ter uma noite inquieta. Conviver com uma personalidade emocionalmente instável é assim.

A instabilidade dessa pessoa pode infectar grupos inteiros, pois ninguém na família, na equipe ou no trabalho quer estar do lado receptor da acidez. Todo mundo pisa em ovos, com medo de dizer não ou de ser o portador de más notícias.

Adicione testosterona à mistura, e temos um potencial alto de perigo e violência. Com bastante frequência, esses são os homens que batem nas esposas no fim de semana ou quando entram pela porta da frente. Policiais estão familiarizados com chamadas domésticas desse tipo. Costumam ser cenários repetidos apresentando o mesmo elenco de personagens: personalidades instáveis que puxam briga, dão socos, jogam no chão, enforcam, sufocam, amarram ou queimam cônjuges como se fosse rotina. Agir assim os faz se sentirem bem de alguma forma — esse é o lado sadista dessa personalidade.

Associar-se a alguém assim pode ser uma ameaça vital? Nem sempre, mas pode. Lembre-se: eles temem o abandono. Se não podem ter você, talvez decidam que ninguém mais terá. Basta prestar atenção no caso de Jodi Arias, que se tornou manchete durante seu julgamento em 2013 por assassinar brutalmente o ex-namorado Travis Alexander em 2008, fazendo Alex Forrest, personagem de Glenn Close no filme *Atração Fatal* de 1987, parecer inofensiva. Não havia como a vítima, Travis Alexander, ter sido brutalmente assassinada (ela o esfaqueou diversas vezes, cortou a garganta e, por precaução, deu um tiro na cabeça dele) se não fosse por sua associação com essa personalidade emocionalmente instável que não conseguia lidar com o abandono. Esse caso se tornou notório em função da cobertura televisiva, mas, todos os anos, nos Estados Unidos, ocorrem milhares de casos nos quais uma personalidade emocionalmente instável vai atrás de alguém com quem tem ou teve um caso com violência — muitas vezes isso acaba em ferimentos ou morte.

A PERSONALIDADE EMOCIONALMENTE INSTÁVEL EM RELACIONAMENTOS

Tais como os narcisistas, as personalidades instáveis são rápidas em morar junto quando estão namorando — mas, enquanto narcisistas fazem isso pela dominação, essas personalidades o fazem pela estabilidade e pelo barato emocional de se sentirem adoradas. Elas querem que esse sentimento se mantenha para sempre e podem forçar a barra para firmarem um compromisso. Contudo, mesmo quando conseguem o que querem, um vazio persiste, e nada nem ninguém parece reduzi-lo.

Elas podem exagerar nos esforços desesperados para criar vínculo, flertando de forma escandalosa ou fazendo declarações impulsivas ou ultrajantes. Um homem com quem conversei me relatou como, em minutos após conhecer uma mulher que era uma personalidade emocionalmente instável, fato que mais tarde veio à tona, ela apenas disparou, do nada: "Você não tem ideia do quanto é importante para mim". Ele ofereceu mais detalhes: "Ela de fato se demorou ali segurando a minha mão por quase tempo demais, se inclinando perto demais, me constrangendo na frente dos outros, me dizendo quanto eu era 'especial' aos olhos dela e como ela iria 'sonhar comigo mais tarde'". Isso ocorreu durante uma reunião de negócios — não é preciso dizer que ele ficou horrorizado.

Não surpreende, dada sua carência, quanto declarações como essas são similares às de uma pessoa no ensino fundamental encantada por alguém. O que é surpreendente é como as pessoas caem nessa com frequência — algo que essa personalidade sabe que ocorre e se aproveita. Infelizmente, o que ninguém percebe é que o objeto desse afeto desmedido vai se sentir sufocado com o tempo e lutar de forma desesperada para se desprender dessa pessoa grudenta.

A princípio, pode rolar um sexo gostoso e uma idealização, mas, com a queda inevitável do alto do precipício, as coisas se transformam em irritabilidade e mal-estar sem fim. Tente ir embora, contudo, e então a personalidade instável se torna frenética, brigando para manter a relação ao mesmo tempo que revida e desvaloriza você. O fato de você estar no trabalho não impedirá essa personalidade de invadir seu escritório e fazer uma cena, nem de telefonar dezenas de vezes por hora, nem de arranhar a porta de seu carro no estacionamento, nem de telefonar para seu chefe para informar que você é "uma piranha" ou "um canalha". Qualquer um que passou por isso lhe dirá que é surreal: a pessoa grita, berra e xinga — mas não quer que você se vá.

Ainda que você consiga encerrar o relacionamento, personalidades instáveis vão querer que você permaneça leal. Elas podem perseguir você, ler seus e-mails, ameaçar, bater, entrar em sua casa, mexer em suas coisas ou confrontar seu interesse amoroso atual. Nicole Brown Simpson relatou algumas dessas experiências à polícia por anos, mas pouco foi feito até que ela foi assassinada. O. J. Simpson, de acordo com Nicole, simplesmente não a conseguia largar; mesmo após o divórcio, ele ia até a casa dela, a ameaçava e lhe batia. As fotos do inquérito mostrando sua lesão facial atestam o lado violento dessa perigosa personalidade emocionalmente instável.

Elas podem assediar você via seus pais, amigos ou redes sociais. Se algum dia já tiraram ou, de alguma forma, obtiveram fotos suas sem roupa ou fazendo qualquer coisa comprometedora, essas imagens serão usadas contra você. O que você puder imaginar (e mesmo o que não puder), elas farão. Uma mulher me contou que novos namorados encontravam bilhetes na janela do carro deles escritos por seu ex-namorado, avisando-lhes quanto ela era "uma puta e uma vadia".

Mulheres envolvidas com homens desse tipo podem pensar "Ele vai melhorar" ou "Esta será a última vez" ou "Eu consigo consertá-lo". Mas não conseguem, e o mais provável é que esses indivíduos não mudem. Uma policial que eu conheço me contou que levou três anos para romper com alguém assim, que, de vez em quando, batia nela. Até essa policial profissional treinada se encontrou emocionalmente encurralada, constrangida em buscar ajuda, comprometida com alguém que ela pensou que poderia consertar. Ela não conseguiu. Pode acontecer com qualquer um, e, eu repito, nunca fica melhor, a menos que a personalidade instável faça esforços heroicos para mudar — e isso raras vezes ocorre.

Se você tiver filhos e começar a sair com alguém com esse tipo de personalidade, poderá estar colocando não apenas a si mesmo como também seus filhos em risco de perigo psicológico e possivelmente físico. Falo pela minha experiência como policial quando digo que a própria natureza da personalidade emocionalmente instável coloca crianças, especialmente as que não são filhas dela, em risco ainda maior de dano físico ou psicológico.

Mencionei antes uma mulher cuja mãe costumava bater nela com uma espátula. Após essas surras, a mãe lhe dizia coisas como: "Viu o que me fez fazer? Agora venha aqui e me dê um abraço". Infelizmente, essa não foi a primeira vez que escutei esse tipo de patologia. Em resposta a meus livros e artigos, pessoas adultas de todo o mundo têm escrito para contar como suas mães usaram utensílios de cozinha, uma vassoura ou um cinto velho para agredi-las pelas transgressões mais leves, esperando depois que a criança confortasse a abusadora. Você não precisa ser um profissional da saúde para perceber quanto isso é nocivo.

Se os filhos manifestam sentimentos de mágoa ou chateação, o pai ou a mãe pode rejeitá-los: "Ah, pare com isso, nem foi tão ruim" ou "Seja forte, supera". Se as crianças pedem abraços ou atenção, a mãe ou o pai egocêntrico poderá dizer "Só quando você parar de se comportar assim" ou "Não vê que estou ocupado?", deixando a criança com um vazio do tamanho do Grand Canyon que nunca parece ser superado. É assim que a instabilidade emocional de um pai ou de uma mãe reverbera nas gerações seguintes.

Filhos dessas personalidades crescem psicologicamente machucados. As lições de vida que aprendem me entristecem só de escrever sobre elas: sufoque suas emoções, ignore suas necessidades, espere sofrimento, nunca diga não, não faça caso, você não importa; mas, acima de tudo, me conforte. Elas aprendem a ser reservadas, a esconder os próprios sentimentos; ou fazem uma cena para conseguir alguma reação; ou aprendem a mentir, experimentam drogas ou procuram de forma descuidada qualquer um que lhes dê atenção. Podem se tornar bullies, adotando a mentalidade preventiva "bata neles antes que batam em você", absorvida tão bem do pai ou da mãe instável. E estão para sempre alertas, como sentinelas, tendo aprendido desde tenra idade a serem tanto cautelosos quanto hipervigilantes, nunca sabendo em qual humor o pai ou a mãe vai estar, ou como ele ou ela vai reagir. Isso não é uma forma saudável de crescer.

Imagine como é descobrir que crianças em outras famílias são amadas enquanto você é atormentado ou apenas tolerado. Não surpreende, portanto, quando os filhos adultos da personalidade emocionalmente instável me escrevem para dizer que estão divididos entre desejar que o pai ou a mãe morra e temer que isso ocorra, pois, então, teriam de decidir sobre ir ou não ao funeral e fingir que se importam, embora não seja o caso. Como uma mulher me disse há pouco tempo: "Tudo o que eu queria era ser amada. Qual é a dificuldade de fazer isso? Você não sabe como é não ser amada por sua mãe. Será um alívio quando ela morrer".

Se você tem filhos com um pai ou uma mãe assim, você tem a responsabilidade de tentar providenciar segurança e descanso para eles. É triste, mas, em minha experiência, a maioria dos pais fracassa em agir porque não quer ter de lidar com a reação vulcânica do par emocionalmente instável. Isso é um desserviço terrível para uma criança inocente e impotente. Se encerrar o relacionamento e obter a guarda dos filhos não for uma opção, todo o possível deve ser feito para estabelecer limites de proteção à criança e providenciar oportunidades de alívio (por exemplo, facilitando qualquer coisa que a criança goste de fazer — atividades escolares, hobbies, esportes extracurriculares, leitura, música, artes) para mantê-la longe do pai ou da mãe tóxica. Mas devo ser honesto com você aqui, talvez mais do que um terapeuta. A previsão de longo prazo é sombria. Proteja seus filhos e se afaste, por favor, por você e por eles.

ENCONTROS COM A PERSONALIDADE EMOCIONALMENTE INSTÁVEL

É comum essas personalidades terem uma aparência que lhes permite funcionar em sociedade, mas nem sempre. Muitos eufemismos são usados para descrevê-las: "Meu vizinho é muito irritável", "Meu colega de trabalho é doido", "Sua alteza está tendo um ataque", "Ele é propenso a explosões", "Tem treta demais aqui". Acredito que nunca devemos dourar a pílula em relação ao que nos machuca. Por meio de seu comportamento, esses indivíduos confirmam que são emocionalmente instáveis e tóxicos. Por meio de seu comportamento, eles forçam os outros a reagir de forma negativa e criam conflito interpessoal desnecessário.

Uma pista reveladora é como pessoas no trabalho farão quase qualquer coisa para limitar a comunicação e interação com a personalidade emocionalmente instável. A fofoca logo circula. Pessoas dizem coisas como: "Ele estará na equipe/projeto/comitê/evento? Pois, se estiver, eu não vou". Elas evitarão ter de telefonar, conversar, interagir, trabalhar junto ou até mesmo se sentar perto dessa pessoa tóxica e vão excluí-la de reuniões, eventos e do círculo de informações.

No filme *O Diabo Veste Prada*, uma funcionária descreve Miranda Priestly, a editora aterrorizante de uma revista de moda badalada, interpretada por Meryl Streep, com precisão arrepiante, desta maneira: "Miranda Priestly é impossível. Sempre foi, sempre será. Seu trabalho não é lhe agradar. E, sim, sobreviver a ela". É a descrição perfeita da vida com um chefe, técnico, gerente ou líder instável. Você trabalha feito um condenado, mas sem ser valorizado. Ninguém quer dar más notícias a essa pessoa, muito menos avisá-la de que há uma tarefa impossível de ser concluída.

Às vezes, essas personalidades têm a capacidade de fazer um bom serviço e tudo parece ótimo para o mundo exterior — por exemplo, para a alta gerência, para o comandante ou para os eleitores. Mas converse com aqueles que trabalham para ela ou com ela, e você ouvirá histórias de pessoas sendo recriminadas, de coisas cruéis sendo ditas, de discórdia intencional semeada na equipe. Talvez elas sejam boas no que fazem, mas a que custo? As perdas em receita, licença-saúde, doenças, seguro e processos trabalhistas são consideráveis.

Se você ler os jornais ou biografias, encontrará relatos de muitos que sobressaem por terem características da personalidade emocionalmente instável. Embora seja fácil fazer julgamentos imediatos sobre pessoas com base em relatos na imprensa sobre seu comportamento, isso é algo que deveríamos evitar fazer. Primeiro, não sabemos a história inteira sobre como essa pessoa se comporta nem as circunstâncias atenuantes da situação. Por exemplo, Amy Winehouse, a cantora e compositora que tragicamente faleceu de intoxicação alcoólica em 2011, aparentava ter várias das características da personalidade emocionalmente instável. Talvez tivesse, talvez não; todos os detalhes não estão disponíveis para nós. Então, embora possamos ler ou ouvir relatos que nos façam parar ou nos coloquem em alerta, em geral precisamos de mais informações para compreender plenamente se alguém é uma personalidade emocionalmente instável ou perigosa.

Segundo, a metodologia fundamental discutida neste livro envolve se basear em observações diretas, não no que você pode vir a ler em manchetes. Por isso, ainda que escutemos notícias que possam nos deixar pensativos, precisamos ser cuidadosos em nossas avaliações. Tumulto pessoal, seja na política, no entretenimento ou ali no vizinho, certamente chama nossa atenção, mas não podemos saber com certeza se isso é uma personalidade emocionalmente instável até que tenhamos acesso direto a essa personalidade.

Como ocorre com a maioria das personalidades perigosas deste livro, o público dificilmente percebe a personalidade emocionalmente instável até ou a menos que a pessoa faça algo ultrajante, grotesco ou criminoso. Em geral, personalidades emocionalmente instáveis causam a maior parte dos danos no ambiente privado, mano a mano, entre quatro paredes. Mesmo que essas paredes estejam localizadas no número 1600 da Pennsylvania Avenue, também conhecida como a Casa Branca. Boa parte das pessoas não sabe que Mary Todd Lincoln, esposa do presidente Abraham Lincoln, trouxe muita turbulência para o relacionamento, o governo executivo e a Casa Branca com sua notável instabilidade emocional.

É claro que existem aqueles que a mídia parece perseguir com recorrência porque estão na indústria do entretenimento, mas, no geral, sofremos com a personalidade emocionalmente instável no âmbito privado. O que eu ouço com mais frequência daqueles envolvidos com uma dessas personalidades é "eu sofri sozinho".

Todavia, quando vejo, ouço falar ou encontro alguém que repetidamente viola limites sociais, alguém que tem pavio curto ou é "temperamental", alguém que faz com que eu ou outros se sintam inferiores ou perturbados, ou alguém que gosta de discutir e brigar, meu "radar de segurança" soa um alerta, e eu procuro outras pistas de que este indivíduo possa ser uma personalidade emocionalmente instável para que eu possa tomar atitudes para proteger a mim e a quem eu amo. Você deveria fazer o mesmo.

SUA LISTA DE VERIFICAÇÃO DE PERSONALIDADES PERIGOSAS

SINAIS DE ALERTA DE UMA PERSONALIDADE EMOCIONALMENTE INSTÁVEL

Como mencionei na Introdução, desenvolvi várias listas de verificação baseadas em comportamentos durante minha carreira para me ajudar a avaliar indivíduos e ver se eram personalidades perigosas. Esta lista em particular ajudará a identificar se alguém tem as características da personalidade emocionalmente instável e qual é a posição dessa pessoa em uma escala ou espectro (do irritante e dramática a cáustica e mercurial e a ameaçadora ou perigosa). Isso ajudará você a decidir com maior precisão como lidar com essa pessoa, determinar a toxicidade dele ou dela e avaliar se ele ou ela podem ser uma ameaça a você ou a outros.

Esta lista, assim como as outras neste livro, foi projetada para uso na vida cotidiana por mim e por você — pessoas que não são pesquisadores ou profissionais da saúde mental treinados. Não é uma ferramenta de diagnóstico clínico. Seu propósito é educar, informar ou validar o que você testemunhou ou vivenciou.

Leia cada afirmação da lista com atenção e verifique as frases que se aplicam. Seja honesto; pense sobre o que você escutou um indivíduo dizer ou o viu fazer, ou o que outros contaram a você. Com certeza, o melhor indício é o que você mesmo observou e como você se sente quando está perto ou interagindo com essa pessoa.

Marque apenas as afirmações que se aplicam. Não conjecture nem inclua mais do que se encaixa com exatidão aos critérios. *Se ficar em dúvida, deixe de fora.* Alguns itens parecem ser repetitivos ou parecem se sobrepor — isso é intencional, para capturar nuances de comportamento baseadas em como as pessoas tipicamente experimentam ou descrevem essas personalidades.

É bem importante que você complete a lista inteira, como foi projetada, para aumentar sua confiabilidade. Cada lista de verificação cobre assuntos muito sutis, embora significativos, sobre os quais você talvez nunca tenha pensado antes. Alguns itens podem ajudar você a se lembrar de eventos que já esqueceu. Por favor, leia cada afirmação, mesmo que ache que já viu o suficiente ou que os primeiros itens não lhe pareçam aplicáveis.

As flexões de gênero são usadas de forma intercambiável nas afirmações. Qualquer frase pode ser aplicável a qualquer gênero.

Avaliaremos a pontuação quando você tiver terminado, mas, por ora, marque cada item abaixo que se aplique.

☐ 1. Você está constantemente na defensiva perto da pessoa.

☐ 2. Demonstrações de raiva intensa e explosões são desproporcionais às circunstâncias ou à situação.

☐ 3. Desde que o conheceu ou iniciou um relacionamento com esse indivíduo, você se tornou menos feliz, menos confiante ou menos seguro de si.

☐ 4. Relacionamentos são uma montanha-russa de altos e baixos.

☐ 5. Ele é incapaz de avaliar as consequências de suas declarações ou de seus comportamentos e o modo como isso afeta os outros, incluindo membros da família ou da sociedade.

☐ 6. Comporta-se de formas que, por vezes, são inadequadas ou ultrajantes.

☐ 7. Parece desmoronar sob estresse com alguma frequência.

☐ 8. Discussões que deveriam durar alguns minutos podem seguir sem parar por horas ou dias, sem nenhum esforço para melhorá-las ou encerrá-las.

☐ 9. Parece desempenhar o papel de vítima ou de princesa com regularidade.

☐ 10. Odeia estar sozinho e constantemente busca companhia.

☐ 11. Ameaçou suicídio.

☐ 12. Com frequência, demonstra ou expressa sentimentos de pânico, ansiedade, irritabilidade, tristeza ou raiva.

☐ 13. Com frequência, sente ou expressa uma sensação de vazio; fica entediado com muita facilidade, precisa de excitação.

☐ 14. Raiva intensa já foi observada contra membros da família.

☐ 15. Há situações recorrentes de briga, discussão ou confronto físico com os outros.

☐ 16. Discussões verbais parecem ser parte da vida para ela.

☐ 17. Você não consegue relaxar, ficar tranquilo ou baixar a guarda perto desse indivíduo.

☐ 18. Esse indivíduo mencionou diversas vezes que alguém ou algum grupo está conspirando e tem algo contra ele.

☐ 19. Colegas de trabalho o descrevem como "um problema", "difícil de trabalhar", "irritante" ou "impossível".

☐ 20. Quando você está perto dele, sente-se esgotado emocional ou mesmo fisicamente.

☐ 21. Após passar algumas horas com ele, você sente como se seu mundo tivesse sido virado de cabeça para baixo. Talvez se pergunte: "O que foi isso?".

☐ 22. Os mais chegados (por exemplo, você, família, filhos, cônjuges) rotineiramente têm de "conferir" e ver como está o "clima" atual.

☐ 23. Trabalha de forma frenética para evitar o abandono real ou imaginado de amantes ou amigos.

☐ 24. Às vezes, o comportamento desse indivíduo parece teatral ou excessivamente dramático, dadas as circunstâncias.

☐ 25. Discussões são amargas e feias — cheias de insultos e palavrões.

☐ 26. É excessivamente exigente em relação aos outros no que diz respeito a favores, tempo, atenção ou dinheiro.

☐ 27. Atirou, rasgou ou quebrou objetos por raiva ou desaprovação.

☐ 28. Ameaçou suicídio no intuito de evitar ser abandonado.

☐ 29. Em vez de fazer as pazes ou encerrar um assunto, gosta de chafurdar em discussões e prolongar discursos amargos.

☐ 30. É descrito pelos outros como "imprevisível", "inconfiável" ou "instável".

☐ 31. O apego a uma pessoa (relacionamento de amizade ou amoroso) nova ocorre, com frequência, rápido demais e com intensidade alta demais.

☐ 32. Gosta de se tatuar só para "sentir alguma coisa".

☐ 33. Tem fama de relembrar ou guardar mágoas por um período bastante longo.

☐ 34. Facilmente difama ou critica os outros, causando humilhação ou constrangimento.

☐ 35. Afirma perdoar, mas nunca o faz: erros ou injustiças são lembrados de forma específica para uso em discussões futuras.

☐ 36. Tem pavio curto, e seu nível de tolerância à frustração é bastante baixo.

☐ 37. Parece incapaz de sentir empatia, cuidar ou amar de forma consistente.

☐ 38. Não é incomum ouvir as pessoas dizerem "Não fique chateado, mas..." quando iniciam uma conversa com ele.

☐ 39. Há indícios de que relacionamentos com ele são sempre tormentosos.

☐ 40. O casamento tem sido amargo e cheio de mal-estar.

☐ 41. Parece se atrair sempre pelo tipo errado de pessoa (criminosos, usuários de drogas, caçadores de emoção ou indivíduos irresponsáveis).

☐ 42. Não parece se importar se os outros se ofendem com seu comportamento.

☐ 43. Não se sente feliz sendo ele mesmo — quer ser outra pessoa.

☐ 44. Adota comportamentos arriscados ou que provocam grandes emoções, que são ilegais ou colocam os outros em risco.

- [ ] 45. É bastante sensível ao que os outros dizem e pensam sobre ele – tende a revidar quando criticado.
- [ ] 46. Mudanças de planos são bastante incômodas e causam ansiedade ou irritabilidade.
- [ ] 47. Já causou ferimento a si mesmo ao se cortar, arranhar, morder, perfurar, queimar ou ao arrancar o próprio cabelo.
- [ ] 48. Quando ignorado ou tratado como se não fosse especial, fica chateado ou indignado.
- [ ] 49. Age como se quisesse ser o centro das atenções – não quer se sentir deixado de fora.
- [ ] 50. Não hesita em mentir ou inventar histórias que o favoreçam.
- [ ] 51. Você se sentiu relutante em falar, agir ou tomar alguma atitude por medo das reações dele em relação a você ou por medo de que ele pudesse machucar a si mesmo.
- [ ] 52. É conhecido por apelar à compaixão para obter atenção (por exemplo, finge enfermidade ou doença).
- [ ] 53. Seu sofrimento, doença ou ferida é sempre pior do que o de qualquer outra pessoa.
- [ ] 54. Faz demandas exigentes sobre o tempo e a atenção dos outros.
- [ ] 55. Usa o cultivo de relações com os outros como uma ferramenta para angariar atenção e devoção deles.
- [ ] 56. Adotou crianças com o propósito específico de assegurar "que alguém tome conta dela na velhice".
- [ ] 57. Não entende nem pratica o amor altruísta.
- [ ] 58. Você se sente encurralado por ele de alguma forma.
- [ ] 59. É como se as emoções dele fossem sempre intensas demais.
- [ ] 60. É conhecido por ter relacionamentos interpessoais instáveis e intensos.
- [ ] 61. Reclamou de se sentir inferior repetidas vezes.

☐ 62. Tudo o que faz para os outros parece vir com um preço ou com segundas intenções.

☐ 63. Esteve deprimido ou ansioso por um longo tempo ou em determinadas situações.

☐ 64. Muda de ideia ou de lado com rapidez, deixando você ou amigos frustrados e confusos.

☐ 65. Parece bastante inseguro e tenta supercompensar com vigor.

☐ 66. Admitiu já ter experimentado ou usado "todos os tipos de drogas" — tanto em quantidade como em variedade.

☐ 67. Relatou estar emocionalmente fora de controle sem conseguir explicar a razão.

☐ 68. Ameaçou machucar a si mesmo ou cometer suicídio apenas para manipular os outros.

☐ 69. Associar-se com esse indivíduo reduz sua autoestima.

☐ 70. Teme qualquer um que se aproxime demais, ou impede as pessoas de se aproximarem demais.

☐ 71. Reclamou de uma condição ou doença vaga e persistente que afeta seu temperamento ou níveis de energia.

☐ 72. Tem relacionamentos intensos, porém de curta duração.

☐ 73. A autoimagem aparenta ser instável (não gosta de quem é, nem da própria aparência, nem de para onde sua vida está indo).

☐ 74. Tem uma necessidade esmagadora de ser amado, adorado e cuidado com exclusividade.

☐ 75. Afirma sofrer de enxaqueca, fibromialgia, úlcera, colite, síndrome do intestino irritável ou dores de cabeça frequentes.

☐ 76. Filhos adultos se recusam a ter qualquer contato com ele.

☐ 77. É muito bom em culpar os outros quando as coisas dão errado.

☐ 78. Transforma qualquer crítica em contracrítica, ainda que ilógica ou falsa.

☐ 79. Está em constante luta por poder com você ou com os outros.

☐ 80. É teimoso e briguento — parece sempre querer dizer a palavra final.

☐ 81. Com frequência, demonstra não saber planejar bem (fracassa, por exemplo, em arranjar comida e água ou mesmo dinheiro para tomar conta das crianças), como se prioridades fossem as últimas coisas a serem lembradas.

☐ 82. Oscila entre extremos de idealização (amar) e desvalorização (odiar) dos outros.

☐ 83. Parece só viver no presente: há pouco planejamento para o futuro (financeiramente ou em relação ao trabalho).

☐ 84. Não demonstra ter aprendido com relacionamentos anteriores nem com experiências de vida.

☐ 85. Deseja relacionar-se com uma "pessoa ideal" que será inteiramente cuidadosa, generosa e onipresente — à completa disposição: ou seja, uma pessoa idealizada que não existe.

☐ 86. Quando não se sente realizado, fica severamente desapontado e desvaloriza os outros.

☐ 87. É impulsivo no que diz respeito a uma ou mais áreas tais como sexo promíscuo, gastos desenfreados, abuso de substâncias, direção imprudente, compulsão alimentar, jogatina, bebida em excesso, correr riscos.

☐ 88. Mesmo após um encontro breve, faz você ou os outros se sentirem ansiosos, perturbados, raivosos ou enfurecidos.

☐ 89. Procura de forma constante desculpas ou intrigas dentro de organizações que estariam contra ela ou impedindo-a de ser promovido ou reconhecido.

☐ 90. Intencionalmente, procura relacionamentos com pessoas casadas ou já comprometidas em um relacionamento.

☐ 91. Parceiros românticos reclamam de se sentirem esquisitos ou de que algo está errado ou estranho, mesmo após um breve encontro com ele.

☐ 92. "Psicopata" ou "pirado" é um termo que você ou outros já usaram para descrevê-lo.

☐ 93. Parece inconstante e temperamental sem motivo.

☐ 94. Voltou-se contra pessoas amadas de forma dramática sem justa causa.

☐ 95. Na terapia, voltou-se contra o terapeuta, muito embora o tenha elogiado antes.

☐ 96. Gosta de uma vida "rápida" desimpedida ou adere a comportamentos irresponsáveis.

☐ 97. Fracassou em cumprir com obrigações, tais como comprar combustível, pagar contas ou pagar impostos – embora possa ter dinheiro.

☐ 98. Os próprios filhos parecem mais uma inconveniência para ele do que uma alegria.

☐ 99. Usa a humilhação como forma de punição.

☐ 100. Negligenciou filhos para sair com amigos, ir a festas ou para beber.

☐ 101. Tem um histórico de atrair parceiros demais e, com frequência, o tipo errado de parceiro.

☐ 102. Filhos reclamam de serem ignorados, ridicularizados ou até mesmo assediados por ela em casa.

☐ 103. Parece emocionalmente distante, mesmo ao tentar se manter próximo.

☐ 104. Acusou você repetidas vezes de ser a causa de seus problemas ou infelicidade.

☐ 105. Sente-se seguro e feliz com uma comitiva ou grupo – não gosta de estar sozinho.

☐ 106. Parece sempre haver tensão (quase tudo é tomado de forma negativa) em sua vida.

☐ 107. Parece temperamental e sensível.

☐ 108. Exigiu de você tomar parte contra outra pessoa.

☐ 109. Parece impermeável a atos de carinho ou generosidade, mesmo de pessoas que se importam ou tentaram ajudar.

- [ ] 110. Parece hiperalerta a sinais de abandono ou de perder alguém.
- [ ] 111. Relatou ansiedade ou depressão várias vezes no passado.
- [ ] 112. Perseguiu ou assediou alguém repetidas vezes no passado.
- [ ] 113. Recusa-se a deixar cascas de ferida na pele se curarem (coça-as até mesmo em público); alfineta a pele com objetos pontiagudos quando está estressada.
- [ ] 114. Aparenta ser incapaz de controlar acessos de raiva ou animosidade.
- [ ] 115. Foi diagnosticado com anorexia ou bulimia nervosa.
- [ ] 116. Dois ou mais termos não médicos, tais como "horrível", "vadia", "psicopata", "impossível", "doido", "maluco" ou "pirado", já foram usados para descrever esse indivíduo.
- [ ] 117. Entrou em uma seita ou afirma ter um guru, mestre ou treinador, o qual segue sem questionar.
- [ ] 118. Você se sente pisando em ovos ao redor dele.
- [ ] 119. É conhecido por ter um transtorno de personalidade, tal como, mas não limitado a, transtorno de personalidade histriônica, transtorno de personalidade borderline ou transtorno de personalidade paranoide.
- [ ] 120. Agrediu fisicamente cônjuge ou namorado em mais de uma ocasião em que se sentiu com raiva.
- [ ] 121. Foi diagnosticado como sendo bipolar, maníaco-depressivo ou como tendo alterações de humor severas.
- [ ] 122. Mencionou a vontade de retaliar ou chegou a executar retaliação contra alguém (esvaziar pneus, arranhar porta do carro com chave, enviar cartas odiosas etc.).
- [ ] 123. Empenhou grande esforço ou grande gasto ou viajou grande distância para seguir, observar ou assediar alguém.
- [ ] 124. No trabalho, demonstrou raiva intensa contra outros colegas.
- [ ] 125. Vandalizou ou destruiu propriedades de um antigo colega de trabalho, amigo, colega de quarto, caso amoroso ou membro da família.

PONTUAÇÃO

- Conte quantas afirmações se aplicam a esse indivíduo com base nos critérios discutidos no início desta lista.

- Se você contar que esse indivíduo tem entre 15 e 35 das características, é uma pessoa que irá, em algum momento, pesar emocionalmente e com quem pode ser difícil conviver ou trabalhar.

- Se a pontuação for de 36 a 65, isso indica que o indivíduo tem todas as características da personalidade emocionalmente instável e se comporta como uma. Essa pessoa precisa de ajuda e causará tumulto na vida de qualquer um próximo a ele ou ela.

- Se a pontuação for superior a 65, essa pessoa tem uma preponderância das principais características de uma personalidade emocionalmente instável e é um perigo emocional, psicológico, financeiro ou físico a você e outros.

AÇÕES IMEDIATAS

Se você estiver envolvido com uma personalidade emocionalmente instável, entenda que esses indivíduos precisam de ajuda de profissionais que saibam lidar com uma personalidade complexa e conflituosa. O processo pode ser lento, mas eles podem ser ajudados com terapia muito intensa — se estiverem dispostos a serem ajudados e se empregarem grande esforço próprio.

Você pode tentar se comunicar com eles, mas talvez venha a ser atacado por seus esforços. Se estar com esse tipo de pessoa deixa você irritável, chateado, raivoso ou depressivo, ou se você tiver sido vitimizado pelo comportamento da pessoa, talvez precise de auxílio profissional. Esses indivíduos podem ser tão tóxicos que são capazes de traumatizar mesmo sem recorrerem à agressão física.

Estabeleça limites rígidos a respeito do que irá permitir. Embora isso desperte resistência a princípio, pode garantir alguma estabilidade, ainda que só por um tempo. Se insistirem em violar os limites ou se traumatizarem você ainda mais, então estará confirmado que são profundamente perturbados e que é preciso se distanciar. Ninguém espera que você seja maltratado ou vitimizado, nem mesmo por alguém emocionalmente instável. Dito isso, se você decidir continuar associado a essa pessoa, não se surpreenda se os comportamentos continuarem e criarem caos em sua vida.

Se a pessoa em questão estiver cogitando, mencionando ou ameaçando se machucar, chame a polícia (ou os bombeiros, ou uma ambulância) sem hesitação, pois é um assunto mais bem enfrentado por profissionais. Se você tiver filhos, lembre-se de que eles são incapazes de se defender contra essa personalidade e precisam de sua proteção. Tome medidas para proteger quaisquer entes queridos, bem como a si mesmo. Você tem a obrigação moral de poupar crianças da raiva desses indivíduos. Para conhecer estratégias adicionais, veja o Capítulo 6, "Autodefesa Contra Personalidades Perigosas".

"NÃO CONFIE EM NINGUÉM E VOCÊ JAMAIS SERÁ FERIDO"

CAPÍTULO 3

A PERSONALIDADE PARANOIDE

NO FILME *BELEZA AMERICANA*, de 1999, o ator Chris Cooper desempenha com brilhantismo o papel do vizinho recluso Coronel Frank Fitts, um fuzileiro naval aposentado. Só pela comunicação não verbal, podemos perceber que tem algo de errado naquela família. A esposa de Fitts é quase robótica — tem medo de falar. Quando a campainha toca, todo mundo congela. Fitts reage como sempre: em vez de ir até a porta, ele interroga a esposa e o filho sobre quem deve ter chegado.

Fitts teme estranhos e vizinhos curiosos, trancando tudo dentro de casa. Para ele, o mundo está se desfazendo, e ele é um dos poucos que está ciente. Por sorte, ele tem todas as respostas de como lidar com isso. Ele insulta gays, estrangeiros, negros — até mesmo seu filho imperfeito. Ele desconfia da própria família, constantemente questionando sua lealdade. Não há risada nem romance na casa da família Fitts. Faz anos desde a última visita de algum amigo. Tudo deve ser feito do jeito dele. Todo mundo se move com lentidão, metodicamente, evitando qualquer coisa que possa levantar suas suspeitas ou incitar sua ira.

Inflexível, irritável e altamente moralista, Fitts tornou a vida infeliz para todo mundo que teve contato com ele, especialmente sua família. Fitts é uma personalidade paranoide.

Ninguém é assim de verdade, não é? Se é o que você acha, pense melhor. Há milhões de pessoas assim em um grau ou outro. Uma delas foi meu vizinho.

Sr. "P", meu vizinho no bairro residencial de Miami onde cresci, raras vezes saía de casa. Quando o fazia, era para gritar com as crianças brincando na vizinhança. Ele era aposentado e se sentava à janela observando qualquer um que passava. Sua esposa não tinha amigas e raramente saía. Nós a cumprimentamos uma vez, e ele gritou com ela por ter acenado de volta. Ele envenenou diversos animais que haviam perambulado até sua propriedade e se gabava disso para nós, como um alerta.

Nunca vi sr. P sorrir ou rir — não havia alegria nele. Uma vez, quando um vendedor veio até nossa casa com duas malas cheias de amostras de tecido para cortinas, o sr. P chamou a polícia. Não sei bem o que ele pensou, mas sei que minha mãe teve de sair do trabalho para lidar com aquela inconveniência e muitas outras ao longo dos anos.

As crianças na vizinhança só pensavam que ele era estranho. Achávamos esquisito que a esposa dele não tinha permissão para conversar com as mães vizinhas. Alguns diziam que ele era excêntrico. O que a sociedade não nos ensina é que esse indivíduo é uma personalidade paranoide. Se tivéssemos sabido, teríamos lhe dado o espaço que ele tanto ansiava e teríamos evitado as repetidas humilhações pelas quais meus pais passaram tentando fazer amizade com ele, apenas para receberem grosserias em troca.

Personalidades paranoides são consumidas por desconfiança e medo irracionais. Suas suspeitas são infindáveis. Seu pensamento inflexível é fechado à razão e os torna muito críticos, tendenciosos e tensos. Eles enxergam apenas o fim do túnel, não a luz. Faça algo legal para eles, e vão suspeitar de razões escusas. Altruístas, para eles, são oportunistas com motivações secretas.

Todos nós temos um sistema de alarme interno que nos alerta para perigos. Mas, para a personalidade paranoide, é como se esse sistema estivesse preso na velocidade máxima, disparando avisos sobre mim, você, vizinhos, colegas de trabalho, minorias étnicas, estrangeiros, o governo e assim por diante. Sua perspectiva distorcida domina sua vida e pode dominar qualquer um que se envolva com eles.

Quando palestro, vezes seguidas peço para que levantem as mãos aqueles que conhecem alguém assim. A princípio, apenas algumas mãos são levantadas. Mas, conforme listo os traços-chave — facilmente insultáveis; briguentos; ciumentos; ressentidos; questionadores de intenções; desafiadores de regras; tementes; antipatizantes ou odiosos a tudo o que for diferente —, vejo as lâmpadas proverbiais se acendendo, então cada vez mais mãos são levantadas. Às vezes, as pessoas riem ou reviram os olhos ao reconhecerem alguém do trabalho que todo mundo já se acostumou a evitar. Ou fecham os olhos com o olhar pesado de alguém que foi seriamente agredido.

Durante meus anos como policial, lidamos incontáveis vezes com o dano causado por esses indivíduos. Ainda assim, mesmo nós tendíamos a não os descrever ou compreender de forma adequada. Esse tipo de falha pode ter consequências fatais.

Jerry Kane e seu filho Joseph Kane, de Little Rock, no Arkansas, eram personalidades paranoides, profundamente desconfiados de autoridades do governo e da polícia, acreditando que a lei não se aplicava a eles. Então, quando o policial Bill Evans e o sargento Brandon Paudert os fizeram parar por causa de uma contravenção de trânsito, não houve conversa. Os Kane dispararam com armas automáticas, matando os dois policiais. Este evento foi capturado em vídeo pela câmera do painel de controle policial e ainda pode ser visto no YouTube. Se aqueles policiais tivessem sabido que não iriam lidar apenas com alguém esquisito ou excêntrico, e, sim, com uma personalidade paranoide virulentamente contrária ao governo e ao policiamento, talvez estivessem vivos hoje.

Olhe ao redor e verá estas personalidades:

- O motorista que pensa que você cortou a frente dele intencionalmente e gruda na traseira de seu carro, buzinando, piscando a luz alta, fazendo gestos rudes e xingando. Ele pode até mesmo perseguir você o caminho inteiro até em casa.

- O homem que pensa que todo mundo está dando em cima de sua esposa ou namorada, então, nas festas, ele enfia o nariz em todas as conversas dela, especialmente as com homens, e faz questão de que vocês não conversem por muito tempo.

- O caso romântico do inferno que considera você apenas uma plateia para sua performance do Senhor Sabe Tudo, discute sobre tudo o que você diz, ou descarta suas ideias (não por acaso, você descobre que ele não tem amigos).

- O parente que tem o hábito de tentar te convencer de algum remédio pseudocientífico ou que descobriu mais um guru que vê o mundo do mesmo jeito que ele.

- O colega de trabalho que, com frequência, faz reclamações e, depois, questiona por que os outros foram promovidos ou ganharam gratificações, e ele não.

- O reclamante que comparece a agências do governo quase toda semana para ralhar sobre alguma coisa ou ameaçar entrar com um processo na justiça.

- O autor anônimo de um ataque virtual amargo que acusa você de ter propósitos secretos e afirma saber o que você "de fato quis dizer".

- O vizinho recluso que insiste em lhe contar sobre a nova ordem mundial ou sobre conspirações ou organizações secretas que controlam o governo federal.

- O antigo funcionário ou ex-namorado que, irritado pelo modo como foi tratado, comparece ao trabalho sem aviso e armado.

- O cientista brilhante que ninguém escuta e que então se muda para uma cabana fedorenta em Montana, de onde ele pode nos avisar sobre a ameaça da tecnologia ao enviar bombas (16 no total) pelo correio que matam três pessoas e machucam 23 (o "Unabomber" dr. Theodore John "Ted" Kaczynski).

Essas pessoas são mais do que apenas rabugentas. Elas são movidas por desconfiança e medo irracionais. Sentem-se ofendidas com facilidade e são hiper-reativas. E, quando são enganadas, rejeitadas ou constrangidas, podem revidar e se tornam extremamente perigosas.

Quando associada ao narcisismo, a personalidade paranoide adota a violência em todos os níveis: de criminosos a líderes de seita e a ditadores, que vivem pelas próprias regras, difamam os outros e aniquilam tudo o que surge em seu caminho. É só ocorrer algum evento imprevisto e desencadeador, e você acaba se deparando com um Christopher Dorner (antigo policial de Los Angeles), que era hipersensível, sentia-se desprezado e incapaz de se reconciliar com os próprios medos. Então, em 2013, ele foi atrás de seus antigos colegas de trabalho, matou dois e deixou os demais policiais em um impasse, o que terminou em tiroteio.

Apesar do perigo em potencial, esses indivíduos são alguns dos menos estudados e compreendidos. É difícil tratá-los em parte porque eles não acham que há qualquer coisa de errado com eles e questionam as intenções de qualquer um tentando ajudar. Quase sempre estão à mercê da própria patologia — e nós também.

O COMPORTAMENTO DA PERSONALIDADE PARANOIDE

Todo Agente Especial do FBI que trabalha na central de reclamação, como eu trabalhei, vai lhe dizer que as salas de recepção e linhas telefônicas do FBI estão cheias dessas personalidades. Elas vêm ou telefonam para reclamar de ameaças, inimigos, conspirações, intrigas ou da incapacidade do governo em atender a seus chamados.

Lembro como, às vezes, seus cônjuges se sentavam em silêncio, rostos contraídos pela agonia de conviver com essa pessoa, enquanto a diatribe continuava. Outros queriam que mediássemos, porque o companheiro (em geral, o marido) tinha gastado uma fortuna em armas, abrigos de emergência, estoque de alimentos para dois anos e sistemas de purificação de água. A mesa de reclamação do FBI era o último recurso após membros da família desistirem — e, é claro, não havia dinheiro para o tratamento com um psicólogo.

Como eu não havia sido informado dessa patologia durante o treinamento, gastei horas preciosas tentando usar lógica para persuadir ou convencer esses indivíduos a respeito dos erros deles — horas que eu poderia ter dedicado à elucidação de crimes. Com o tempo, aprendi a apenas ouvir, não os corrigir nem tentar apresentar provas no sentido contrário. Tudo o que a personalidade paranoide quer é validação de suas crenças, e isso requer uma coisa: uma plateia flexível.

Filmes e televisão muitas vezes retratam a personalidade paranoide como um indivíduo maluco, com olhar de doido, similar ao personagem Jack Torrance, interpretado por Jack Nicholson no filme de terror psicológico *O Iluminado* de 1980. Mas isso é Hollywood. A realidade é muito diferente, muito mais cheia de nuances.

Alguns indivíduos paranoides são quietos e reservados, quase tímidos; ainda assim, veem o mundo com suspeita obstinada. Outros são dramáticos, vociferantes, até mesmo combativos. Eles não raro elevam a tensão nas conversas porque gostam de discutir. Esses indivíduos podem aparecer em manifestações e fazer questão de não apenas discutir, mas serem ácidos, até mesmo violentos, empurrando os outros, bloqueando carros, danificando propriedades. Eles tangenciam a instabilidade — tudo o que precisam é de um gatilho.

Alguns são pesos-leves mentais, enquanto outros têm QI alto e são conhecidos por certas conquistas. Ted Kaczynski tinha um QI muito alto e um dom real de fazer bombas e esconder sua origem. Howard Hughes era inteligente e rico, mas muito paranoide — tanto que se encasulou em quartos de hotel durante os últimos dez anos de sua vida, não permitindo que ninguém de fora o visitasse. Ele morreu isolado do mundo em um quarto de hotel de Las Vegas em 1976. Jimmy Lee Dykes ganhou medalhas por seu serviço à marinha dos Estados Unidos, porém, ao longo dos anos, assustou os vizinhos repetidas vezes em Midland City, no Alabama, com seu comportamento "excêntrico" e ameaçador (por exemplo, ameaçando atirar em invasores, fazendo rondas noturnas armado em sua propriedade). Vizinhos toleravam com relutância essa personalidade paranoide, mas tudo desmoronou em 29 de janeiro de 2013. Nesse dia, pouco antes de ser intimado a comparecer no judiciário por mais uma denúncia de ameaça aos vizinhos, Dykes embarcou em um ônibus escolar, matou o motorista e fez uma criança de 5 anos de idade de refém. A criança foi mantida em cativeiro num abrigo subterrâneo por seis dias antes que um esquadrão tático especial do FBI resgatasse o garoto, matando Dykes no processo. O que levou Kaczynski e Dykes a agirem assim? Simplesmente isto: medo irracional — a essência da personalidade paranoide.

Em casa ou no trabalho, sempre há alguma coisa que deixa essa personalidade desconfiada. Talvez seja um vizinho, os filhos do vizinho, os aviões que o sobrevoam ou os fios de eletricidade colocados próximos demais à sua casa. Esses indivíduos buscam espaço, isolamento e distância para acalmar seus medos. Infelizmente, nada disso dá resultado, pois a paranoia surge de dentro deles mesmos.

Alguns se isolam na escola, no trabalho, na cidade ou até mesmo no interior da família — se tornam os solitários. Alguns dão um passo além e vão viver em regiões pouco habitadas (no deserto Southwest de Idaho, em Montana, ou no Alasca são escolhas prediletas) para fugir, evitar os outros ou "se preparar" para algum evento apocalíptico. Podem encontrar refúgio em organizações que acreditam no mesmo que eles, juntando-se a um grupo ou seita na qual não precisem convencer os outros de seus medos ou crenças excêntricas.

Também existem aqueles que são excêntricos de verdade. Eles podem se vestir de forma esquisita (uniformes de camuflagem militar), carregar uma faca enorme e usar roupas intimidadoras ou ofensivas, como ocorre quando vestem a suástica nazista. Naturalmente, os outros percebem e comentam essa estranheza. Isso, obviamente, alimenta a paranoia deles de estarem sendo alvo de comentários.

A paranoia de alguns os leva a se juntar aos que praticam o ódio. Eles escutam essas coisas no rádio; compareçem a comícios; e vestem os emblemas, sinais, roupas e tatuagens do ódio. Esses são os perigosos que buscam "crentes de verdade" com ideias semelhantes, como Eric Hoffer nos alertou em seu livro paradigmático sobre movimentos de massa e governos totalitários, *The True Believer: Thoughts on the Nature of Mass Movements* [O Verdadeiro Crente: pensamentos acerca da natureza dos movimentos de massa]. Eles se juntam à KKK, aos skinheads, à Nação Ariana e a qualquer outro grupo extremista que busca odiar e aniquilar os outros, pois o ódio e o medo passionais conferem propósito e sentido a uma vida de outra forma vazia.

Ou podem se juntar com apenas uma outra personalidade paranoide similar que apoie suas maldades. Foi o que ocorreu com os responsáveis pelos atentados da Maratona de Boston de 2013 — os irmãos Tsarnaev. De modo similar, Timothy McVeigh juntou forças com Terry Nichols, um colega de personalidade parecida, para explodir o Prédio Federal Alfred P. Murrah em Oklahoma.

E, quando não conseguem encontrar ninguém com quem se lamentar, eles agem sozinhos, como Anders Behring Breivik, o radical de extrema-direita que temia o afluxo de minorias em seu país e ceifou 77 vidas em um massacre, a maioria crianças, em 2011 na Noruega.

O espectro da personalidade paranoide, como você pode ver, é amplo e varia do irritante e repulsivo ao extremamente inflamável e perigoso, mas, em um grau ou outro, essas pessoas compartilham características definidoras.

Hiperdesconfiados, temerosos, reservados

A suspeita irracional destas personalidades os leva a monitorar constantemente palavras e ações dos outros para aferir maldade ou intenção maldosa. Até mesmo deslizes sociais descuidados podem ser vistos como suspeitos. Eles tendem a ser reservados e não revelam muito sobre si mesmos. Podem mentir para proteger as próprias crenças, localização ou verdadeiras intenções. Até mesmo em casa, podem manter coisas trancadas a sete chaves e longe de seus cônjuges ou de familiares. Não é incomum que tenham um armário trancado ou, às vezes, uma sala inteira na qual ninguém mais pode entrar. Como você pode ver, esse é o ponto no qual a manutenção normal de privacidade e segurança ultrapassa os limites em direção ao reino da paranoia — o reino no qual não se pode confiar nem mesmo nos membros da família.

É impossível catalogar todas as coisas que a personalidade paranoide pode temer. Podem ser negros, católicos, judeus, mórmons, batistas, mexicanos, muçulmanos, africanos, não falantes de seu idioma materno, cercas elétricas, torres de telefone celular, suprimento de comida, fluoretação da água, vizinhos, aviões sobrevoando, sotaques estrangeiros, clínicas de aborto, pesquisas com animais, empresas farmacêuticas, a nova ordem mundial, qualquer um vestindo uma boina azul, europeus, microfones, o governo, a receita federal, não brancos, tecnologia e assim por diante. Ah, e não nos esqueçamos do colega no trabalho, do chefe, do gerente, do departamento de RH, do sistema de computadores, da empresa de seguros, do sistema de e-mails do trabalho — ou, quem sabe, você. Cada um desses indivíduos tem medos, reclamações ou inseguranças particulares e próprios. Em algum momento, se nos associarmos ou interagirmos com essa pessoa por tempo suficiente, isso será revelado — se não em palavras, então por meio do comportamento paranoide, excêntrico ou perigoso dela.

Alguns são tão desconfiados que podem manter listas de idas e vindas de colegas de trabalho, vizinhos, parentes, estranhos ou qualquer um que passe por perto. Ted Kaczynski fez exatamente isso de sua cabana remota em Montana. O então presidente dos Estados Unidos, Richard Nixon, que tinha muitas das características da personalidade paranoide, manteve uma lista de inimigos e, repetidas vezes, declarou aos outros que ele simplesmente não podia "confiar em ninguém".

Cheio de opiniões, questionador, tendências ao ódio

Capacidade de adaptação é a marca distintiva de um ser humano saudável. Podemos adotar novas ideias e mudar em resposta às circunstâncias. Embora sejamos capazes de nos agarrar com firmeza a certas crenças (por exemplo, religiosas ou políticas), reconhecemos que os outros são diferentes. Não é assim para personalidades paranoides. Eles pensam que sua hipersensibilidade é uma forma superior de discernimento, então não há espaço para debater com eles. Comprovação lógica ou mesmo empírica, para eles, não tem sentido. Tente argumentar e será visto como um conspirador trabalhando contra eles, ou pior, como um inimigo.

Personalidades paranoides selecionam e distorcem fatos e história, costurando ideias e eventos discrepantes para encaixá-los a suas visões e justificar suas ações — por exemplo, exterminar médicos que fazem abortos. Quando Paul Jennings Hill assassinou o dr. John Britton e seu amigo James Barrett em 1994 enquanto Britton entrava em uma clínica de abortos em Pensacola, na Flórida, o ato de assassinar um médico e o amigo dele (que estava atuando como seu guarda-costas) foi justificável na mente paranoide de Hill, por salvar bebês impedidos de nascer. Essa é a mentalidade da personalidade paranoide — distorcida, rígida, moralista ou inflexível —, para a qual o assassinato é justificável para salvar bebês não nascidos.

Essa personalidade tende a saber muito sobre poucos assuntos, fixando-se em uma ideia restrita — uma passagem da Bíblia, ou uma questão legal, social ou política que possa ser de pouca ou nenhuma importância para nenhum de nós. Timothy McVeigh focou na militarização das equipes SWAT da polícia nos anos 1990. Ele não gostou das táticas militares direcionadas ao recluso Randy Weaver e sua família em Ruby Ridge ao norte de Idaho em 1992. Por suas crenças e por seu ódio ao governo federal de forma geral, ele explodiu o prédio federal Alfred P. Murrah em Oklahoma, matando 168 inocentes, incluindo crianças. Personalidades paranoides não são apegadas à lógica ou às provas empíricas. Elas citam exemplos dúbios ou obscuros da história, trabalhos esotéricos, autores desconhecidos ou até mesmo dicionários jurídicos para apoiarem seus argumentos.

Juntando pensamento rígido, ideologia fixa e memória seletiva a um medo irracional, temos um tóxico ensopado de ódio — não o desgosto que eu ou você podemos sentir, mas, sim, um ódio intransigente, desumanizante. Acrescente narcisismo patológico à mistura, e teremos pessoas dispostas e capazes de agir, fundamentadas nesse ódio, com crueldade horrenda: entrando em salas de aula e calmamente metralhando alunos que gritam e se escondem. Foi exatamente o que ocorreu na Escola de Ensino Médio Columbine (1999), graças a dois adolescentes paranoides, Eric Harris e Dylan Klebold, narcisistas que se viam como especiais e se sentiam no direito de tirar a vida dos outros.

Para muitas dessas personalidades paranoides, a violência se torna a solução porque nada mais vai concretizar seus objetivos inalcançáveis nem os tornar possíveis com rapidez suficiente. Disso decorre um "pensamento mágico" que é mais ou menos assim:

Se eu matar um número razoável de cientistas, impedirei o avanço da tecnologia.
— "Unabomber" Ted Kaczynski, que enviou 16 bombas pelo correio, matando 3 e ferindo 23 —

Se eu explodir um prédio, vou deter o FBI e encerrar as equipes SWAT.
— Timothy McVeigh, responsável pelo bombardeio no Prédio Federal Alfred P. Murrah em Oklahoma City, matando 168 mulheres e crianças e ferindo centenas —

> *Se eu estourar uma bomba
> na Olimpíada de Atlanta,
> então os abortos nos Estados Unidos
> deixarão de ser realizados.*
> — Eric Rudolph, responsável pelo bombardeio
> no Parque Olímpico de Atlanta, em 1996 —

> *Se eu matar um número razoável de americanos,
> os Estados Unidos irão embora do Oriente Médio.*
> — Osama bin Laden, mentor do ataque de 11 de setembro
> nos Estados Unidos, que matou quase 3 mil pessoas —

> *Se eu matar um número razoável
> de crianças norueguesas, então,
> certamente, o governo vai reconhecer meus
> avisos sobre a ameaça de muçulmanos e
> estrangeiros migrando para a Noruega.*
> — Anders Behring Breivik, matou 77
> (a maioria crianças) na Noruega —

É evidente para qualquer um, exceto eles, que suas ações não terão o efeito que desejam e que, de fato, seu pensamento não é apenas mágico, mas patológico. Violência não conserta o que eles anseiam por mudar, mas esse é o processo mental da personalidade paranoide do lado mais volátil do espectro.

Palavras que descrevem
A PERSONALIDADE PARANOIDE

Aqui estão, sem censura, as palavras que vítimas utilizam para descrever a personalidade paranoide:

Acerbo, alarmado, alarmista, altivo, alucinado, amalucado, ameaçador, apatetado, apavorante, apocalíptico, apreensivo, armado, arredio, arrepiante, arrogante, assertivo, ausente, barricado, belicoso, biruta, blefador, briguento, cabeça-dura, cabeça de bagre, calculista, careta, casca-grossa, cauteloso, cauto, cético, cheio de si, circunspecto, cismado, ciumento, colérico, combativo, conciso, confuso, (que se) confunde, contencioso, controlador, crédulo, crítico, crítico em excesso, cruel, cuidadoso, defensivo, delirante, demente, desatinado, desconcertante, desconfiado, descrente, desequilibrado, desmiolado, desvairado, difícil, do contra, doente mental, doido, duvidoso, enlouquecido, enviesado, errático, (quem) esconde (algo), escondido, esquisito, estranho, evasivo, excêntrico, excitado, exigente, extravagante, extremista, fanático, fóbico, frio, grandioso, genioso, hipercrítico, hipersensível, hostil, imperdoável, impossível, impressionável, incapaz de acolher, incapaz de ser romântico, incrédulo, incréu, inculto, indisposto, indobrável, inflexível, inóspito, insano, insensível, insolente, instável, insulado, intimidador, intolerante, intransigente, invejoso, irascível, irracional, irredutível, irrequieto, irritadiço, irritado, irritável, isolado, lamuriento, lelé da cuca, leso, litigioso, *loco*, lunático, maluco, maníaco, maníaco por controle, melindroso, mente estreita, mentiroso, mesquinho, meticuloso, milenarista, mobilizado, não conformista, nervoso, neurótico, obcecado, obsceno, obsessivo, obstinado, odiado, odioso, ofendido, ofensivo, opositor, peculiar, perseguido, perturbado, pessimista, preconceituoso, preocupado, presunçoso, provocador, psicopata, queixoso, questionador, rabugento, radical, ranzinza, rebelde, receoso, reclamão, recluso, renitente, repulsivo, reservado, resoluto, ressabiado, rígido, rigoroso, sabe-tudo, seco, sem remorso, sensível em excesso, severo, sobrevivencialista, solitário, sozinho, sugador, suspeitador, suspeitoso, teimoso, temeroso, tenso, tolo, torpe, traiçoeiro, truculento, vigilante, vil, vingativo, vítima, vitimizado, zelote.

Colecionador de feridas, guardador de mágoas

A personalidade paranoide, de forma parecida com a personalidade emocionalmente instável, é um eterno "colecionador de feridas" — só que de forma ainda mais acentuada. Qualquer erro inocente, ou algo percebido como errado, por mais que não seja intencional, torna-se uma mancha sombria em sua personalidade e um indicador de sua deslealdade. Nenhuma transgressão — incluindo as que você não cometeu — será perdoada ou esquecida. Uma vez que você é percebido como inimigo, a pessoa paranoide se sente justificada em guardar rancor ou agir contra você, seja evitando e sabotando você, seja o apunhalando pelas costas, seja armando contra você, seja destruindo coisas que lhe pertençam, seja, em alguns casos, matando você.

A história é cheia de paranoides colecionadores de feridas. Osama bin Laden usou eventos das Cruzadas do século XI para justificar os assassinatos de estadunidenses em 2001. Ted Kaczynski coletou feridas e mágoas do tempo da Revolução Industrial no século XVIII, enquanto a insatisfação de Timothy McVeigh com o governo federal e sua coleção de feridas começaram apenas alguns anos antes, durante os eventos em Ruby Ridge (1992) e o cerco do Ramo Davidiano em Waco, no Texas (1993). Para personalidades paranoides, colecionar feridas é uma necessidade. Elas usam isso para justificar suas ações, e não há nada restringindo quão lá atrás eles voltarão para pescar essas feridas nem quão ampla será a rede lançada.

Essa personalidade tem uma recordação fantástica de situações contraditórias, erros históricos e deslizes sociais. Tais feridas colecionadas alimentam sua paranoia e justificam seu ódio e comportamento. O *Mein Kampf* de Hitler, se você tiver estômago para ler, é uma coleção longa e desconexa de feridas históricas focada nos judeus, remontando dois mil anos ao tempo de Cristo.

O EFEITO DELES SOBRE VOCÊ

Trabalhar na mesa de reclamações do FBI me ensinou como as personalidades paranoides gradualmente alienam todo mundo ao redor delas, exaurindo aos poucos a boa-fé, paciência e caridade dos outros.

Lembro-me de uma visita em particular de uma personalidade paranoide e sua esposa porque fiquei espantado com a aparência tão triste dela enquanto aguardava pacientemente o marido, que ralhava sobre isso ou aquilo, exibindo colagens de jornal retiradas de uma caixa de sapato velha, fazendo alegações intermináveis contra o governo e as Nações Unidas. Não havia nada que o FBI ou eu pudéssemos fazer por ele e suas alegações ultrajantes, então, após uma hora mais ou menos, eles se foram. Mais adiante, naquele dia, a esposa dele telefonou de um orelhão para pedir desculpas e agradecer por eu ter me disponibilizado a ouvi-lo. Ela me explicou que ele havia ficado desse jeito após a Guerra do Vietnã e estava piorando a cada ano. Seus filhos não conseguiam mais ficar por perto, e a fixação dele nos erros do governo era exaustiva demais e, francamente, ela se sentia sobrecarregada.

Falei para ela que não havia necessidade de se desculpar, mas queria saber se ela estava bem. A resposta me surpreendeu. "Não, não estou bem", disse ela, segurando as lágrimas. "Ele torna minha vida um inferno, mas o que posso fazer? Estou presa nisso". E, então, ela desligou. Treinamento policial nenhum prepara você para isso. Ainda consigo visualizá-la sentada ali, de forma patética, aguardando com paciência mais um falatório do marido.

Essa é uma das razões pelas quais decidi incluir a personalidade paranoide neste livro: pois muito do dano causado por essa pessoa é psicológico. Membros da família com frequência me dizem que ficaram "emocionalmente destruídos" como resultado de conviver com uma personalidade paranoide. Essas são palavras fortes, com implicações enormes.

Permita-me ser direto: personalidades paranoides vão sugar a alegria de sua vida. Elas deixarão você tenso, preocupado, irritável e ansioso. Pois, veja, você deverá enxergar e temer os inimigos como elas; caso contrário, na visão delas, haverá algo errado com você. Não é possível relaxar perto delas, e, se acharem que você é desleal, direcionarão seu desprezo ou raiva contra você. Seus anseios e desejos não são uma preocupação, pois você rapidamente aprende que elas têm uma mente limitada ou uma única fixação.

Você não estará sozinho em sua inabilidade de romper com isso ou de estabelecer confiança se elas estiverem na ponta mais virulenta do espectro da personalidade paranoide. Ninguém consegue — nem família, nem terapeutas, nem a polícia. Elas soltarão suas mágoas no trabalho, nas férias, na fila, no balcão do almoço, em qualquer lugar em que virem uma oportunidade. Conversas se transformam em diatribes. Mesmo elogios podem levantar suspeitas — tal como na vez que meu pai disse ao sr. P, nosso vizinho, que ele gostava do carro usado que o sr. P havia comprado. Isso o deixou ainda mais desconfiado de meu pai.

Esses indivíduos podem forçar você a mudar o modo como vive, fazendo com que seja necessário constantemente se adaptar a esse mundo vindouro temido por eles. Quando brigam no trabalho e são demitidos, é você que tem de cobrir o furo e trabalhar horas extras para completar a diferença de renda. Quando tratarem os vizinhos de forma desagradável, você terá de intermediar a reconciliação. Você terá de alterar sua rotina para acomodar pessoas paranoides porque elas tendem a se tornar insulares e arredias, e esperam que você se torne também. Já na outra ponta do espectro, elas podem se tornar difíceis e questionadoras. De todo modo, essas pessoas esperam que você acredite no mesmo que elas e veja o mundo pelo mesmo prisma paranoide, querendo ou não. Os inimigos delas devem se tornar os seus.

Em casos extremos, podem levar a família inteira para morar no meio do nada, como ocorreu quando o ex-oficial Boina-Verde Randy Weaver e sua esposa levaram a família para morar em uma cabana construída por eles em Ruby Ridge, em Idaho, em 1992. Essas personalidades podem buscar isolamento extremo, acreditando que algum evento apocalíptico é iminente, juntando-se aos *preppers,* que estão preparados para algum evento catastrófico horrendo, muitas vezes expondo suas famílias a privações, assim como ao ridículo.

E eles podem expor você ao perigo por motivos que você talvez jamais compreenda. Para mim, as situações mais tristes ocorrem quando as personalidades paranoides decidem se isolar com seus filhos no interior dos confins de uma seita, como vimos com aqueles que seguiram Jim Jones até sua comunidade na Guiana. Expor os filhos à penúria de uma selva infestada de dengue e às reclamações paranoicas de um megalomaníaco narcisista não foi o suficiente. O ato final foi matar os próprios filhos e a si mesmos com suco batizado com cianureto (18 de novembro de 1978). Novecentas e dezoito pessoas morreram naquele dia porque elas — ou, no caso das crianças inocentes, seus pais — acreditaram.

Como os seguidores de Jim Jones na Guiana, todo mundo que se associou a David Koresh, chefe da seita Ramo Davidiano em Waco, no Texas, nos anos 1980 e início dos 1990, esteve em perigo também, pois ele acreditava de verdade que era divino, que apenas ele tinha todas as respostas e que um fim apocalíptico estava chegando. Tanto Koresh como Jim Jones exigiam obediência cega e incondicional; qualquer um que estava contra os dois corria risco. Lembre-se: se você não está com eles, está contra eles.

A PERSONALIDADE PARANOIDE EM RELACIONAMENTOS

Com tanto perigo percebido por toda parte, não espere intimidade efusiva de personalidades paranoides. Esses indivíduos podem se importar com você a seu modo, mas estão preocupados demais para pensarem muito sobre como os outros se sentem e são cautelosos demais para partilharem tudo de si mesmos com parceiros ou amigos. Conversas tendem a ter uma nota só, circulando de volta para seu(s) assunto(s) preferido(s). Eles não têm nenhum interesse real que não seja pela pauta na qual estão fixados por ora. O resultado são relacionamentos limitados e unidimensionais.

Como enxergam qualquer conflito como um ataque, não conseguem lidar com os altos e baixos normais dos relacionamentos. Então, a menos que esteja a fim de discutir com alguém constantemente, você acabará se tornando submisso. De fato, cônjuges de personalidades agudamente paranoides se tornam como a esposa do Coronel Fitts em *Beleza Americana*: autômatos, sem emoção, permanentemente temerosos de serem rechaçados.

Ao começar a sair com uma personalidade paranoide, a maioria das pessoas não sabe que está sendo avaliada por sua maleabilidade e disponibilidade em seguir com as ideias dessa pessoa. Essa personalidade partirá rápido para o próximo em vez de dedicar tempo tentando convencer alguém com uma mente cética, e o mais provável é que selecione companheiros que sejam receptivos, não critiquem e não questionem. O problema é: muitos de nós não reconhecem isso logo no início, pois ninguém nos alertou sobre a personalidade paranoide, e uma vez comprometidos, pode ser tarde demais.

A esposa ou namorada da personalidade paranoide com frequência reclama que seu parceiro está sempre ciumento por absolutamente nenhum motivo, telefonando toda hora ou aparecendo de surpresa no trabalho ou em casa — não por preocupação, mas para testar a companheira. Essa personalidade pode inspecionar sua agenda, catálogo de endereços, registros telefônicos ou e-mails em busca de sinais de deslealdade ou atividades que ela não aprova. Em um seminário que apresentei sobre personalidades paranoides em relacionamentos, uma mulher me contou que encontrou evidências de que o marido havia contratado uma equipe de vigilância para segui-la — e ela só estava indo visitar uma pessoa amiga em outra cidade.

Personalidades paranoides insistirão em isolar seu par socialmente, de modo que acabe perdendo contato com familiares e amigos. Por quê? Porque ninguém é confiável. Mesmo os familiares dessa pessoa se distanciarão, cansados de tanta suspeita e acidez. É possível que nenhum dos amigos seja alguém com quem você gostará de passar tempo, pois essas personalidades tendem a atrair outras pessoas esquisitas e excêntricas que se vestem, se comportam e acreditam nas mesmas coisas que elas — de novo, outros que *creem de verdade*.

A vida da família inteira se torna limitada pelo mundo circunscrito da personalidade paranoide, que pode monitorar ou controlar a comunicação — por exemplo, não deixando membros da família terem telefones celulares ou outros equipamentos, ou rastreando o pressionamento de teclas em computadores com aplicativos especiais para ver o que você realmente pensa ou anda fazendo, ou para impedir você de ser "corrompido" pelo mundo lá fora. Namorar pode ser proibido e ficar na rua até tarde, dançar ou até mesmo usar maquiagem pode atiçar a ira da personalidade paranoide moralista.

Uma mulher procurou o FBI para perguntar o que ela poderia fazer sobre o fato de que seu marido não queria mais que os filhos frequentassem a escola pública. Ele chegava a colocar marcas de giz nos pneus do carro para garantir que o veículo não seria movido enquanto ele estivesse fora trabalhando. Como responder a isso? Isso é viver com uma personalidade paranoide.

A paranoia pode ser inculcada nos filhos, assim como nos adultos. JoAnn McGuckin e seu marido se mudaram com os sete filhos para o interior de Idaho para se isolarem do mundo. Após a morte do marido, a filha mais velha, Erina (19 anos de idade), percebeu que as coisas não estavam bem na casa — tinham pouca comida e não tinham água encanada nem aquecimento —, então ela foi até as autoridades. Por consequência, JoAnn foi presa em junho de 2001 por diversas acusações baseadas em negligência e privações das crianças.

Quando a polícia retornou mais tarde para pegar as crianças que faltavam e levá-las à guarda protetora, em vez de ficarem gratas por serem libertadas de privações e penúria, elas agiram de modo combativo, consistente com a personalidade paranoide. Soltaram mais de vinte cachorros sobre os enviados do xerife, gritando "Peguem as armas!". Essas crianças, então, se barricaram contra a polícia, armadas, por uma semana. JoAnn e o marido haviam ensinado os filhos a serem paranoides — a não confiarem em ninguém. Acontecimentos como esse causam terrível estresse e mágoa a parentes e entes queridos, sem falar no custo para o município e para o estado ao mobilizar polícia, emergência, bombeiros, ambulância e recursos de bem-estar social por dias sem fim.

Foi precisamente o que aconteceu em Waco, na comunidade do Ramo Davidiano, quando policiais tentaram prender David Koresh. Essa tentativa se transformou em uma ameaça contra aqueles que acreditavam na divindade de Koresh. Quando agentes do governo tentaram resgatar as crianças que estavam dentro da propriedade, os próprios davidianos botaram fogo no edifício, imolando a si mesmos em vez de permitirem o rompimento do grupo. O cerco durou 51 dias e 76 pessoas morreram, incluindo muitas crianças inocentes. Uma vez mais, a paranoia se sobrepôs às sensibilidades parentais, assim como em Jonestown.

ENCONTROS COM A PERSONALIDADE PARANOIDE

Como diversos profissionais da saúde me disseram, você encontra essas personalidades em todas as organizações, e a maioria é funcional, mas torna a vida difícil para os que estão próximos.

Na escola, podem ter a inteligência para ir bem, mas não parecem prosperar ou ter sucesso, faltando as habilidades interpessoais para serem membros contribuintes da comunidade. Elas alienam estudantes e docentes que não querem lhes dar recomendações — o que, óbvio, apenas comprova as suspeitas de que os outros querem seu fracasso.

Às vezes, essas personalidades têm aparência descuidada, ou se vestem como reclusos ou como "homens da montanha" — inadequados para a maioria dos ambientes de trabalho. Ou vestem roupas paramilitares e carregam armas para parecerem ameaçadores. Ou cultivam uma aparência hostil, sinistra ou rebelde, com tatuagens proeminentes, cortes de cabelo estilo moicano ou cabeças raspadas.

A maioria deles encontra trabalho, mas estão sempre suspeitando da gerência, de como as decisões são tomadas ou da razão de nunca serem promovidos. São os descontentes do escritório, seja os abertamente irritantes e desagradáveis, sejam os silenciosos tramando em seu cubículo, disseminando insatisfação com frequência.

E também existem os sabotadores do escritório. Eles fazem com que pequenas coisas não funcionem de forma adequada, relatórios sejam atrasados, entregas cheguem tarde, carros sejam arranhados, telefonemas não sejam retornados ou boletos sejam perdidos — especialmente se as coisas não saem como eles querem. Então, a personalidade paranoide pode usar agressão passiva e nem tão passiva assim para sabotar quem estiver ao redor, especialmente aqueles considerados inimigos.

Ainda que sejam funcionais no trabalho, esses indivíduos podem ser hipercompetitivos, irritantes e antagônicos, resmungando e reclamando sem parar. Se virem um grupo conversando em voz baixa, vão pensar que estão falando deles. Às vezes, é possível vê-los murmurando consigo mesmos, o que, é claro, os torna excêntricos. Se escutam outros colegas de trabalho conversando em idioma estrangeiro — uma habilidade valiosa em qualquer organização —, são os primeiros a reclamar de estarem sendo tema da conversa secreta alheia.

Quando há pretensão na mistura formadora de sua personalidade, acham que são mais espertos do que todo mundo, incluindo o patrão, e que sua progressão está sendo negligenciada. Negociar qualquer coisa com eles pode ser bem difícil, pois são desconfiados e são conhecidos por discutirem com o chefe, nutrirem suspeitas sobre as motivações da gerência, espalhando rumores, questionando procedimentos, suspeitando do favoritismo ou ajuizando processos levianos. Podem começar campanhas de escrita de cartas infindáveis para expor suas queixas contra os superiores ou podem sair da organização para trazer o escrutínio das instituições públicas.

É preciso enfatizar que há empresários muito bem-sucedidos que atendem ao critério da personalidade paranoide. Mas eles têm as próprias peculiaridades e comportamentos esquisitos consistentes com este tipo de personalidade. O bilionário Howard Hughes sofria de TPOC (transtorno de personalidade obsessivo-compulsiva), mas também era paranoide. Vivia em isolamento e pensava que seus telefones estavam grampeados, além de ter passado a detestar se encontrar com pessoas, insistindo em lidar apenas com um pequeno grupo no qual tinha absoluta confiança (eram chamados de sua Máfia Mórmon, pois ele recrutava em maioria membros da Igreja de Jesus Cristo dos Santos dos Últimos Dias para estarem perto).

Empresas podem transferir um funcionário "problema" de departamento em departamento, pensando que essa é a forma ideal de lidar com a personalidade paranoide. Não é, pois esses indivíduos serão um problema onde quer que trabalhem, e é preciso ter em mente que a personalidade paranoide pode ser volátil — nós jamais saberemos o que pode ser um gatilho ou quando será acionado. Até mesmo policiais podem ser surpreendidos pela volatilidade dessa personalidade ao fazerem paradas no trânsito, cumprirem mandados ou responderem a disputas domésticas. Se essa pessoa tiver bebido ou estiver sob efeito de drogas como cocaína, anfetamina ou metanfetamina, o potencial para a violência é ainda maior.

Apesar de hoje em dia os termos "tiroteio escolar", "funcionário descontente", "fúria na estrada" e "surto homicida" serem quase clichês, é raro serem associados à personalidade paranoide; contudo, deveriam ser, pois a paranoia é o que a maioria desses indivíduos que emitem raiva violenta de forma massiva tende a ter em comum. Professores, alunos e colegas de trabalho podem ver comportamentos que pensam ser esquisitos ou temperamentais, mas não reconhecem os sinais de aviso da personalidade paranoide à beira da explosão.

E, quando indivíduos paranoides alcançam posições de liderança ou de governo, o dano que são capazes de causar é desorientador. Algumas das piores atrocidades da história foram realizadas por extrema desconfiança, medo ou ódio intransigente vindo da personalidade paranoide. Josef Stalin, Adolf Hitler e o ditador cambojano Pol Pot eram todos paranoides agudos. Tinham um medo irracional de inimigos inexistentes e exigiam o mesmo de seus seguidores. O custo em vidas é tão impressionante que palavras não fazem justiça a seus crimes. Uma vida perdida é uma tragédia. Como, então, caracterizamos a perda de mais de 30 milhões (Stalin), mais de 5 milhões (Hitler) ou mais de 1,2 milhão (Pol Pot)? — e essas são as estimativas conservadoras. É incalculável. Não conseguimos compreender números tão altos. Mas, se desviarmos o olhar, se não agirmos, se não chamarmos as coisas pelo nome, encorajaremos de forma passiva a ignorância de uma verdade fundamental: quando a personalidade paranoide chega ao topo, o caos prolifera.

No final, o dano mais duradouro da paranoia é a instabilidade plantada entre as pessoas. Isso destrói a confiança, a harmonia e a coesão em relacionamentos, em famílias, em organizações, em comunidades e entre nações. Esse é o legado trágico e tóxico da personalidade patologicamente paranoide.

SUA LISTA DE VERIFICAÇÃO DE
PERSONALIDADES PERIGOSAS

SINAIS DE ALERTA DE UMA PERSONALIDADE PARANOIDE

Como mencionei na Introdução, desenvolvi várias listas de verificação baseadas em comportamentos durante minha carreira para me ajudar a avaliar indivíduos e conferir se eram personalidades perigosas. Esta lista em particular ajudará você a identificar se alguém tem as características da personalidade paranoide e qual é a posição dessa pessoa em uma escala ou espectro (do mente fechada, questionador e rígido ao desconfiado, irritante e briguento até o altamente instável, volátil ou mesmo perigoso). Isso ajudará você a decidir com maior precisão como lidar com essa pessoa, determinar a toxicidade dele ou dela e avaliar se ele ou ela pode ser uma ameaça a você ou a outros.

Esta lista, assim como as outras neste livro, foi projetada para uso na vida cotidiana por mim e por você — pessoas que não são pesquisadores ou profissionais da saúde mental treinados. Não é uma ferramenta de diagnóstico clínico. Seu propósito é educar, informar ou validar o que você testemunhou ou vivenciou.

Leia cada afirmação da lista com atenção e verifique as frases que se aplicam. Seja honesto; pense sobre o que você escutou um indivíduo dizer ou o viu fazer, ou o que outros contaram a você. Com certeza, o melhor indício é o que você mesmo observou e como você se sente quando está perto ou interagindo com essa pessoa.

Marque apenas as afirmações que se aplicam. Não conjecture nem inclua mais do que se encaixa com exatidão aos critérios. *Se ficar em dúvida, deixe de fora.* Alguns itens parecem ser repetitivos ou parecem se sobrepor — isso é intencional, para capturar nuances de comportamento baseadas em como as pessoas tipicamente experimentam ou descrevem essas personalidades.

É bem importante que você complete a lista inteira, como foi projetada, para aumentar sua confiabilidade. Cada lista de verificação completa cobre assuntos muito sutis, embora significativos, sobre os quais você talvez nunca tenha pensado antes. Alguns itens podem ajudar você a se lembrar de eventos que já esqueceu. Por favor, leia cada afirmação, mesmo que ache que já viu o suficiente ou que os primeiros itens não lhe pareçam aplicáveis.

As flexões de gênero são usadas de forma intercambiável nas afirmações. Qualquer frase pode ser aplicável a qualquer gênero.

Avaliaremos a pontuação quando você tiver terminado, mas, por ora, marque cada item abaixo que se aplique.

☐ 1. Acredita que os outros buscam explorá-lo ou prejudicá-lo de alguma forma.

☐ 2. Preocupa-se com dúvidas injustificadas sobre a lealdade dos outros.

☐ 3. Reluta em confiar nos outros — vendo-os como traiçoeiros.

☐ 4. Tem um medo injustificado de que os outros usarão informações de forma maliciosa contra ele.

☐ 5. Percebe os outros como degradantes ou ameaçadores, por mais benignas que sejam as intenções deles.

☐ 6. Guarda mágoas por um longo tempo e não perdoa desfeitas, mesmo depois de muitos anos.

☐ 7. É muito sensível a como os outros o veem.

☐ 8. Tem reações raivosas aos menores deslizes — parece ter sempre motivações pessoais.

☐ 9. Com frequência, questiona a fidelidade de cônjuges ou amantes sem motivo.

☐ 10. Tem uma visão pessimista da vida ou acredita que está sendo perseguido.

☐ 11. Tem o hábito de questionar as intenções dos outros, inclusive de cônjuges, pessoas próximas, familiares ou colegas de trabalho.

☐ 12. Suspeita (sem necessidade) de pessoas, eventos, objetos ou qualquer coisa estrangeira.

☐ 13. Fica com raiva rápido ou já foi descrito como tendo pavio muito curto.

☐ 14. É ciumento com pouca ou nenhuma justificativa.

☐ 15. Desconfia dos outros, em particular de estrangeiros e minorias.

☐ 16. Parece viver a vida com um alto grau de ansiedade.

☐ 17. Sente necessidade de ser defensivo, reservado, desonesto e conspirador, ou pensa que os outros ao redor dele são assim.

☐ 18. Reluta ou se recusa a considerar visões alternativas; descarta-as de imediato.

☐ 19. Pensa que piadas têm significados ocultos voltados contra ele.

☐ 20. É inflexível em pensamentos e ideias — agarra-se de forma teimosa às próprias crenças.

☐ 21. Parece conhecer muito sobre muito pouco, discutindo informações enigmáticas de pouco ou nenhum interesse a ninguém mais fora ele.

☐ 22. Pensa que é muito lógico, mas, na verdade, sua lógica é, às vezes, falha ou distorcida.

☐ 23. Discute com frequência ou provoca discussões com regularidade.

☐ 24. Exagera e personaliza dificuldades.

☐ 25. Vê a si mesmo como vítima de uma ou mais destas coisas: vida, sociedade, governo, família, colegas de trabalho, conspirações, intrigas etc.

☐ 26. Coleta de forma intencional e se apega a deslizes sociais, incidentes de esquecimentos e erros.

☐ 27. Tem fama de fazer tempestade em copo d'água, sempre pensando no pior ou supervalorizando as coisas de modo desproporcional.

☐ 28. Tem uma incapacidade de relaxar e parece estar constantemente na defensiva, quase sempre sério, desprovido de senso de humor.

☐ 29. Carece de sentimentos delicados ou suavidade; só sabe produzir tensão e ameaças.

☐ 30. É constantemente hostil, teimoso ou defensivo.

☐ 31. Tem inveja do poder e busca alcançá-lo por atalhos, trapaças ou esquemas ilegais.

☐ 32. É incapaz de ter qualquer coisa agradável para dizer a respeito dos outros.

☐ 33. Reluta em confiar nos outros ou revelar coisas sobre si mesmo.

☐ 34. Espaço é uma questão importante — não gosta se você chega ou fica perto demais.

☐ 35. Não gosta quando as pessoas olham para sua casa ou seu carro e tende a explodir.

☐ 36. Suas manifestações são, com muita frequência, cheias de raiva ou ódio contra figuras de autoridade.

☐ 37. Mesmo a uma grande distância, tem a mesma reação que você teria se alguém chegasse perto demais.

☐ 38. Veste ou ostenta ornamentos, tatuagens, sinais ou outros emblemas (por exemplo, adesivos no carro) que indicam ódio ou medo dos outros.

☐ 39. Parece estar sempre na defensiva em relação ao que está fazendo ou contemplando.

☐ 40. Tem pouquíssimos amigos ou mesmo nenhum.

☐ 41. Procura de forma constante sinais de que os outros estejam conspirando ou planejando algo contra ele.

☐ 42. Age, comporta-se ou é considerado excêntrico ou esquisito.

☐ 43. Sente que instituições (governo, receita federal, trabalho, igreja, escola, empregador) estão buscando prejudicá-lo ou mantê-lo calado.

☐ 44. Afirma que fracassos prévios no trabalho ou em relacionamentos foram culpa dos outros.

☐ 45. Afirma ter memória perfeita de eventos e a utiliza para brigar — contudo, essas lembranças são com frequência falhas ou tendenciosas.

☐ 46. Pensamentos, crenças e preconceitos são rígidos e inflexíveis — torna-se truculento quando desafiado.

☐ 47. Pertenceu ou pertence no momento a um grupo de ódio ou a uma organização que é intolerante a outros.

☐ 48. Critica a promoção dos outros no trabalho como sendo resultado de uma intriga ou de uma conspiração, ou feita para puni-lo mais uma vez, ou para mantê-lo calado.

☐ 49. Tem uma desconfiança generalizada sobre os outros — mesmo daqueles que conhece.

☐ 50. Confere a si mesmo importância excessiva ou acredita que é infalível.

☐ 51. Encontra formas de se isolar dos outros, seja na escola, seja no trabalho, ou até mesmo na cidade grande — é considerado um solitário.

☐ 52. Acredita com firmeza que os outros vão em algum momento decepcioná-lo ou tirar vantagem dele e, por isso, está sempre na defensiva.

☐ 53. Mesmo quando os outros são gentis, suspeita que mais adiante mostrarão sua "verdadeira face" ou reais sentimentos.

☐ 54. Recusa-se a deixar os filhos frequentarem a escola — teme que serão influenciados de forma adversa ou serão "contaminados".

☐ 55. Parece ter um grau impiedoso de ansiedade e apreensão em sua vida.

☐ 56. Tenta controlar o que os outros pensam.

☐ 57. Tem um sentimento de ansiedade generalizado de apocalipse iminente, ou de destruição, ou de que alguma coisa ruim está para acontecer.

- [ ] 58. Parece enxergar o mundo em geral como sendo indigno de confiança — cheio de enganações.
- [ ] 59. Evita ir ao médico por desconfiar de profissionais da saúde, de equipamentos médicos ou da profissão médica em geral.
- [ ] 60. É intolerante às opiniões alheias.
- [ ] 61. Cônjuge ou familiares preocupam-se quando ele sai, pois nunca sabem se irá discutir ou causar uma cena.
- [ ] 62. Repetidas vezes se meteu em discussões com superiores.
- [ ] 63. Sente que a escola, o sistema escolar ou os professores estão contra ele ou contra seus filhos.
- [ ] 64. Parece ter pouco respeito pelos superiores e acredita ser melhor que eles.
- [ ] 65. Menciona diferentes eventos da história para demonstrar como as coisas estão conspirando contra ele ou contra os outros.
- [ ] 66. Prefere que os outros permaneçam a distâncias maiores que o normal quando conversam com ele e, caso violem esse espaço, fica muito ansioso, irritável e raivoso.
- [ ] 67. Comprou um revólver ou mantém um revólver por perto, pois teme que alguém ou algum grupo esteja atrás dele.
- [ ] 68. Teve diversas interpelações judiciais.
- [ ] 69. Desconfia de estranhos mesmo quando os procura.
- [ ] 70. Literalmente avalia as pessoas pelo grau de confiabilidade delas.
- [ ] 71. Tem medo de instituições, tecnologia, cientistas, comida ou alguma outra entidade ou organização não especificada.
- [ ] 72. Coleciona artigos, colagens, figuras ou números de placas de licenciamento de indivíduos ou instituições que estejam conspirando contra ele ou das quais desconfie.
- [ ] 73. É um conhecido usuário de cocaína, anfetamina, *speed* ou metanfetamina.
- [ ] 74. Pensa que chamadas telefônicas são interceptadas ou que a sala está grampeada com microfones.

☐ 75. Sente que médicos fazem mais mal do que bem ou desconfia da medicina moderna ou da indústria farmacêutica.

☐ 76. Acredita que está acima da lei ou é um "cidadão soberano" e que não precisa pagar impostos, nem mesmo ter uma carteira de motorista ou placa para dirigir.

☐ 77. Sente a necessidade de controlar os membros da família de forma bem rígida.

☐ 78. Tem ataque de raiva quando pessoas invadem sua propriedade por acidente.

☐ 79. Mete o bedelho de forma rotineira na vida dos outros, especialmente na dos membros da família.

☐ 80. Busca controlar as opiniões dos outros, insistindo que vejam as coisas do jeito dele.

☐ 81. Com frequência, tem uma mente obstinada e obsessiva sobre este ou aquele assunto.

☐ 82. Já ameaçou um cônjuge ou interesse romântico por revelar informações pessoais dele.

☐ 83. Conduz o que ele chama de exercícios de "emergência", de "reação imediata" ou de "evacuação" como preparação para lidar com ameaças, com o "fim dos dias" ou algum outro evento apocalíptico.

☐ 84. Proíbe membros da família de conversarem com estranhos, até mesmo com o carteiro.

☐ 85. Chateia-se quando membros da família gastam tempo demais conversando com amigos ao telefone.

☐ 86. Obteve um revólver ou construiu um equipamento explosivo para penalizar ou se vingar dos outros.

☐ 87. É moralista e julgador ao extremo.

☐ 88. Quando cônjuge ou filhos chegam em casa, são questionados sobre onde estavam e o que estavam fazendo e são obrigados a apresentar um relato completo de suas atividades.

☐ 89. Telefones celulares de membros da família são examinados de forma rotineira para conferir a atividade telefônica.

☐ 90. Perseguiu ou instalou um equipamento de rastreamento no veículo do cônjuge.

☐ 91. Telefonou de volta para números desconhecidos ou investigou para descobrir quem telefonou e qual o propósito das chamadas.

☐ 92. Recusa-se a permitir que familiares acessem telefones celulares, computadores ou outros equipamentos eletrônicos, para que não possam se comunicar com estranhos ou para evitar influências "malignas".

☐ 93. Fica bastante chateado quando você desafia ou ridiculariza ideias, pensamentos, lógica ou exemplos dele.

☐ 94. Chamou os outros de tolos e inocentes por não enxergarem as ameaças que ele enxerga.

☐ 95. Inibiu ou restringiu as atividades de membros da família (cônjuge, filhos) para que não fossem influenciados por estranhos, descrentes ou aqueles que pensam de modo diferente.

☐ 96. Só ele tem uma compreensão clara das ameaças mundo afora.

☐ 97. Tende a ser exigente e arrogante.

☐ 98. Foi demitido por discutir com colegas de trabalho ou com o patrão.

☐ 99. É altamente moralista e enxerga o mundo em preto e branco — não há tons de cinza nem flexibilidade no pensamento.

☐ 100. Tende a não ser romântico, faltando ternura ou empatia em suas relações interpessoais.

☐ 101. Alguém que supostamente acreditava nas mesmas coisas tirou vantagem dele.

☐ 102. Não tem consideração pelos outros ou é tido como rude.

☐ 103. Teme que médicos usem seu corpo em experimentos ou implantem algum tipo de equipamento nele.

☐ 104. Procura de forma contínua reforço das crenças ou dos medos por meio de leituras, programas de rádio, sites na internet ou outras vias.

☐ 105. Cônjuge ou entes queridos, com frequência, têm de agir como intermediadores com os outros, ou têm de pedir desculpas pelas ações ou comportamentos dele.

☐ 106. Em repetidas conversas, falou de um jeito que assustou os outros ou os fez temerem pela própria segurança.

☐ 107. Matou ou tentou envenenar cachorros ou gatos que entraram em sua propriedade por acidente.

☐ 108. Com frequência, faz queixas secundárias a autoridades municipais.

☐ 109. Em relacionamentos sociais e pessoais, divide as pessoas entre as a favor e as contra ele.

☐ 110. Afastou ao menos um membro da família por causa de suas crenças ou por causa de sua necessidade implacável de discutir, acusar ou desafiar.

☐ 111. Escreve cartas, e-mails ou outras formas de comunicação que estão sempre atacando alguma coisa.

☐ 112. Pensa que helicópteros ou aviões o estão seguindo.

☐ 113. Busca encontrar outros indivíduos que sejam também suspeitosos e desconfiados.

☐ 114. Expressou que "não confia em ninguém", só em si mesmo.

☐ 115. Não gosta de pessoas em pé atrás dele — isso o deixa irritável, nervoso ou visivelmente desconfortável.

☐ 116. Prefere a companhia exclusiva daqueles que concordam com suas ideias esquisitas, peculiares, extremistas ou excêntricas.

☐ 117. Parece nunca estar feliz — na maior parte do tempo, está inquieto ou irritado.

☐ 118. Tem a aparência de alguém que está sempre inquieto por algum motivo.

- [ ] 119. Mantém um local secreto em casa ou no trabalho no qual ninguém tem permissão de entrar.

- [ ] 120. Mencionou a vontade de se mudar ou, de fato, já se mudou para o interior, longe dos outros, expressando desconfiança sobre ter pessoas por perto.

- [ ] 121. Juntou-se ou procurou se juntar a algum grupo, organização ou seita que crê no mesmo que ele.

- [ ] 122. Não tem nenhum interesse em arte ou música, exceto nas que apoiam seu pensamento.

- [ ] 123. Tem por rotina treinar com armas para tem certeza de que está pronto para lidar com qualquer ameaça.

- [ ] 124. Quando escuta ou vê automóveis, corre para examiná-los ou mesmo mantém uma lista dos carros que vê no cotidiano, pois acredita estarem sendo usados para vigilância.

- [ ] 125. Mantém, de fato, uma lista de inimigos ou de pessoas que parecem suspeitas.

- [ ] 126. Saiu de noite ou em horários incomuns para fazer reconhecimento e conferir vizinhos ou alguém que ele acredita ser suspeito ou ameaçador.

- [ ] 127. Parece ser instável, estar sempre em movimento; não consegue manter um emprego por muito tempo.

- [ ] 128. Tem um medo iminente e constante de algum evento catastrófico ou apocalíptico.

- [ ] 129. É conhecido pelos outros como reclamão, instigador ou descontente.

- [ ] 130. Foi rejeitado pelos outros por ser esquisito, excêntrico ou teimoso.

PONTUAÇÃO

☑ Conte quantas afirmações se aplicam a esse indivíduo com base nos critérios discutidos no início desta lista.

☑ Se você contar que esse indivíduo tem entre 20 e 25 das características, é uma pessoa que irá, em algum momento, pesar emocionalmente e com quem pode ser difícil conviver ou trabalhar.

☑ Se a pontuação for de 26 a 60, isso indica que o indivíduo tem todas as características da personalidade paranoide e se comporta como uma. Essa pessoa precisa de ajuda e causará tumulto na vida de qualquer um próximo a ele ou ela.

☑ Se a pontuação for superior a 60, essa pessoa tem uma preponderância das principais características de uma personalidade paranoide e é um perigo emocional, psicológico, financeiro ou físico a você ou outros, até a si mesmo.

AÇÕES IMEDIATAS

Se você estiver envolvido com um indivíduo como este, que atende aos critérios preponderantes para a personalidade paranoide, a estrada à frente vai ser tortuosa. Quando as características de tais indivíduos são leves, eles desgastam você, pois questionam tudo e são suspeitosos e desconfiados dos outros, inclusive você. Com o tempo, podem se tornar mais e mais suspeitosos, mais teimosos, mais obstinados e mais rígidos em seu pensamento. Esse é um desafio para qualquer relação de longo prazo ou para qualquer família.

Se estiverem na ponta mais tóxica ou extrema do espectro, podem ser muito difíceis, questionadores, hiperdesconfiados ou pura e simplesmente perigosos. O problema é que ninguém consegue prever suas reações nem o que irá provocar raiva ou violência neles. O que sabemos é que, quanto mais características de paranoia tiverem, maior a instabilidade e o perigo. E, é claro, eles podem se tornar extremistas radicais, causando perigo para os outros e para si mesmos, como o "Unabomber" Ted Kaczynski.

Tentar convencê-los, persuadi-los ou argumentar com eles costuma ser improdutivo e, de fato, pode sair pela culatra, pois você pode ser visto como inimigo por discordar deles ou não ver as coisas com a claridade única e especial deles.

Tentar obter ajuda profissional para eles também pode não ser fácil. Não importa em qual posição estiverem no espectro, em baixa ou em alta, eles não acham que há qualquer coisa de errado com eles, motivo pelo qual é raro esses indivíduos procurarem ajuda. Só isso já é um obstáculo robusto ou impossível de superar.

Você pode tentar obter ajuda profissional para eles, se aceitarem, mas, por favor, tenha cuidado. Como essas personalidades suspeitam de todo mundo e são perenes colecionadoras de feridas, seus esforços podem se virar contra você, tornando-os mais suspeitosos de você ou impelindo-os à violência.

No trabalho, esses indivíduos podem ser exasperantes, pois questionam tudo. Podem criar problemas entre colegas e causar discórdias em um ambiente profissional outrora amistoso. Para ser franco, a maioria dos chefes se cansa de ter de explicar ou justificar decisões ou escutar reclamações, então acaba jogando-os para escanteio.

Não há dúvida de que ter uma personalidade paranoide no ambiente de trabalho é um estorvo, não apenas pela discórdia que esses indivíduos plantam, mas também em razão do modo como podem revidar ao que percebem como afrontas. Indivíduos que pontuam alto na lista de verificação da personalidade paranoide precisam ser monitorados em busca de sinais de agressão, especialmente quando são repreendidos, advertidos ou rebaixados, e principalmente quando são despedidos.

Em situações nas quais o cônjuge de um funcionário tem todas as características da personalidade paranoide, também há o risco de que uma disputa doméstica, ataque de ciúmes ou ideação paranoide possa expor pessoas no trabalho a perigos cujas origens vêm de casa. Quando leio sobre um ex-marido ter ido até o local de trabalho da esposa para atirar nela e em todo mundo ao redor, me pergunto, mais uma vez, se não foi obra de uma personalidade paranoide agudamente perturbada.

Se você trabalhar em uma indústria contra a qual ativistas fazem ameaças ou que tem sido alvo de extremistas (clínicas de aborto, centro de pesquisas médicas, indústria química, centro de pesquisas com animais, indústria madeireira, construção civil, energia atômica, produção de carvão, rede elétrica, plásticos, para citar algumas), você pode se tornar o foco de uma personalidade paranoide; portanto, o potencial de perigo ou violência é muito mais alto.

É preciso ter atenção ao lidar com uma personalidade paranoide em casa ou no trabalho, em especial se houver indicações de que o indivíduo tem um histórico de violência ou de uso de armas. Como não podemos prever o que vai desencadear o comportamento violento de alguém, tudo o que podemos fazer é observar comportamentos anteriores, como se situam na Lista de Verificação de Personalidades Perigosas, se ocorreram eventos estressores recentes (divórcio, término de relacionamento, rebaixamentos, demissão, aumento de uso de álcool ou drogas etc.) e a presença de armas na vida da pessoa. Se esses elementos estiverem todos presentes, teremos uma mistura altamente perigosa. Basta lembrar a história de Jimmy Lee Dykes mencionada antes — as experiências dos vizinhos dele, o assassinato de um motorista de ônibus, o rapto de uma criança em um ônibus escolar, barricar-se com a criança em seu bunker —, tudo isso porque uma personalidade paranoide recebeu uma intimação.

Embora a história esteja repleta de exemplos de gente que atende aos critérios da personalidade paranoide e causou grande estrago, a maioria dos danos causados por esses indivíduos ocorre em nível interpessoal, em casa ou no trabalho. Todavia, temos a responsabilidade de avisar os outros se tivermos confirmado que essa pessoa tem a maioria das características de uma personalidade paranoide — talvez com isso os poupemos de muita dor e agonia.

Seja lá como você se vir na presença desses indivíduos, reconheça primeiro o que são e, antes de tudo, não tente argumentar com eles ou convencê-los. Se parecerem perigosos de alguma forma, ou se lhe pedirem para auxiliá-los na perpetração de atos perigosos ou criminosos, então o melhor caminho é fugir e avisar os outros se possível.

Se o comportamento deles se tornar um fardo pesado demais para você — se for exaustivo demais ou desumanizante demais (isso ocorre muito em seitas), ou se retirarem toda a felicidade de sua vida —, então se distancie. Você não tem de sofrer sem necessidade se as coisas estiverem ruins. Se decidir permanecer com eles, você agora está avisado de antemão sobre o que esperar, então não se surpreenda se a situação não melhorar. Não termine como a esposa do Coronel Frank Fitts no filme *Beleza Americana*, ou, falando nisso, nem como a esposa de meu vizinho em Miami: vazia, resignada, sem alegria.

Mas tome cuidado, pois, se esses indivíduos se autoisolarem, se isolarem você, ou caso se convençam de não haver nenhuma outra opção, ou caso se radicalizem, eles podem ficar extremamente violentos. Para conhecer estratégias adicionais, veja o Capítulo 6, "Autodefesa Contra Personalidades Perigosas".

4

"O QUE É MEU É MEU — E O QUE É SEU É MEU"

CAPÍTULO 4

O PREDADOR

OS OLHOS FIXOS NOS MEUS não piscavam, pareciam reptilianos e totalmente calmos. Enquanto eu encarava de volta, ouvi um sibilar vago que me avisou do perigo.

Eu não estava sequer perto de uma cobra. Era um jovem policial nos anos 1970, em pé num corredor no qual havia acabado de prender um ladrão que havia acionado um alarme. Ele obedeceu às minhas ordens, e fui capaz de algemá-lo sem nenhum incidente. Mas não tenho vergonha de falar que, embora eu tenha 1,85 m de altura e o suspeito estivesse rendido, quando ele me encarou, tremi. Havia algo naquele olhar que era diferente de tudo o que eu já tinha visto. Os sons que ouvi eram as balas chacoalhando em meu revólver de serviço quando meu cérebro e corpo instintivamente reconheceram que eu estava diante de um predador humano. Quando voltei ao escritório e conferi seu registro criminal, tinha tudo lá: este homem, um condenado recém-liberto, era um criminoso experiente com um longo histórico de violação de domicílios, roubos e agressões.

É possível falar sobre o mal para alguém, é possível fazer filmes de terror, é possível escrever sobre personalidades perigosas, mas, enquanto você não estiver diante do mal, você não o conhecerá de verdade — não em um nível psicológico. Foi isso o que vivenciei aquele dia. Foi uma lição que nunca esqueci. O subconsciente em meu cérebro estava me avisando que aquele não era um criminoso típico. Foi uma lição que mais tarde aprendi a apreciar — o efeito que os predadores têm em nós num nível subconsciente.

Em algum ponto da vida, todo mundo lendo este livro encontrará alguém assim: uma pessoa que não se incomoda em ser presa nem em cometer crimes; alguém que parece indiferente ao sofrimento que causa aos outros. De todas as personalidades perigosas, o predador é a que causa mais estrago. De acordo com o renomado psicólogo e pesquisador de psicopatias dr. Robert Hare, existem milhões de indivíduos assim por aí. Motivo pelo qual há razões suficientes para pensar que você esteve, está ou estará em contato com alguém assim em algum momento de sua vida.

Predadores têm apenas um único objeto: a exploração. Eles fazem o que não conseguimos imaginar, fácil e repetidas vezes. Vivem para pilhar, roubar, vitimizar ou destruir. Enquanto a maioria de nós constrói nossa vida em torno de relacionamentos e conquistas, predadores focam em oportunidades para usar pessoas, lugares e situações em benefício próprio. Essa configuração padrão orienta a maior parte de seu comportamento.

Esses indivíduos não pensam como nós. Nós nos importamos com os outros. Eles fingem se importar ou nem isso. Nós vemos uns aos outros como iguais. Eles nos veem como oportunidades ou obstáculos para alcançarem suas necessidades. Se precisam de um carro, roubam um. Se precisam de sexo, estupram. Se precisam de dinheiro, vão atrás da conta bancária dos avós dos outros. Mesmo se você sobreviver a um desses indivíduos, uma parte ainda morre — seja a confiança, o amor-próprio, a dignidade ou a fé nos outros.

Nosso instinto de confiança nos coloca em desvantagem com essas personalidades, pois vínculos emocionais, consciência, moral, leis ou ética não as afetam. Para esses indivíduos, a vida não tem sinais de parada obrigatória. Regras, regulamentos, restrições, cadeados ou muros são meros inconvenientes a serem burlados. E, como você e eu jogamos seguindo as regras, eles nos veem como tolos, perdedores ou merecedores de desprezo, merecedores de desvalorização, escárnio, violação e talvez eliminação.

Portanto, enquanto nos dedicamos a um trabalho honesto para nos tornarmos bem-sucedidos, predadores medem o próprio sucesso a partir do quanto nos exploram. Dotados de primorosa habilidade em detectar fraquezas, eles miram nos vulneráveis, nos feridos, nos que batalham, nos ingênuos, nos suscetíveis, nos jovens ou naqueles que não conseguem contra-atacar. Então, eles dão o bote — às vezes com sutileza, outras vezes com ferocidade animal.

Só de olhar para a aparência ou para o jeito de se mover de uma pessoa, o predador sabe em quem mirar. Eles selecionam o pedestre prestativo que pode ser atraído em direção ao carro para oferecer orientação, o comprador carregando sacolas pesadas, a criança que confia demais em um adulto desconhecido, o adolescente solitário pegando um atalho, o casal de idosos ingênuos, um morador que abre a porta de casa por livre vontade. Predadores podem atacar todos esses sem pensar muito; é como um aplicativo operando de forma constante no fundo, procurando oportunidades e fraquezas.

Sabem em quais salas de bate-papo entrar para atrair seu filho às garras deles sem invadir sua casa. Sabem como fraudar o sistema público de saúde, causando a todos nós prejuízo bilionário. Sabem quais bancos são os mais fáceis de roubar e quais lojas são as mais fáceis de furtar. Sabem como se esconder em organizações de prestígio — talvez um hospital, uma instituição de caridade, um departamento de polícia, uma escola, um programa esportivo ou uma igreja — cientes de que legitimação profissional confere tanto acesso como cobertura para sua ação predatória.

Predadores como Ted Bundy, John Wayne Gacy e Jeffrey Dahmer sobressaem pela notoriedade como assassinos em série, porém monstros assim são apenas uma pequena parte da história inteira.

Todo estuprador em série, cafetão, pedófilo, traficante de pessoas e mafioso é um predador. Assim como o são aqueles que miram em idosos ou crianças. Ficamos sabendo a respeito de alguns deles, alguns são tão famosos ou notórios que são imortalizados em livros e filmes. O ladrão de bancos Jesse James; Butch Cassidy; Jack, o Estripador; John Dillinger; Al Capone; Pablo Escobar; Ian Brady; James "Branquelo" Bulger Jr.; e o "Elegante" John Gotti são todos predadores. A única diferença é sua preferência particular por exploração ou comportamento criminoso.

Embora as prisões estejam cheias de indivíduos assim, existem ainda mais à solta nas ruas. Você não precisa ser assassinado ou estuprado para ser prejudicado com severidade por predadores. Eles batem nas esposas, abusam de pacientes, aterrorizam subalternos, desviam dinheiro, caçam fiéis, corrompem funcionários públicos ou, como chefes de estado, exterminam o próprio povo. Carregam maletas, laptops, mochilas, bíblias, bolas de futebol e bebês. Mas também carregam facas, revólveres, facões, picadores de gelo, veneno e cordas. Podem ser seu chefe, líder religioso, colega de repartição, conselheiro financeiro, o conselheiro do acampamento infantil de seu filho, o cuidador de sua mãe, a babá das crianças, a próxima pessoa que você convida ao seu quarto ou seu vizinho de porta.

George J. Trepal, um membro da sociedade de alto QI Mensa e químico treinado, não gostava de sua vizinha Peggy Carr nem dos filhos dela, que, como a maioria das crianças, eram barulhentos quando brincavam do lado de fora. Então, em 1988, ele envenenou Peggy com fria indiferença e quase matou os filhos dela ao depositar tálio em garrafas de refrigerante quando eles estavam todos fora de casa. Para um predador, pelo visto, essa é uma forma rápida e legítima de resolver um problema.

Em 1978, perto de Quartzite, no Arizona, John Lyons parou o carro da família para ajudar os motoristas encalhados Gary Tison e Randy Greenawalt. Eles recompensaram a generosidade do bom samaritano matando-o junto com toda a família. Por quê? Como Trepal, eles precisavam de uma solução rápida e eficiente para seu problema; afinal de contas, tinham acabado de fugir da cadeia e não queriam ser encontrados.

Os pacientes do dr. Harold Shipman em Hyde, na Inglaterra, achavam que estavam em um lugar seguro no hospital — o melhor lugar de se estar caso você esteja gravemente doente —, exceto para os pacientes do dr. Shipman. Entre 1971 e 1998, ele matou mais de duzentos pacientes, enriquecendo ao tomar para si joias e dinheiro deles, ou fraudando seus testamentos ao se incluir neles.

Por duas décadas, pensou-se que Tim e Waneta Hoyt eram um casal azarado, cujos filhos haviam morrido de síndrome da morte súbita infantil (SMSI) — até que investigadores observaram com mais atenção e descobriram que Waneta tinha matado de propósito um por um. Essas crianças, como os pacientes do dr. Shipman, estavam em um local seguro, mas não com uma pessoa segura — estavam com um predador. Eles morreram simplesmente porque ela não queria ter de lidar com a choradeira, então os sufocou, um por um, em geral poucos meses após nascerem.

Como podemos ver, não é a localização (vizinhança, estrada, hospital ou casa) que nos mantém em segurança, e, sim, se há um predador à espreita por perto. É a presença desses indivíduos, ou o acesso deles a você, e a intrínseca insensibilidade deles que aumentam o risco de você se tornar uma vítima. O resultado — se alguém será ou não atormentado ou vitimizado; vai morrer ou viver — eles que decidem.

Essa foi uma lição aprendida por Ann Rule, escritora de não ficção criminal, que trabalhou em uma linha direta emergencial nos anos 1970 e, depois, escreveu um livro fascinante sobre trabalhar ao lado de alguém que, como soubemos depois, era um predador — e não um predador qualquer, mas o infame assassino em série Ted Bundy. A única razão pela qual ela viveu para escrever *Ted Bundy: Um Estranho ao Meu Lado* foi ele não a ter tornado um de seus alvos.

Quando pensar em predadores, visualize um furacão ou um tornado — uma força implacável que pode deixar uma gigante área destroçada de sofrimento humano por onde passa. Para cada pessoa que esse indivíduo agride diretamente, muitos mais saem agredidos por via indireta: cada parente, cada cônjuge, cada filho e cada amigo da vítima sofre. Crianças abusadas por um predador podem crescer e se tornar adultos traumatizados ou podem virar elas próprias abusadoras, e outras gerações podem dar seguimento a isso. A família e os amigos do predador podem sofrer vergonha pública, escárnio ou dificuldade financeira. A esposa de Bernard Madoff foi ridicularizada, cuspida e marginalizada como resultado da condenação dele por fraudar bilhões de investidores. Dois anos após a prisão de Madoff, seu filho Mark se enforcou — ele não conseguia conviver com o "tormento" de saber o que o pai havia feito e como ele poderia estar implicado nisso.

Veja quantas pessoas perderam a fé na Igreja Católica por causa dos enormes escândalos de predadores sexuais envoltos em paramentos. Vizinhanças assombradas por predadores se tornam zonas de perigo onde as pessoas têm de se fechar em suas casas por causa de furtos, roubos e violações de domicílios. A cidade de Nova York é consideravelmente mais segura hoje do que quando eu estava lotado lá no começo dos anos 1980, pois o prefeito Rudolph Giuliani e o Departamento Municipal de Polícia de Nova York começaram a perseguir predadores em todos os níveis. Uma vez que os predadores foram removidos — até mesmo aqueles envolvidos em delitos contra a qualidade de vida, tais como mendigar de forma agressiva ou grafitar —, cidadãos honestos tomaram as ruas de volta.

Gostaria de poder dizer que não há nenhum predador em seu presente nem em seu futuro, porém o mais provável é que haja ou haverá. Mas, com um pouco de conhecimento, você terá maiores chances de identificar essas personalidades perigosas que, sem nenhuma sensibilidade, determinam nosso futuro sem nosso consentimento. Não digo isso para assustá-lo, mas, sim, para conscientizá-lo — porque eles, com certeza, estão cientes de sua existência. Sobreviver significa saber como eles são e como se comportam para podermos evitá-los.

O COMPORTAMENTO DO PREDADOR

Predadores podem ter aspectos diversificados, dificultando, assim, sua detecção, se você não souber quais características procurar. Eles podem ser inteligentes, amistosos, atraentes, quietos, reclusos, delinquentes ou apresentar qualquer outro conjunto de características. Ser bem-sucedido, ter amigos ou alcançar uma posição de status não impede ninguém de ser um predador — uma lição que o corpo docente, atletas, egressos e estudantes da Penn State aprenderam com base nas múltiplas condenações de Jerry Sandusky por abuso sexual de crianças, e os amigos e colegas de Bernie Madoff aprenderam após seu esquema colossal de fraude.

Esses indivíduos são calculistas e manipuladores persistentes, e sua predação é agressiva. Ao ler sobre alguém que planejou e executou de forma meticulosa um crime, que perseguiu e emboscou a vítima, que vem cometendo atos criminosos por um longo tempo, que viajou distâncias para alcançar uma finalidade ilícita ou que construiu esquemas de pirâmide elaborados, você estará lendo sobre predadores. Do mesmo modo, ao ouvir falar de alguém que está sempre com problemas jurídicos, é um agressor sexual em série, reincidente ou alguém que está tramando enganar os outros para tomar o dinheiro deles, você estará ouvindo falar de um predador.

Espere que predadores com frequência mudem de emprego, alterem planos, não quitem empréstimos, destruam ou terminem relacionamentos, causem decepção ou tirem vantagem dos outros e se esquivem de responsabilidades. Espere que burlem a lei, traiam a confiança, peguem o que não lhes pertence e deixem os outros machucados, vitimizados, deficientes ou até mesmo mortos. Espere por tudo isso. Não leia este capítulo e pense que alguém assim vai melhorar ou não vai machucar você. Sabemos que eles machucarão. O que não conseguimos prever é quem ou o que se tornará alvo deles.

Predadores, com frequência, têm conhecimento superficial de muitos assuntos, o qual utilizam para impressionar ou enredar suas vítimas. Eles amam controlar as pessoas como se fossem marionetes: encantam crianças com brinquedos e doces, atraem mulheres na internet para encontros ao vivo, convencem jovens meninas ou meninos a "ajudá-los" ou manipulam pessoas para que lhes deem dinheiro. São especialistas em conseguirem que os outros confiem em seus contos do vigário, e é por isso que nós os chamamos de "vigaristas".

Assim como as outras personalidades perigosas deste livro, o comportamento do predador existe em uma escala ou espectro. Alguns começam e permanecem no nível baixo: fazem coisas arriscadas, talvez com o hábito de burlar regras e regulamentos. Podem ser enganadores ao lidar com os outros. Ou talvez vivam tendo problemas com a justiça por crimes triviais.

E também existem aqueles que são tão patológicos, tão fora da curva, que não há nada que não tentarão, desde que isso lhes agrade. Podemos dizer que John Edward Robinson é um homem renascentista, um verdadeiro empreendedor da predação: um vigarista condenado, estelionatário, falsário, sequestrador de crianças e sádico assassino em série, condenado no Kansas em 2003 por três assassinatos. Ele é considerado o primeiro assassino em série a utilizar a internet para atrair suas vítimas para que pudesse matá-las de forma sadomasoquista. Ele é um exemplo do predador extremo — uma espécie de polímata e uma personalidade perigosa de verdade.

Esses são os predadores extremos sobre os quais lemos ou ouvimos falar, mas, na maioria das vezes, predadores passam despercebidos, porque são bem-sucedidos no que fazem ou simplesmente porque ninguém os denuncia. Mas não importa sua posição na escala ou no espectro, no nível baixo ou no alto, um traço que eles partilham conosco é que podem aprender com os próprios erros e experiências e se encorajam a ir ainda mais longe. Um exemplo disso é Julian (alterei seu nome), cujo comportamento fui capaz de mapear, pois sua mãe era uma amiga de minha família.

Julian começou, até onde sabemos, tirando dinheiro dos próprios pais, ainda antes da adolescência. Com o tempo, os valores foram se tornando maiores, e os furtos mais frequentes. Os pais dele o confrontavam, ele pedia desculpas, mas, depois, repetia o comportamento, cada vez com um pouco mais de proficiência. Para não chamar a atenção dos pais, ele começou a furtar de amigos e colegas, assim como dos pais deles.

Conforme foi crescendo, Julian passou a furtar garrafas de vinho e vodca. Medicamentos prescritos pareciam nunca durar, desaparecendo por completo, e, ao menos uma vez, foram substituídos por aspirina. Acusações de furto eram sempre contrapostas com negações cada vez mais inteligentes. Seus pais ignoravam de propósito as ações do filho, aceitavam com facilidade suas negações, acatavam as explicações ou simplesmente não queriam ser acusadores demais; pelo relato dos próprios, eles acreditavam que Julian amadureceria e abandonaria esses comportamentos.

Julian se meteu em todo tipo de encrenca com a polícia assim que aprendeu a dirigir. O carro foi arranhado e batido diversas vezes. Um dia, chegou em casa sem o para-lama. Cerca de uma hora depois, a polícia apareceu. Havia ocorrido um acidente com feridos e sem prestação de socorro. Julian negou envolvimento, é claro. Esse foi seu primeiro delito. Outros viriam, mas parecia que sempre eram rebaixados para contravenção.

Aos 21 anos, Julian tinha aperfeiçoado a arte de sacar dinheiro da conta bancária dos pais usando cheques forjados ou o caixa eletrônico. Ele continuou a subtrair quantias cada vez maiores, e, conforme seus pais envelheciam, era mais fácil dar uma volta neles. De certo modo, ficaram até mais permissivos — ou talvez só estivessem desgastados por conta de um filho predador, ladrão, mentiroso, vigarista, usuário de drogas e perigoso para eles, assim como para a sociedade.

A gota d'água ocorreu quando Julian pegou o carro do pai e o vendeu para um ferro velho. Simples assim. Naquela mesma semana, ele se apossou do resto de dinheiro que eles guardavam em casa, afirmando que devia ter "sido comido por roedores", pois estava escondido nas vigas. Meus pais me disseram que o pai de Julian estava física e psicologicamente atormentado e deprimido com tudo isso e, alguns meses depois, morreu como um homem "destruído". Contaram-me que, no funeral, Julian quis saber se ele poderia ficar com o relógio do pai para que pudesse penhorá-lo e se havia "algum dinheiro previsto no testamento".

Onde essa história termina? Não aqui. Julian foi capaz de coagir a mãe a lhe dar acesso ao resto da conta de sua aposentadoria e limpou tudo. Recém-chegada aos 70 anos de idade, ela foi obrigada a voltar a trabalhar — sem economias para a aposentadoria e sem casa (teve de ser entregue ao banco em pagamento), pois havia "outras coisas" que Julian fizera.

Isso, sim, é uma área destroçada de sofrimento humano. Julian não matou ninguém diretamente, que eu saiba, mas o sofrimento que causou foi significativo, ao menos para uma família. Ele foi investigado muitas vezes, mas sempre escapou de ser punido. Suas ações criminosas mudam com o tempo, mas o resultado é sempre o mesmo: Julian mente de forma charmosa, engana e furta ou vive parasitando o trabalho árduo dos outros. Se você topar com ele, ganhará um sorriso. E por que não? Outros sacrificaram a vida por ele. Talvez você também faça isso.

Então, embora predadores possam diferir em escopo, escala e especificidades, todos compartilham algumas semelhanças: pegam, mas não dão nada em troca, colocam os outros em risco, são insensíveis e desdenhosos, além de não se preocuparem com os outros, até mesmo com seus entes queridos.

Nenhuma empatia, nenhum remorso, nenhuma consciência

Assista a um vídeo de Dennis Rader, o assassino em série BTK ("amarra, tortura, mata"), e o escute falando sobre como ele matava as vítimas. O que você perceberá é o que os psicólogos chamam de "embotamento afetivo". Aquela característica fria e pragmática em suas palavras ou expressões é perceptível em alguns predadores, mesmo ao recontarem seus crimes horrendos.

Predadores não sentem emoções com normalidade. Eles não compreendem o sofrimento alheio. Empatia lhes escapa. Em geral, suas emoções são superficiais ou forjadas e egoístas. Como vimos no exemplo de Julian, eles podem vitimizar pessoas que os amam e protegem e que se dedicam a eles. Nossa inocência ou azar é para eles uma oportunidade. Um divorciado infeliz ou uma viúva enlutada é um vale-refeição. Uma criança ingênua ou desacompanhada é um brinquedo sexual a ser atraído com doces e bugigangas. Turistas e imigrantes são alvos fáceis para furto ou estelionato. Qualquer um que seja ingênuo ou esteja em dificuldade está portando um cartaz "abuse de mim". Um desastre natural é uma desculpa para criar sites de doação falsa. A lista é interminável.

Essas personalidades distinguem o certo do errado e sabem o que é o mal, mas o fazem mesmo assim. Outro exemplo: o austríaco Josef Fritzl trancou a filha de 18 anos no porão, onde a manteve aprisionada por 24 anos. Estuprou-a mais de 3 mil vezes, teve sete filhos com ela e jamais levou a filha ou as crianças ao médico. Dizem que ele falou para um psiquiatra: "Simplesmente tenho uma tendência para o mal". Josef Fritzl sabia que fazer isso era errado e teve mais de 8 mil dias para interromper suas ações perversas. Apenas escolheu não as interromper.

Quando predadores sentem culpa, é transitória ou não impeditiva: não faz com que parem, pois eles não aprendem com o sofrimento que causam — não sentem remorso. Sentir culpa requer aceitar responsabilidade pelas próprias ações. Mas os predadores vivem para tirar vantagem, não para reconhecer responsabilidade, preferindo culpar a forma como foram criados, chefes ruins, má sorte, pornografia ou qualquer um ou qualquer coisa para limpar a barra deles — incluindo até mesmo a própria vítima. Jodi Arias culpou seu namorado por tê-la feito persegui-lo, telefoná-lo com frequência, ir atrás dele, esfaqueá-lo repetidas vezes, atirar nele e quase cortar fora sua cabeça. Não podia ser porque ela era uma predadora instável e egoísta que não conseguia lidar com o abandono. Não, tinha que ser, como costuma ser o caso com predadores, culpa da vítima. Felizmente, o júri não caiu na conversa dela.

Cruéis, coração de pedra, calculistas, controladores

Predadores são friamente indiferentes. É por isso que os comparamos a répteis e por isso que, com tanta frequência, nos tribunais, eles parecem impermeáveis a emoções, em rígido contraste com a família enlutada da vítima. O notório assassino serial Henry Lee Lucas descreveu isso deste modo: "Matar alguém é como caminhar na rua. Quando eu queria uma vítima, eu só saía e procurava uma". Só predadores pensam assim.

Para eles, a vida é um jogo de "até onde consigo ir sem que me peguem?". Então, eles tramam e enganam. John Wayne Gacy nos anos 1970 era envolvido com a política comunitária e se vestia como "o Palhaço Pogo" para divertir as crianças da vizinhança não muito longe de Chicago, mas também seduzia com astúcia rapazes até sua casa para matá-los de forma sadomasoquista — 33, na verdade. Eles imploravam pela vida, e ele os exterminava com frieza.

Harold Shipman, o muito amado e respeitado doutor de Hyde, na Inglaterra, mencionado antes, escondeu sua predação por décadas — impassível. Para obter benefício financeiro, ele matava com frieza aqueles que mais precisavam de sua ajuda. Somente quando um número alto demais de seus pacientes morreu é que a verdade veio à tona; de outra forma, ele teria continuado. Sua atividade criminal não o afetava em nada; na verdade, ele estava quase blasé a respeito disso.

Por necessidade, então, os predadores vivem de mentiras calculadas. Enquanto nós usamos palavras para nos comunicar, eles usam palavras para manipular, constranger e conspirar. Conhecem as frases de gentileza, persuasão, sedução, apelo e desculpas como um artesão conhece suas ferramentas ou uma instrumentista conhece as notas musicais. Promessas de jamais enganar, furtar ou bater de novo são vazias. A palavra deles é sem valor. Ainda assim, muitos de nós, mesmo profissionais como policiais e juízes, somos iludidos por eles, persuadidos pelas convenções sociais a lhes dar mais uma chance. Essa é uma razão pela qual as taxas de reincidência são tão altas; predadores mentem para sair da cadeia, prometendo se comportar, e então voltam de imediato a cometer crimes.

Jack Henry Abbott, preso por falsificação e por assassinar um colega de cadeia a facadas, tornou-se o queridinho dos intelectuais quando escreveu sobre suas experiências no encarceramento (*No Ventre da Besta: Cartas da Prisão*). Ele persuadiu o aclamado escritor Norman Mailer a defender sua libertação antecipada. A comissão encarregada de decidir sobre a concessão da liberdade condicional se convenceu com os apelos de Mailer e a concedeu. Um mês e meio após ser reinserido na sociedade, Abbott assassinou um homem a facadas em um café, pois, como ele disse mais tarde, o homem o "encarou" por tempo demais. Todos os que haviam militado pela libertação antecipada ficaram em choque por alguém tão habilidoso com as palavras também poder matar. Não deveriam ter ficado.

Palavras associadas com atos de gentileza podem ser muito atraentes. Jerry Sandusky usou essa combinação e um sorriso fácil para encurralar suas vítimas. Mas, quando forçava o pênis no ânus das crianças (sim, essa é a realidade do que esse venerado treinador/predador fez com suas vítimas), ele o fazia com frio desprezo pela santidade delas.

Predadores também sabem quais palavras intimidam. Uma palavra do notório criminoso John Gotti ou James "Branquelo" Bulger era o bastante para fazer as pessoas pagarem por proteção para não serem mortas. Quando estava no FBI, entrevistei um cara "feito" para a máfia, e ele relatou que, para obter a grana da extorsão, eles simplesmente tinham "uma conversa" com um dono de loja; de outra forma, "vai saber", janelas de lojas caras poderiam se quebrar da noite para o dia. Papos desse tipo não são só coisa de programas de televisão como *Os Sopranos* — eles alimentam a indústria multimilionária da extorsão.

Mesmo no corredor da morte, Ted Bundy manipulou investigadores ao segurar a revelação dos nomes de todas as suas vítimas. Poucas horas antes da execução, ele soltou o nome de mais uma, como um artifício para obter adiamento (não obteve nenhum; ele já havia brincado demais com o sistema judiciário). O nome da vítima identificada por ele foi Sue Curtis, a jovem mulher que eu mencionei na Introdução e que foi sequestrada na Brigham Young University quando eu estava de serviço naquela trágica noite.

O assassino em série Clifford Robert Olson Jr. manipulou o governo canadense a lhe dar 10 mil dólares por vítima em troca de identificá-las e informar onde as havia enterrado. Sua esposa recebeu 100 mil dólares como resultado da cooperação dele. Ele foi bondoso o suficiente para informar a 11ª vítima de graça. Que cavalheiro!

Um dos mais notórios predadores da história foi Hermann Göring, marechal de campo e o segundo mais alto membro da hierarquia do partido nazista. Göring ajudou a montar a Gestapo e, quando não estava ocupado bombardeando Londres, estava se apossando de obras de arte e outras propriedades de judeus enviados para a morte. Após o fim da Segunda Guerra Mundial, enquanto estava sob custódia das nações aliadas e aguardando julgamento no tribunal de Nuremberg por seus crimes de guerra, ele manipulou os captores estadunidenses repetidas vezes. Em troca de favores, ele assinava autógrafos ou se deixava fotografar. A coisa mais odiosa foi ter manipulado ao menos um de seus captores estadunidenses para que recuperassem de sua bagagem pessoal um frasco de veneno usado por ele para se matar antes que sua sentença (morte por enforcamento) pudesse ser declarada — e com isso negando à corte e a milhões de vítimas a devida justiça.

Mas não se trata apenas de dar um jeitinho ou de manipular os outros. É pior. Para muitos predadores, trata-se de uma habilidade sobrenatural de ter poder sobre os outros, e isso pode ser intoxicante. Ted Bundy falava sobre se sentir onipotente ao ser capaz de decidir quem vivia e quem morria. Israel Keyes, que escondeu "kits de assassinato" ao redor dos Estados Unidos, com revólveres e suprimentos para facilitar seus crimes, alguém que as autoridades acreditam ter matado pelo menos onze vítimas desde o Alasca até Vermont entre 2001 e 2012, preferia estrangular as vítimas à mão livre, para que pudesse desfrutar de vê-las de perto sofrendo enquanto morriam, olho no olho, em seu papel autodesignado como o árbitro final de suas vidas.

Mas a frieza deles é mais bem exemplificada por Charles Ng, que, numa gravação em vídeo de algum momento nos anos 1980, pode ser visto atormentando uma das mulheres que ele e Leonard Lake assassinaram em um calabouço construído em casa, ao dizer para ela: "Você pode chorar e tal, como o resto delas, mas não vai adiantar nada. Digamos que a gente tem um coração — ha, ha — bem gelado".

Muitos impulsos, pouco controle, nenhuma reflexão

Embora essas personalidades gostem de controlar os outros, elas próprias não têm nenhum controle ético ou moral e podem também ser impulsivas, aventureiras ou audaciosas. Clyde Chestnut Barrow, da famosa dupla Bonnie e Clyde, era bem assim: um caçador de emoção imprudente que se tornou um ladrão de banco e assassino. Muitos assaltantes de banco modernos e furtadores de lojas em série demonstram essa mesma falta de controle, assim como os ladrões de rua. Há a excitação do ato, acompanhada da recompensa material atrativa — a própria definição de um ótimo dia para um predador.

Para muitos predadores, a ação por impulso parece dominar sua vida, ainda que isso signifique colocar a si mesmos ou os outros em perigo. Por exemplo, Nushawn Williams foi condenado por, consciente e intencionalmente, infectar ao menos treze mulheres com o vírus HIV. Criminoso de carreira também condenado por estupro, segundo a justiça, ele colocou em risco a vida dos outros de forma intencional, como se tivesse colocado um revólver na cabeça dessas pessoas e brincado de roleta-russa. De forma similar, Anthony E. Whitfield, de acordo com o próprio advogado dele, era uma "máquina de sexo viciado em metanfetamina que pulava de mulher em mulher em busca de abrigo, dinheiro e sexo". Ele infectou dezessete mulheres com o vírus HIV antes de ser pego, sem nenhum pedido de desculpa ou remorso — aparentemente, fora de controle.

Assim como os narcisistas, os predadores podem ser altamente reativos à menor provocação ou insulto. Falta a eles qualquer tipo de inibição ou autocontrole. Na prisão, predadores evitam até mesmo olhar uns para os outros, sabendo muito bem que um olhar agressivo no corredor é suficiente para provocar uma discussão ou uma retaliação fatal.

Enquanto escrevo, lembro-me da interpretação memorável de Joe Pesci para o personagem Tommy DeVito no filme *Os Bons Companheiros* — temperamental, hipersensível a desfeitas, implacável e sem nenhuma consciência. Só acontece em filmes, correto? Não, existem pessoas reais assim. Richard Leonard "O Homem de Gelo" Kuklinski era estourado e tinha tolerância zero a insultos. Foi por isso que a máfia o recrutou como assassino autônomo. Ele contou às autoridades após sua prisão que perdera a conta de quantas pessoas havia matado; talvez tenha chegado a duzentas vítimas. Ele matava primeiro — perguntava depois. As ações dos predadores da vida real são com frequência piores do que as de suas retratações no cinema. Neste caso, Kuklinski deixaria o ficcional Tommy DeVito no chinelo.

Predadores com frequência abusam de álcool e de outras substâncias ilegais, o que aumenta a tendência deles de serem instáveis, desinibidos e mais perigosos. Ou eles podem usar álcool e drogas para intencionalmente reduzirem as próprias inibições, ou para seduzirem os outros. Enquanto estive no FBI, analisei numerosos casos de padrastos, ou mesmo pais, fazendo jovens mulheres menores de idade, incluindo as próprias filhas, consumirem álcool e drogas para estuprá-las. John Wayne Gacy ficou conhecido por usar álcool para tornar suas vítimas mais maleáveis, em especial logo antes de estuprá-las e matá-las de forma sádica.

Embora predadores sejam com frequência movidos por impulsos ou digam não serem capazes de se controlar, não há justificativa para agirem como agem. Quando fazem algum tipo de autoavaliação, é só para aperfeiçoar seus métodos predatórios. Jamais espere que ponderem via introspecção a respeito de como mudar para melhor. Não o farão.

Palavras que descrevem
O PREDADOR

Mais uma vez apresento aqui a lista sem censura das palavras das vítimas. Você talvez perceba que algumas palavras são similares àquelas descrevendo a personalidade narcisista (veja o Capítulo 1); ainda assim, note como o predador é fundamentalmente distinto de todas as outras personalidades:

Abjeto, abusivo, agressivo, amoral, animal, anormal, antipático, antissocial, ardiloso, arrepiante, arrogante, articulado, asqueroso, assaltante, assassino, assustador, atraente, audacioso, autocentrado, bandido, bandoleiro, beligerante, bestial, bruto, caçador de emoção, cafetão, calculista, canalha, carismático, charmoso, chistoso, cleptomaníaco, conivente, controlador, corrupto, corruptor, criminoso, cruel, degenerado, degradador, de lua, delinquente, depravado, desagradável, desastroso, desconcertante, desconfortante, desgraçado, desonesto, desprezível, destrutivo, desumano, diabólico, discordante, disruptivo, dominador, duas caras, duvidoso, egocêntrico, egoísta, eletrizante, embusteiro, encantador, enganador, enganoso, enlouquecido, escroque, escroto, esperto, estorvo, estuprador, excêntrico, explorador, falsário, fera, fodão, fraudulento, frio, furtador, gângster, gigolô, golpista, grandioso, grosseiro, hipnotizante, horrível, hostil, imoral, impassível, ímpio, impostor, impulsivo, incendiário, incompatível, inconfiável, incorrigível, indecente, indiferente, indigno de confiança, inescrupuloso, infernal, infiel, infrator, insaciável, insano, insensível, insinceridade, insincero, insolente, intenso, interessante, intimidante, inumano, irresponsável, irrestrito, irritadiço, irritante, irritável, jogador, ladrão, libertino, ligeiro, lixo, loquaz, loroteiro, mafioso, mal-amado, maldoso, malévolo, malvadão, malvado, manipulador, maquiavélico, matreiro, mau, menosprezador, mentiroso, mercurial, merda, meticuloso, monstro, mortificante, motoqueiro de gangue, narcisista, nocivo, nômade, notório, opressor, parasita, parasítico, pedófilo, perigoso, perverso, pervertido, polido, possessivo, precipitado, predador, predatório, promíscuo, rasteiro, repugnante, rude, sadista, sádico, sangue-frio, sanguessuga, sarcástico, sedutor, sedutora, selvagem, sem carinho, sem consideração, sem coração, sem culpa, sem envolvimento, sem objetivo, sem sentimentos, sem tato, superficial, temperamental, tirano, titereiro, torto, tóxico, traficante, trambiqueiro, trapaceiro, vândalo, vazio, vigarista, vingativo, violento, viúva-negra, volátil, vulgar.

O EFEITO DELES SOBRE VOCÊ

Espere que os predadores virem sua vida de cabeça para baixo e descarrilem seus sonhos e aspirações, pois eles vêm em primeiro lugar e não gostam que ninguém se meta no caminho. Você pode, a princípio, achá-los inteligentes, charmosos e interessantes, mas, quando descobrir o que fizeram — ou quando eles se voltarem contra você, o que pode ocorrer a qualquer momento —, o choque e a dor serão indescritíveis.

Eles são exaustivos, pois é preciso estar sempre na defensiva, escondendo o que você valoriza, tentando não antagonizar ou lutando para sobreviver. Esses indivíduos podem atormentar ou facilmente desgastar você — a escolha é deles. Lembra-se do pai de Julian?

Eleanor, uma mulher muito gentil que eu costumava ver nas conferências sobre perfil criminal, esteve, sem sucesso, se protegendo do filho por anos. A última vez que recebi notícias, ela me disse que o filho quarentão, "que não valia nada" e ainda morava com ela, havia levado todo o seu dinheiro. Eleanor estava desgastada de tentar, como ela disse, estar sempre "um passo à frente daquele garoto". Seu filho, o predador que ela havia nutrido e sustentado apenas por ter um coração bondoso, levara-a à falência. Aos 60 anos, essa enfermeira quase aposentada teve de conseguir dois empregos para adimplir suas obrigações financeiras — e ela não tem mais nenhuma fé nem afeto pelo filho.

Alguns predadores vão fazer a família ou amigos assinar um empréstimo em conjunto ou investir em algo que não tem futuro nem perspectiva. Eles simplesmente não se importam com quais dificuldades causarão ou quanto dinheiro você talvez venha a perder desde que não seja o deles. Pergunte a um oficial de fiança quantos casos conhece nos quais um desses criminosos profissionais rompeu o compromisso e deixou a família empobrecida após fazê-la depositar dezenas de milhares de dólares de fiança, ou mesmo o título de propriedade de suas casas. É impressionante.

Essas personalidades perigosas não hesitam em colocar você em perigo com seu comportamento. São do tipo que vão pedir seu carro emprestado e, então, o usarão para roubar um banco, ou farão você lhes dar uma carona até a casa de um amigo enquanto, sem seu conhecimento, estarão carregando uma mochila repleta de drogas. Ou pedirão a você que minta para acobertá-los no trabalho e esconder suas atividades criminosas, ou mesmo para servir de álibi. De súbito, você se verá em conflito com a lei porque esses indivíduos pediram que você fizesse um favor, mentisse por eles ou se envolvesse em um ato criminoso.

Espere se sentir apreensivo com os olhares intrusivos, as perguntas ou a presença deles. Eles nos desconcertam quando se tornam amistosos demais rápido demais e, então, se grudam com intimidade excessiva. No filme *O Talentoso Ripley*, Matt Damon interpreta um predador que se gruda em uma vítima e não a deixa até obter o que quer. De modo similar, predadores colocam exigências sobre nós que não queremos de verdade cumprir, ou buscam intimidade, ou invadem nossa privacidade sem preocupação com nossos desejos ou necessidades. Isso não ocorre por acidente; é intencional.

Com alguns predadores, é possível sentir uma reação física real. Você pode tremer ou sentir seus pelos eriçados, como já relatei ter ocorrido comigo. O notável pesquisador e autor dr. J. Reid Meloy descobriu que mesmo profissionais treinados têm uma reação visceral a esses indivíduos predatórios. De modo similar, em seu livro *Virtudes do Medo*, Gavin de Becker descreve como esses indivíduos tóxicos nos afetam em um nível muito primitivo (límbico) — um tipo de sistema de aviso inconsciente que desenvolvemos para nos alertar contra o perigo. Infelizmente, a sociedade nos diz para desligar esse sistema de aviso e pressupor que todo mundo é bom e gentil. Enquanto você está ocupado confiando em predadores, eles estão ocupados aprendendo suas fraquezas exploráveis, para melhor tirarem vantagem de você. Eles roubarão sua boa-fé, suas virtudes ou sua generosidade, como se fossem deles — isso é o que predadores fazem.

Com relação à reciprocidade, eles a adotarão quando e onde quiserem, ou de forma nenhuma. Em 2013, a família de Michael Chadd Boysen aguardava, ansiosa, sua liberação do encarceramento em razão de uma violação de domicílio que ele cometera. Os avós prepararam uma cama para ele, o pegaram quando ele, enfim, foi solto, levaram-no de carro para fazer uma nova carteira de identidade, até mesmo o levaram à primeira reunião com seu oficial da condicional para se assegurarem de que tudo caminhava bem. Mais tarde naquele mesmo dia, Boysen os matou. Essa foi a recompensa pela ajuda amorosa.

Quando ajudamos, cedemos ou cooperamos com esses indivíduos, nós permitimos e encorajamos que tirem ainda mais vantagem nossa ou alheia. Pensar que mudarão ou que "desta vez, as coisas serão diferentes" é como esperar que uma cobra seja menos reptiliana só porque você a alimentou e acariciou. Não espere bondade de quem é incapaz de oferecê-la. Eles são capazes de agir com gentileza quando querem, para obter o que querem. Gentileza, no entanto, pode cegar pais e fazê-los permitirem que o filho passe tempo com figuras como Jerry Sandusky — o estuprador em série de crianças.

Quando acabarem de usar você, você não apenas se sentirá violado ou traído, mas, graças a essa profunda deslealdade, ficará relutante em confiar nos outros. Transtorno de estresse pós-traumático é com frequência o resultado final da vitimização por um predador. Saber que você ou que um ente querido seu foi usado deixa profundas sequelas. Conversei com algumas vítimas que, anos depois, permaneciam irreconciliáveis, traumatizadas e desconfiadas. Algumas ainda estão na terapia; outras tiveram de ser medicadas. Conheço pais que precisaram buscar tratamento médico para ansiedade porque a filha havia fugido ou se casado com um conhecido predador.

Como já disse, predadores deixam uma enorme área destroçada e tomada por sofrimento humano. O tipo preciso e o momento certo são eles quem decidem. Se você se envolve com um predador, põe em grande risco a sua segurança e a de seus entes queridos. Você pode estar expondo outros a um perigo desnecessário apenas ao garantir acesso a um predador. Por favor, não corra esse risco.

O PREDADOR EM RELACIONAMENTOS

Não há equidade no relacionamento com um predador. Esses indivíduos miram em quem confia e cuida, ou agem como parasitas, vivendo de um hospedeiro humano. Esperam que você supra todas as necessidades deles — mas não espere que eles arrumem um emprego ou ajudem com os cuidados da casa. Eles sempre têm uma desculpa para não conseguir trabalhar: seu brilhantismo não é apreciado; a função está abaixo deles; o chefe é péssimo; a jornada é excessiva; e assim por diante. Vão drenar você até que não tenha mais nada para dar ou até se cansarem de você. Então, vão atrás de outra pessoa ou situação explorável.

Elizabeth, a quem conheci enquanto conduzia treinamento comportamental, é uma profissional inteligente e realizada que teve a infelicidade de se casar com um predador parasita. Ele era bonito, falava bem, era sempre parceiro para uma cerveja e era muito atlético, mas não fazia coisa alguma. Ela tentou conseguir empregos, fazer terapia de casal, aconselhamento de carreira, até mesmo enviou currículos dele. Segundo Elizabeth, ele passava o dia inteiro em casa vendo pornografia enquanto ela trabalhava. Aqueles três anos com ele lhe custaram quase 40 mil dólares, pois ela pagava tudo (roupas, joias, férias, clubes de golfe, despesas de mudança, computadores, câmeras etc.). Quando finalmente ficou de saco cheio e disse que era hora de ele ir embora, inacreditavelmente, ele exigiu parte da aposentadoria dela, muito embora tivessem sido casados por apenas três anos. Esse é o predador parasita: sempre exigindo mais.

O predador em relacionamentos pode ser letal. Em todas as fotos publicadas, Laci Peterson parece feliz e efervescente, mas, em 2002, quando estava casada com Scott Lee Peterson e grávida, ele estava saindo com outras mulheres pelas costas dela. Na véspera do Natal, como o promotor provou no julgamento, Scott Peterson estripou Laci, matando a ela e ao feto de quase oito meses. Como um predador, ele havia decidido que estava na hora de ela sumir.

Em 2003, Stacy Ann Cales se casou com Drew Peterson (nenhum parentesco com Scott Peterson) pouco depois de ele ter se divorciado da terceira esposa, Kathleen Savio. Um ano depois, Kathleen Savio foi encontrada morta em uma banheira vazia — sua morte foi inicialmente considerada "um acidente". Stacy foi uma das primeiras a defender o marido, Drew, quando ele se tornou alvo de suspeitas pela morte da antiga esposa. Sua fé e lealdade estavam no lugar errado, pois ela havia se casado com um predador, e, para ele, a vida tem pouco valor. Quatro anos depois, a própria Stacy desapareceu, deixando sua família devastada, pois, com muita razão, ela temia Drew Peterson. Como resultado do desaparecimento dela e de muita pressão de ambas as famílias, a polícia retomou a investigação da morte de Kathleen Savio e determinou que não tinha sido acidente. A sorte de Drew Peterson como predador se esgotou quando ele foi condenado e sentenciado a 38 anos pelo assassinato premeditado de Kathleen Savio em 2013. Infelizmente, o corpo de Stacy nunca foi encontrado, deixando a família sem poder pôr um ponto-final no caso nem fazer justiça.

Essa é a dura realidade de quem convive ou se casa com um predador. De fato, em média três mulheres morrem todos os dias pelas mãos de um "parceiro íntimo" — um predador em sua convivência. Homicídios cometidos por parceiros íntimos totalizam 30% dos assassinatos de mulheres e 5% dos assassinatos de homens, de acordo com o Departamento de Estatísticas Judiciais. Essas estatísticas são preocupantes, e com frequência surgem de antemão pistas de que estamos na presença do perigo, mas nós temos de prestar atenção e saber quais indícios procurar.

Esposas anteriores de Drew Peterson relataram como ele havia sido abusivo e insensível — sinais, talvez, do que ocorreria depois. Deixe de ver as pistas ou aja tarde demais e você e seus entes queridos podem pagar um alto preço. O tempo está passando. A essa hora amanhã, de acordo com as estatísticas acima, mais três mulheres perderão a própria vida.

Um predador pode causar boa impressão, mas ainda é um predador. Colette Stevenson se casou com um doutor egresso de Princeton, oficial do exército dos Estados Unidos e Boina-Verde. Mas, quando o marido, Jeffrey Robert MacDonald, se cansou de Colette e de seus filhos em 1970, matou todo mundo e, depois, afirmou que hippies doidões de drogas o fizeram. Investigadores não acreditaram na história, e o júri também não — a cena do crime foi "montada" para parecer uma invasão de domicílio, e as feridas dele eram superficiais. Jeffrey MacDonald permanece na cadeia, ainda afirmando sua inocência, sempre entrando com recursos no judiciário — frio como gelo.

Quando você entra em um relacionamento com um predador, acaba se deparando com comportamento arriscado, abuso psicológico ou possivelmente perda da própria vida. É frágil assim. Quantas vezes lemos sobre a esposa ou namorada que estava com tanto medo que escreveu em seu diário ou disse a amigos e parentes que, caso ela morresse ou desaparecesse, o marido era o provável culpado? Elas têm premonições porque veem de perto o comportamento do predador.

Alguns predadores têm vida dupla: caçam fora de casa, e a família é mantida no escuro — ou, se algum membro da família suspeita, tem medo de perguntar. Imagine descobrir que Papai ou Mamãe pagou pela casa na qual você cresceu com dinheiro roubado. Como amar um pai ou uma mãe que afirma amar você, mas que física, emocional ou financeiramente agride os outros? E, caso ame, o que isso faz de você? Essas são só algumas das formas pelas quais essas personalidades prejudicam os filhos sem encostar em um fio de cabelo deles.

Não espere que predadores estejam sempre disponíveis para os próprios filhos. Espere que sejam ausentes ou distantes, às vezes brutais, ou que exponham os filhos ao ridículo, à dor, ao perigo, à atividade criminosa e à probabilidade de acabarem na cadeia.

A pior situação ocorre quando o predador envolve a família inteira na atividade criminosa. Jornais estão cheios de histórias de maridos que usaram as esposas para cometer crimes. Brian David Mitchell e a esposa, Wanda Barzee, sequestraram Elizabeth Smart em Utah em 2002 e a mantiveram em cativeiro por nove meses. Jaycee Lee Dugard foi sequestrada aos 11 anos e mantida encarcerada por dezoito anos na Califórnia, por Phillip Craig Garrido, condenado por crime sexual, e a esposa, Nancy Garrido. Respire fundo e leia *Vida Roubada,* o livro de Jaycee sobre sua provação, mas se prepare para chorar. É uma história de redenção de um ser humano notável após a predação.

Predadores são conhecidos por ensinarem os filhos a roubar, enganar, mentir, evitar responsabilidades, brigar e quebrar regras sociais. Alguns que eu estudei ou com quem conversei puniam os filhos não por terem cometido crimes, mas por terem sido pegos. John Walker, um especialista em comunicação da marinha dos Estados Unidos, espionou para os russos por décadas. Ele não apenas colocou sua nação em risco ao entregar segredos criptografados, como também envolveu o filho, Michael Walker, em seus crimes. John Walker foi condenado à prisão perpétua por espionagem; Michael pegou 25 anos. Da mesma forma, o chefão da máfia John Gotti não fez nenhum favor ao filho John A. "Junior" ao introduzi-lo na vida de mafioso. Isso só serviu para assegurar que o governo federal focasse a atenção nele após a morte do pai. Em consequência, isso o levou a se declarar culpado — por agiotagem, jogatina e extorsão — em 1999, pelo que pegou seis anos na cadeia. Entre 2004 (antes de sair da prisão) e 2009, ele era o réu em outros quatro processos adicionais por extorsão (terminaram todos anulados), causando estresse e pesados honorários advocatícios. Essa não é a vida que a maioria quer para os filhos. A menos, é claro, que você seja um predador — aí não importa o que você deixa para sua família.

Também existem aqueles que se voltam contra a própria família. Que abusam de enteados ou dos próprios filhos. Ou que vão atrás dos próprios pais, como os irmãos Lyle e Erik Menendez, dois assassinos de sangue-frio que, em 1989, executaram os pais com espingardas enquanto o casal assistia à TV em casa; depois fizeram uma farra em compras e festa até enfim serem presos. Esses assassinos tinham o melhor de tudo (escola, dinheiro, roupas, carros, aulas de tênis). Mas os predadores nunca estão satisfeitos com nada.

Às vezes, o predador é muito sutil; primeiro, testa para ver como os membros da família vão reagir. Carla, natural de Miami, me contou como o segundo marido quase imediatamente após terem se casado começou a prestar atenção excessiva à filha dela de 14 anos. Com o tempo, ela percebeu que ele estava interagindo cada vez mais com a menina, incluindo cócegas e lutas no chão. Depois, vieram os abraços e beijos que pareciam durar tempo demais. Quando descobriu que ele havia levado sua filha em segredo até a loja Victoria's Secret para presenteá-la com roupas íntimas, Carla começou a sentir que algo estava errado — especialmente após a menina lhe contar que isso já havia ocorrido antes.

A intuição de Carla se confirmou quando encontrou e-mails que ele havia enviado do trabalho para a filha dela. Não eram só mensagens brincalhonas. Carla questionou sua filha sobre o que estava acontecendo. A menina estivera relutante em contar, não querendo causar mal-estar nem estragar a felicidade da mãe. Acabou que o marido tinha ido além de apenas abraçá-la; ele tinha posto a mão entre as pernas dela enquanto dirigia e tocado nela de outras formas que foram progressivamente se tornando mais íntimas e vis.

Carla confrontou o novo marido. Ele, é claro, tinha uma explicação atrás da outra: estava tentando fazer parte da relação e ser mais um pai do que um padrasto; tocar no meio das pernas foi acidental ou nem aconteceu. Nada era culpa dele. Ele teve a insensibilidade de trazer a filha de Carla para a conversa, perguntando: "Não tenho sido legal com você? Não lhe compro presentes? Por favor, diga para sua mãe que tudo isso é um equívoco". O que a filha dela — tremendo feito vara verde, como Carla me contou — poderia ter dito? A conclusão dele: "Viu? Está tudo bem".

Com o telefone celular em mãos, Carla lhe disse: "Você tem uma hora para fazer as malas e sumir, ou eu vou chamar a polícia". Ela tirou a filha dali e disse para a menina aguardar na casa de um vizinho enquanto a família vinha buscá-la.

Ele tentou argumentar. Ela apontou para o relógio. Carla me contou que, a essa altura, os pelos na nuca ficaram todos em pé, e o estômago ficou "embrulhado" enquanto ela pensava no tanto de tempo que ele havia passado sozinho com a filha dela e naquelas mensagens que ela havia lido. Mas o que a estava deixando ainda mais atacada eram as tentativas dele de enchê-la de mentiras e fazê-la pensar que era coisa da própria cabeça — uma tática comum do predador. Naquele momento, ela soube que estava na presença de um predador. E isso a deixou ainda mais irritada, pois, como ela disse, "ele estava tentando me enganar de novo, querendo que eu fechasse os olhos para o que estava vendo".

Enteados são alvos frequentes de abuso sexual por alguém íntimo de seus pais. Admiro Carla, que fez a coisa certa, e rápido. Mas o custo ainda foi enorme em tempo, dinheiro, audiências judiciais, procedimentos do divórcio, honorários advocatícios e muito mais. Surgiram dificuldades de confiança que a fizeram ter pesadelos, e ocorreram também danos psicológicos a sua filha, que se sentiu traída pela mãe, porque ela havia colocado uma pessoa perigosa dentro de casa. Anos mais tarde, ainda havia sequelas para todos os envolvidos. Esses são os destroços deixados por um predador.

Felizmente, Carla prevaleceu. Muitas mulheres não têm essa sorte. Nem todas conseguem fugir ou ver os sinais de alerta a tempo. E, em alguns casos, a vítima é jovem demais, impotente demais ou ingênua demais para escapar. Todos os filhos de Marybeth Tinning (nove no total) morreram ao longo dos anos sob seus cuidados — infelizmente, o governo só conseguiu provar que ela matou um deles. Diane Downs sentiu que seus três filhos a estavam impedindo de atrair um homem que não queria filhos. Em 1984, ela foi condenada por atirar nas três crianças, matando uma. Que história de terror deve ter sido para essas crianças que passaram por isso!

Em 1999, em Tampa, Crista Decker, mãe de três, a quem ajudei a investigar a pedido do xerife do condado de Hillsborough, contou a investigadores que seu bebê de seis meses havia sido levado do carro dela quando ela foi pegar um carrinho de mercado numa loja.

Durante minha entrevista com ela, só algumas horas após o suposto sequestro do filho, falei que tinha interesse em saber como eram suas crianças. Foi chocante ver a diferença em como ela falava a respeito deles. Ela usou palavras doces para se referir aos dois mais velhos. Mas havia certa frieza nos modos dela ao se referir ao filho desaparecido. Nós, como investigadores, já estávamos desconfiados da história, mas o que a entregou foi o fato de que, muito embora o bebê estivesse sumido por apenas algumas horas, ela se referia a ele no passado. "Ele sempre *foi* um bom menino", contou ela. Sobre os dois filhos vivos, ela dizia, "*são* bons meninos". [Os itálicos nessas frases são meus para ênfase.]

A frieza no tom e o uso do verbo no passado ("*foi*") nos levaram a concluir que a criança já estava morta e ela sabia. E, de fato, estava. Por fim, Crista admitiu que havia sufocado o bebê (cujo pai não era seu marido) com uma sacola plástica, pois "ele não parava de chorar". Sim, predadores são frios assim.

Há uma lição aqui para todos nós, e é esta: nenhum relacionamento ou família está seguro se um dos membros é um predador.

ENCONTROS COM O PREDADOR

A maioria dos encontros com predadores tende a ser passageira. Podemos conhecer um em algum evento esportivo, em um bar, no trabalho, em um espetáculo, ou alguém pode nos apresentar. Eles vêm e vão; afinal, têm objetivos que podem ou não nos incluir. Outros, contudo, nós encontramos porque eles nos tornaram alvos, ou por causa de nosso emprego ou situação na vida. Esses são os indivíduos contra os quais devemos ter uma vigilância especial.

Existem estelionatários, assaltantes de banco, batedores de carteira, ladrões de carro e muitos mais. Mas há uma razão pela qual temos legislações como a Lei de Proteção e Segurança Infantil Adam Walsh,*

---

* Promulgada em 27 de julho de 2006 pelo presidente George W. Bush, a lei visa a proteger crianças contra a exploração sexual e crimes violentos, a evitar o abuso e a pornografia infantis, a promover segurança on-line e a honrar a memória de Adam Walsh e outras vítimas infantis de crimes. [NT] a Lei de Megan* e a Lei de Jessica,** entre outras: porque há um alto número de predadores por aí que miram em menores de idade. Alguns entram e saem da prisão. Cada vez que saem, atacam de novo. Outros operam por décadas sem serem descobertos — lembra-se do escândalo de abuso infantil por padres católicos?

Temos sorte de contar com essas leis, e elas são úteis. Mas, mesmo com elas, ainda temos homens como Jerry Sandusky rondando crianças. Predação sexual será sempre um desafio considerável para a sociedade. Afinal de contas, quem na Inglaterra teria imaginado que Jimmy Savile, famosa personalidade televisiva da BBC e apresentador de um programa infantil, era um estuprador de crianças? Mas era e foi por décadas; ainda assim, todas as acusações foram rejeitadas por causa de seu status e popularidade. É incontestável que nunca é saudável crianças estarem perto de predadores — não importa quem sejam.

Mulheres também costumam ser alvo frequente de predadores. Nos anos 1960, Albert Henry DeSalvo, conhecido como o Estrangulador de Boston, viajou pela cidade criando oportunidades para si. Mulheres permitiam que ele entrasse em suas casas e apartamentos por uma infinidade de pretextos (ele era representante de uma agência de modelos; seu carro havia enguiçado; ele precisava fazer um telefonema etc.). Mulheres estavam na presença dele em suas casas, onde acreditavam estar a salvo — mas, como já mencionei, você nunca estará a salvo ao lado de um predador.

Às vezes, entramos sem querer no território de caça familiar do predador, onde ele consegue nos tornar um alvo com maior facilidade. Em 2005, Natalee Holloway foi para Aruba no feriado com

---

* Promulgada em 17 de maio de 1996 pelo presidente Bill Clinton, a lei visa a emendar a Lei de Segurança Pública e Controle de Crime Violento de 1994, obrigando a divulgação de informações relevantes para proteger os cidadãos de criminosos sexualmente violentos. [NT]

** É o nome informal de uma lei da Flórida de 2005, presente também em vários outros estados norte-americanos. Ela foi criada para proteger vítimas em potencial e reduzir a reincidência de crimes perpetrados por criminosos sexuais. [NT]

amigos da escola. Horas após conhecer Joran van der Sloot, ela desapareceu e muito provavelmente foi morta em seguida; seu corpo nunca foi encontrado.

Por fora, Van Der Sloot parecia bonito, charmoso e divertido. Infelizmente, Natalee teve pouco tempo para descobrir a pessoa terrível que ele, de fato, era. Cinco anos após o dia do desaparecimento de Natalee, Van Der Sloot roubou e matou Stephany Tatiana Flores Ramírez, que ele conheceu no Peru enquanto jogava cartas em um cassino. "Por que ele faria isso?", você quer saber. Esse é o tipo de pergunta que o pai de uma criança sumida faz. É infeliz e trágico, mas não se trata de saber por que eles fazem essas coisas, fazem simplesmente porque podem.

Às vezes, basta apenas morar perto de um predador. Na mesma semana em que comecei este capítulo em maio de 2013, Ariel Castro foi preso em Cleveland por sequestrar três garotas e mantê-las reféns por dez anos, tornando-se pai de pelo menos um bebê com uma delas. Infelizmente, as garotas foram azaradas o bastante para viverem no mesmo bairro que esse vil predador, que mais tarde se enforcou na própria cela em vez de encarar o tribunal. Castro venceu a justiça ao cometer suicídio antes de ser condenado.

E também existem os predadores específicos de cada profissão, que adaptam sua predação para o local onde trabalham ou para a função que desempenham. Charles Cullen, por exemplo, era um enfermeiro do turno da noite que admitiu ter matado ao menos quarenta pacientes, embora o número de vítimas possa ser muito maior. Ele causou seu maior dano no ambiente de trabalho e em nenhum outro lugar.

Nos anos 1980, Clyde Lee Conrad também adaptou suas atividades a seu ambiente. Como sargento do exército dos Estados Unidos lotado na Alemanha, ele furtava suprimentos militares sempre que podia, vendia gasolina e cupons de cigarro racionado no mercado clandestino. E, quando isso deixou de ser o bastante, ele roubou segredos militares e os vendeu a países do Pacto Soviético de Varsóvia. Ele colocou dezenas de milhares de soldados e milhões de civis em risco na Europa com sua traição — tudo por dinheiro.

Alguns predadores são pilares da comunidade — veteranos, fiéis de igreja, voluntários, líderes escoteiros, treinadores, servidores públicos. Rita Crundwell era a fiscal de contas de Dixon, em Illinois, e uma renomada entusiasta de criação de cavalos quarto de milha. Ela também desviou 53 milhões de dólares ao longo de uma carreira de 22 anos. O "assassino BTK" Dennis Rader era um líder de igreja e servidor municipal confiável que usou seu conhecimento da cidade e a mobilidade proporcionada por seu emprego para selecionar as vítimas.

Também existem os predadores corporativos, que podem ser encontrados em instituições grandes, assim como em operações de duas pessoas. Alguns dizem que o clima empresarial de hoje, em especial o mundo competitivo e de altas apostas do sistema financeiro, atrai e premia o comportamento predatório. Esses indivíduos podem ser carismáticos e interessantes, mas também podem colocar uma empresa em risco por meio de seu comportamento impulsivo e agressivo. É exatamente por terem agido assim na Enron que Kenneth Lay e Jeffrey Skilling ficaram famosos. Foram denunciados por fraude, e a falência da Enron em 2001 foi a maior falência corporativa de sua época, na qual muitas pessoas perderam o sustento, assim como as economias de uma vida inteira. O caso Enron é um lembrete de que a predação com frequência ocorre nos mais altos níveis do mundo corporativo caso indivíduos sem ética estejam no comando. O colapso financeiro de 2008 foi em parte ocasionado por predadores dentro do sistema financeiro que criaram práticas arriscadas de empréstimo e, então, especularam contra esses empreendimentos, sabendo que eram ações altamente instáveis, se não tóxicas.

Agressividade e firmeza nos negócios são uma coisa, mas ações criminosas e fraude intencional são outra. Empresas estão aprendendo que ter um predador na folha de pagamento é um risco para a organização, para os investidores e para os funcionários. Esses indivíduos podem fazer coisas arriscadas ou podem ser perturbadores, desestabilizadores ou perigosos para os negócios.

Se trabalhar com um predador já é muito ruim, viver debaixo da sombra de um quando eles lideram um governo pode ser horripilante. Basta perguntar para qualquer um que experimentou o tormento de

Adolf Hitler, Pol Pot ou Josef Stalin. De acordo com as vítimas, o suposto "Açougueiro da Bósnia" Radovan Karadzic não era melhor; nem Saddam Hussein, presidente do Iraque, que usava tortura e armas de gás venenoso na minoria curda do próprio país.

Enquanto escrevo este capítulo, estamos lendo e ouvindo sobre a Síria, onde Bashar Hafez al-Assad, não muito chegado aos direitos humanos, voltou seu exército contra os próprios concidadãos e usou gás venenoso, forçando milhões a fugirem e causando dezenas de milhares de vítimas.

Como líderes, predadores têm uma única missão: permanecer no poder custe o que custar. Para eles, sofrimentos e mortes são insignificantes. A citação que costumam atribuir a Josef Stalin é o melhor resumo de como predadores veem assassinatos em massa: "Uma única morte é uma tragédia nacional; um milhão de mortes é uma estatística". Sim, eles têm essa frieza.

Espero que este capítulo tenha demonstrado que encontros com um predador são sempre perigosos. Às vezes, nós os encontramos porque estamos no lugar errado na hora errada. Ou eles são nosso patrão, ou a pessoa na mesa próxima à nossa. Todavia, ainda podemos aumentar nossa segurança sabendo como esses indivíduos agem. Podemos observar comportamentos para verificar se essa pessoa é tóxica, se é irresponsável e imprudente, se pensa apenas em si mesma, se é intrusiva e perigosa, ou se é uma ameaça mortal. Essa é nossa responsabilidade para conosco e para com nossos entes queridos.

SUA LISTA DE VERIFICAÇÃO DE PERSONALIDADES PERIGOSAS

SINAIS DE ALERTA DE UM PREDADOR

Como mencionei na Introdução, desenvolvi várias listas de verificação baseadas em comportamento durante minha carreira para me ajudar a avaliar indivíduos e conferir se eram personalidades perigosas. Esta lista em particular ajudará você a identificar se alguém tem as características do predador e qual é a posição dessa pessoa em uma escala ou espectro (do calculista e oportunista ao frio e insensível — ou, no limite, o sem consciência e o completamente perigoso). Isso ajudará você a decidir com maior precisão como lidar com essa pessoa, determinar a toxicidade dele ou dela e avaliar se ele ou ela pode ser uma ameaça a você ou a outros.

Esta lista, assim como as outras neste livro, foi projetada para uso na vida cotidiana por mim e por você — pessoas que não são pesquisadores ou profissionais da saúde mental treinados. Não é uma ferramenta de diagnóstico clínico. Seu propósito é educar, informar ou validar o que você testemunhou ou vivenciou.

Leia cada afirmação da lista com atenção e verifique as frases que se aplicam. Seja honesto; pense sobre o que você escutou um indivíduo dizer ou o viu fazer, ou o que outros contaram a você. Com certeza, o melhor indício é o que você mesmo observou e como você se sente quando está perto ou interagindo com essa pessoa.

Marque apenas as afirmações que se aplicam. Não conjecture nem inclua mais do que se encaixa com exatidão aos critérios. *Se ficar em dúvida, deixe de fora.* Alguns itens parecem ser repetitivos ou parecem se sobrepor — isso é intencional, para capturar nuances de comportamento baseadas em como as pessoas tipicamente experimentam ou descrevem essas personalidades.

É bem importante que você complete a lista inteira, como foi projetada, para aumentar sua confiabilidade. Cada lista de verificação cobre assuntos muito sutis, embora significativos, sobre os quais você talvez nunca tenha pensado antes. Alguns itens podem ajudar você a se lembrar de eventos que já esqueceu. Por favor, leia cada afirmação, mesmo que ache que já viu o suficiente ou que os primeiros itens não lhe pareçam aplicáveis.

As flexões de gênero são usadas de forma intercambiável nas afirmações. Qualquer frase pode ser aplicável a qualquer gênero.

Avaliaremos a pontuação quando você tiver terminado, mas, por ora, marque cada item abaixo que se aplique.

☐ 1. Desconsidera os direitos dos outros ao abusar deles ou tirar vantagem deles.

☐ 2. É manipulador e, com alta frequência, faz as pessoas agirem como ele quer.

☐ 3. Foi preso na infância e julgado nos tribunais ou teve seus antecedentes juvenis apagados.

☐ 4. É egocêntrico e se sente no direito de agir como quer, mesmo que isso machuque os outros.

☐ 5. Ostenta com orgulho violações a leis ou a regras — conta vantagem sobre crimes que cometeu ou pessoas que enganou.

☐ 6. É traiçoeiro, tem prazer em mentir ou mente quando não precisa.

☐ 7. Sente que regras e leis são coisas a serem obedecidas pelos outros, não por ele.

☐ 8. Repetidas vezes, viola leis e regras de costume ou decência.

☐ 9. Reconhece fraquezas nos outros com rapidez e procura explorá-las.

☐ 10. Já furtou lojas no passado, na juventude e também como adulto.

☐ 11. Não sente remorso e é indiferente ao sofrimento dos outros.

- [ ] 12. Evita pagar contas nos restaurantes ou se vangloria por não o fazer.

- [ ] 13. Culpa a vida, as circunstâncias, os pais, os outros, até mesmo vítimas por suas ações.

- [ ] 14. Tem por hábito tentar dominar os outros — controle e dominância desempenham um grande papel na vida dessa pessoa.

- [ ] 15. Outros se referem a ele como "sem coração", "tóxico", "desagradável", "sem moral", "sem escrúpulos" ou "sem decência".

- [ ] 16. Em diversas ocasiões, forjou cheques ou emitiu cheques sem fundos.

- [ ] 17. Deleita-se em enganar os outros.

- [ ] 18. Gosta de provocar as pessoas, trombando nelas, encarando-as ou dizendo coisas.

- [ ] 19. Tem autoconfiança abundante — mas é imprudente ou de pouca utilidade prática.

- [ ] 20. Não recebe bem críticas — explode com os outros com raiva, ódio ou ameaças violentas.

- [ ] 21. É ou foi considerado um bully na escola ou no trabalho — pisa ou pisava, com frequência, nos sentimentos alheios.

- [ ] 22. É hábil em ganhar a confiança dos outros no intuito de tirar vantagem deles.

- [ ] 23. Usa família, amigos, colegas de trabalho e entes queridos para obter dinheiro, fazê-los mentir a seu favor ou servir de álibi.

- [ ] 24. Começou incêndios que colocaram pessoas, animais ou propriedades em perigo.

- [ ] 25. Não hesita em colocar os outros em risco financeiro, físico ou jurídico.

- [ ] 26. Vê a vida como uma questão de sobrevivência do mais forte.

- [ ] 27. Comete crimes com facilidade; é conhecido por ter uma longa ficha criminal na polícia.

- ☐ 28. Às vezes, é insensível e frio; outras vezes, é charmoso e atraente.
- ☐ 29. Afirma em falso ser médico, professor universitário ou algum outro profissional.
- ☐ 30. Enganou os outros para tirar-lhes dinheiro, propriedades ou bens.
- ☐ 31. Sabotou bicicletas, carros ou outras coisas que poderiam ter causado dano a alguém, ou, de fato, causaram.
- ☐ 32. Trama e planeja tirar vantagem dos outros.
- ☐ 33. Foi cruel com animais na infância ou na vida adulta.
- ☐ 34. É cínico e sente desprezo pelos outros.
- ☐ 35. É insolente e dogmático e, com frequência, parece arrogante — alguns acham que ele se vê como "o todo-poderoso".
- ☐ 36. Foi descrito como sendo extremamente convencido ou como alguém que força a barra.
- ☐ 37. Não consegue manter compromissos, é inconfiável ou irresponsável e sempre tem uma desculpa por faltar com suas responsabilidades.
- ☐ 38. Planeja jogos psicológicos para rebaixar os outros, fazê-los sentirem-se inferiores ou assediá-los.
- ☐ 39. Dá muita importância para ser respeitado e ter poder, deixando claro que valoriza essas coisas.
- ☐ 40. Usou força ou intimidação para conseguir sexo.
- ☐ 41. Valoriza você num minuto e desvaloriza no outro, com fria desconsideração e indiferença a gentilezas passadas.
- ☐ 42. Supervaloriza a si mesmo e as próprias habilidades enquanto desvaloriza os outros com facilidade.
- ☐ 43. Na posição de líder ou de gerente, enxerga os funcionários como lacaios ou asseclas, não como iguais.
- ☐ 44. Viveu ou vive dia após dia cometendo furtos ou outros crimes.
- ☐ 45. Incentiva os outros a fazerem coisas ilegais ou que os colocam em risco.

☐ 46. Procura dominar um desses elementos para ganho pessoal: seu espaço, tempo, corpo, mente ou o que você valoriza.

☐ 47. Destruiu a propriedade dos outros por diversão ou para "se vingar deles".

☐ 48. Problemas parecem segui-lo por toda parte – é muitas vezes chamado de "causador de problema".

☐ 49. Tem pouca consideração ou respeito pela propriedade dos outros ou das instituições.

☐ 50. Tem histórico de intimidar os outros para conseguir o que quer.

☐ 51. Reclama com frequência de estar entediado ou sentindo falta de excitação.

☐ 52. Na infância, volta e meia fugia de casa.

☐ 53. Guarda mágoas e, depois, reage com base nelas de forma mesquinha.

☐ 54. Expressões de remorso parecem insinceras ou artificiais quando tentadas.

☐ 55. Na infância, foi suspenso da escola diversas vezes por brigar.

☐ 56. Lealdade e cuidado são reservados principalmente para ele mesmo.

☐ 57. Não consegue aceitar responsabilidade por atos pessoais – tende a culpar os outros.

☐ 58. É tido como "lisonjeiro", "engenhoso", "encantador" ou "bom demais para ser verdade".

☐ 59. Na infância, desobedeceu aos pais repetidas vezes, ficou na rua até tarde, descumpriu regras.

☐ 60. Usa os outros de forma parasitária, obtendo hospedagem, comida, dinheiro ou sexo.

☐ 61. Afirma ter conseguido mais do que é humana ou logicamente possível ou aceitável.

☐ 62. Teve um pai ou uma mãe que era fisicamente abusivo, tirânico ou indiferente, ou que foi um criminoso violento.

☐ 63. Leva um estilo de vida irresponsável (por exemplo, não consegue manter um emprego; relacionamentos fracassam repetidas vezes; obrigações financeiras são ignoradas).

☐ 64. Tem bens ou riquezas inexplicáveis.

☐ 65. Sente-se no direito e pensa estar acima dos outros, ou poder agir como bem quiser.

☐ 66. Demonstrações de emoção parecem artificiais, encenadas ou insinceras.

☐ 67. Sente desprezo pelos outros, em especial pelas autoridades.

☐ 68. Tem uma atitude arrogante e condescendente, com ar de superioridade, que ofende as pessoas.

☐ 69. As pessoas odeiam trabalhar com ou para esse indivíduo ou ficam doentes (em nível físico ou psicológico) como resultado de trabalhar com ele.

☐ 70. Encara você como um réptil: inabalável, firme, frio, sem muito a dizer.

☐ 71. Usa o olhar fixo para menosprezar, intimidar ou dominar os outros (faz você ou outros se sentirem muito desconfortáveis).

☐ 72. Tem um charme superficial — que é atraente no início.

☐ 73. Apresenta qualquer razão para roubar, machucar ou tratar mal os outros ("eles mereceram").

☐ 74. Teve tropeços com a lei na juventude e depois de adulto.

☐ 75. Pediu de propósito a funcionários ou a outros que descumprissem regras, ignorassem leis, alterassem ou destruíssem registros ou provas importantes, ou escondessem informações.

☐ 76. Não tem medo de agir de forma criminosa.

☐ 77. Usa nomes falsos, muda de identidade ou esconde de propósito partes de seu passado.

☐ 78. É impulsivo — de súbito, na brincadeira, comporta-se mal ou comete crimes ao pressentir uma oportunidade.

- [ ] 79. Não consegue planejar o futuro ou levar o futuro em consideração (exemplo: gasta todo o dinheiro do aluguel ou do supermercado ou compra presentes para si mesmo e não para a família).

- [ ] 80. É irritável ou agressivo quando desafiado, repreendido ou rejeitado.

- [ ] 81. Tenta impedir ou já impediu você ou outros de se reunirem ou contatarem amigos, parentes ou entes queridos.

- [ ] 82. Tem facilidade para intimidar ou brigar com os outros.

- [ ] 83. Mira nos fracos, nos idosos, nas crianças, nos ingênuos ou nas mulheres para abusá-los, obter favores sexuais ou tirar vantagem financeira deles.

- [ ] 84. É imprudente e irresponsável com relação à própria segurança ou à dos outros (por exemplo, dirige em velocidade alta ou embriagado).

- [ ] 85. Esteve ou está intimidando ou abusando (física ou psicologicamente) de familiares, pais, colegas de trabalho ou amigos.

- [ ] 86. Tira vantagem dos pais ao furtar deles, enganá-los, vender ou penhorar a propriedade deles sem consentimento.

- [ ] 87. Afirma trabalhar na CIA, nos Fuzileiros Navais ou em algum outro serviço secreto de elite, sem nenhuma prova concreta de tais afirmações.

- [ ] 88. Foi rejeitado para um emprego ou pelo exército por ter reprovado nos testes psicológicos.

- [ ] 89. Essa pessoa causa uma reação física nos outros: as pessoas sentem a própria pele reagindo (calafrios; pelos eriçando; "a pele se arrepia") ou sentem o estômago doer ou ficar ácido.

- [ ] 90. É narcisista de forma agressiva — tóxico ao lidar com os outros, colocando-os para baixo, menosprezando-os ou fazendo-os se sentir mal.

- [ ] 91. Tem histórico de atividade criminosa, incluindo extorsão, e não foi punido por esses atos.

☐ 92. Tem muita curiosidade sobre dor, punição, tortura ou como matar alguém de forma eficaz.

☐ 93. Passou algum tempo em instituições criminais, centros de detenção, cadeia, prisão, centros de recuperação etc.

☐ 94. Tem histórico de estuprar, roubar ou agredir com arma letal.

☐ 95. Cometeu crimes de violação de domicílio ou contra o patrimônio ou roubou carros diversas vezes.

☐ 96. Fala sobre mulheres com escárnio, enxergando-as como objetos ou "putas".

☐ 97. Molestou crianças (tocando, expondo-se a elas) ou pensa em fazer sexo com crianças.

☐ 98. Parece ter pouco autocontrole comportamental.

☐ 99. Sua mãe foi prostituta ou transitava pelo comércio sexual.

☐ 100. Tem preferência sexual por crianças.

☐ 101. Pratica sexo irresponsável, expondo outros a doenças sexualmente transmissíveis ou ao vírus HIV (aids).

☐ 102. Foi pai em diversos relacionamentos, não assumindo responsabilidade (emocional, financeira ou tutelar) por nenhuma dessas crianças.

☐ 103. Justifica tratamento cruel ou comportamento criminoso como algo que a outra pessoa "estava pedindo".

☐ 104. Esquivou-se da fiança, deixando família ou amigos responsáveis financeiramente.

☐ 105. Desaparece por dias, até por meses; então reaparece sem explicação ou nenhuma prestação de contas.

☐ 106. Pessoas comentaram que sentem "desconforto" perto dele ou que não conseguem "confiar nele".

☐ 107. Espera que os outros providenciem álibis, esconderijo ou proteção contra a justiça.

☐ 108. Invadiu o carro, o emprego ou a casa de alguém, ou perseguiu essa pessoa.

☐ 109. É raro devolver dinheiro para amigos ou colegas.

☐ 110. Bate ou abusa da esposa ou dos filhos com frequência.

☐ 111. Filhos e cônjuge evitam ou temem estar perto dele.

☐ 112. Falou ou escreveu sobre ter pensamentos ou fantasias de cometer atos criminosos ou violência sexual.

☐ 113. Repetidas vezes, deixou de pagar empréstimos ou cartões de crédito ou não pagou pensão alimentícia.

☐ 114. Matou ou afirma ter matado alguém, mas não se importa com isso ou se vangloria disso.

☐ 115. Fez pagamentos com cartão de crédito alheio sem consentimento.

☐ 116. Busca obter poder, sexo ou dinheiro por caminhos ilegais ou imorais.

☐ 117. Na hora do pagamento, sempre afirma que esqueceu a carteira ou que seu dinheiro está "preso" em investimentos.

☐ 118. No trabalho, é vil ou cruel — berra ou grita com subordinados em público.

☐ 119. Como pai, é irresponsável, desatento, não envolvido, insensível ou imprudente no que diz respeito às crianças (não cria, não alimenta, não dá banho, não leva para a escola ou ao médico etc.).

☐ 120. Parece desconectado dos outros, nunca se aproxima de verdade de ninguém.

☐ 121. Saiu ou se mudou de estado para evitar processo judicial, a polícia ou responsabilidades financeiras.

☐ 122. Mira nos velhos ou senis especificamente para abusar ou aplicar um golpe neles.

☐ 123. Produziu pornografia infantil.

☐ 124. Teve problemas de comportamento já na adolescência.

☐ 125. É ou foi descrito como sádico no sexo.

☐ 126. Foi dispensado do exército por motivo desonroso.

☐ 127. Amor tem pouco significado; confunde sexo com amor.

☐ 128. Apresenta razões para violência infantil com dizeres simplistas do tipo "ela não parava de chorar" ou "isso vai torná-lo mais macho".

☐ 129. Vive uma "vida louca", tem "amigos ruins" ou se reúne com criminosos (membros de gangue, vendedores de drogas, prostitutas, cafetões, mafiosos).

☐ 130. Está em posse de contrabando, pornografia infantil ou armas para uso criminal.

☐ 131. É um executor ou líder de gangue.

☐ 132. Pertence a um sindicato ou organização criminosa (vendedor de drogas, mafioso, família criminosa), trafica seres humanos ou é um cafetão.

☐ 133. Foi dispensado ou demitido repetidas vezes dos empregos, mesmo os de tarefas subalternas, por desempenho insuficiente, desobediência, bateção de boca ou por não comparecer.

☐ 134. Tem tatuagens ou ostenta sinais ou bandeiras de apoio a ódio racial, atos criminosos ou misoginia.

☐ 135. Odeia ser desrespeitado ou ser alvo de piadas — fica muito irritado e agressivo quando isso acontece.

☐ 136. Não parece aprender com os erros ou a experiência.

☐ 137. Repetidas vezes, toma coisas de valor dos outros sem pedir ou furta itens em lojas.

☐ 138. É raro dizer "me desculpe" ou só o faz quando é obrigado.

☐ 139. Rejeita pedidos de desculpa dos outros e guarda mágoas, a partir das quais reage com violência.

☐ 140. Esteve ou está trabalhando em uma iniciativa ilegal, terrorista ou criminosa, tal como coletar dinheiro de jogatina, apostar em jogos de azar, vender drogas, roubar carros etc.

☐ 141. Esteve desempregado por longos períodos ao longo da vida, apesar de haver empregos disponíveis, ou por ter estado preso.

☐ 142. Maltratou (alimentou mal ou não providenciou roupas adequadas), encarcerou ou agrediu crianças sob sua guarda.

☐ 143. Usou cordas, algemas, quarto do pânico ou outros meios de restrição para controlar alguém contra a própria vontade.

☐ 144. Obtém prazer no sofrimento e dor alheios.

☐ 145. Parece gostar de criar desconforto psicológico ou medo nos outros.

☐ 146. Parece estar sempre irritado ou hostil ou ressentido com o mundo.

☐ 147. Disse ter um lado "sombrio, maldoso ou perverso", o que pode ter sido desconsiderado pelos outros como conversa fiada.

☐ 148. Seu pensamento é bastante rígido e inflexível, as coisas precisam ser feitas a seu modo, senão ele explode.

☐ 149. As mulheres da vida dele com o tempo acabaram detestando-o, ou desconfiando dele, ou desapareceram misteriosamente.

☐ 150. Quem se junta com ele se sente ansioso, inseguro, vitimizado, atormentado, enganado ou traído.

PONTUAÇÃO

☑ Conte quantas afirmações se aplicam a esse indivíduo com base nos critérios discutidos no início desta lista.

☑ Se você contar que esse indivíduo tem ao menos 25 das características, é uma pessoa que irá, em algum momento, pesar emocionalmente, que está tirando vantagem dos outros, com quem pode ser difícil conviver ou trabalhar, ou que pode estar colocando você em risco financeiro.

☑ Se a pontuação for de 26 a 75, isso indica que o indivíduo tem todas as características do predador e se comporta como um. Você deve agir com extrema cautela, especialmente se estiver em um relacionamento íntimo ou prolongado com essa pessoa, ou se houver questões de confiança em risco (por exemplo, empréstimos, transações financeiras, investimentos, propriedades emprestadas, acesso a crianças).

☑ *Atenção*: se a pontuação for superior a 75, essa pessoa tem uma preponderância das principais características de um predador e é um perigo emocional, psicológico, financeiro ou físico a você e outros. Ações imediatas precisam ser tomadas para se distanciar desse indivíduo.

AÇÕES IMEDIATAS

Predadores são notórios por resistirem a mudanças — ou, caso mudem, é apenas para melhorar sua destreza predatória. Em seu livro *Fatal Flaws* [Falhas Fatais], o dr. Stuart C. Yudofsky nota a dificuldade de encontrar profissionais de saúde mental que sejam altamente informados e treinados em lidar com personalidades antissociais como essas. Se isso ocorre com os profissionais, o que o resto de nós pode fazer? Sobram poucos recursos fora tentarmos nos distanciar dessas personalidades perigosas.

Em minha experiência e na de muitos outros profissionais, você realmente precisa se desprender de indivíduos como esses e buscar ajuda profissional competente e qualificada, caso necessário. Subscrevo a sabedoria de Buda quando, sábio, afirmou: "As pessoas deveriam aprender a ver e a evitar o perigo. Assim como o homem sábio se mantém longe dos cachorros loucos, da mesma forma, é preciso evitar fazer amizades com homens perversos".

Para nós que não somos profissionais da saúde mental, nossa melhor estratégia é conscientização e distanciamento. Se esses indivíduos predatórios não machucarem você de forma direta — física, emocional ou financeiramente, ou tudo junto —, machucarão por via indireta ao atacarem pessoas com as quais você se importa ou ao colocarem sua comunidade em risco. Eles podem devastar corpo, mente e espírito e fazem isso. Podem arruinar você financeiramente ou destruir sua vida com nenhuma preocupação com o que lhe acontecer.

Você pode se sentir em débito com alguém assim por estar casado com ele, ou porque ele é da família, ou porque ele lhe deu um emprego. Apenas saiba, contudo, que sua lealdade não o impedirá de ser vitimizado, atormentado ou arruinado financeiramente, não importa o tipo de relação de vocês. Essa é a natureza do predador. Para conhecer estratégias adicionais, veja o Capítulo 6, "Autodefesa Contra Personalidades Perigosas".

Encerrarei com as palavras de alerta de alguém que conhecia intimamente o comportamento de um predador:

Nós, assassinos em série, somos seus filhos, somos seus maridos, estamos em toda parte. E haverá mais de suas crianças mortas amanhã.
— Theodore "Ted" Bundy —

UM É RUIM, DOIS É TERRÍVEL, TRÊS É LETAL

CAPÍTULO 5

COMBINAÇÕES DE PERSONALIDADES

ATÉ AQUI, OBSERVAMOS OS DIFERENTES tipos de personalidades de forma isolada. O benefício disso foi o de compreendê-las com maior clareza. Contudo, na realidade, personalidades perigosas são muitas vezes compostas de mais de um tipo de personalidade. Na literatura médica, isso é chamado de comorbidade e não deveria causar surpresa; afinal, todos nós temos diferentes traços de personalidade — é o que nos torna complexos e interessantes. Mas, quando indivíduos possuem características de dois ou mais tipos de personalidades perigosas, seu risco aumenta, às vezes de forma acentuada. E, embora o risco aumente, como dirão muitos profissionais da saúde, reconhecer o tipo de personalidade específico torna-se um verdadeiro desafio. Então, para auxiliar o leitor, usei exemplos de casos da vida real para lançar alguma luz nas misturas de traços de personalidade entre personalidades perigosas. A complexidade de traços combinados é também a razão pela qual enfatizamos revisar cada uma das listas em detalhe, no intuito de avaliar por completo o perigo que essas personalidades representam.

Além disso, assim como nosso comportamento pode mudar dependendo das circunstâncias da vida, o comportamento de uma personalidade perigosa também pode: em vez de gritar o tempo inteiro com a criança que está fazendo manha, a personalidade emocionalmente instável pode, um dia, de súbito, sacudir de forma violenta aquela criança ou atirá-la contra a parede. Do mesmo modo, o solteirão narcisista reservado pode se casar e se tornar um marido dominante e ditatorial que é cada vez mais crítico e depreciativo. Assim como nós podemos mudar com o tempo, diversos fatores podem contribuir para que essas personalidades se tornem mais instáveis, mais tóxicas e ainda mais perigosas. O essencial é adotarmos o hábito de avaliar esses traços nos outros e reconhecê-los pelo que são. O que não podemos pressupor nem devemos esperar ingenuamente é que uma personalidade perigosa vá, por conta própria, melhorar de repente com o tempo.

Analisar as complexidades e nuances das personalidades humanas pode se tornar bem complicado, e uma discussão completa de todos os tipos de personalidades está fora do escopo deste livro. É aqui que as Listas de Verificação de Personalidades Perigosas podem ajudar. Conforme avaliamos os outros por seu potencial de toxicidade, instabilidade ou perigo, temos de nos recordar de não nos fixarmos com rigidez em um tipo de personalidade. Não devemos ignorar a possibilidade de que a pessoa em questão possa se encaixar confortavelmente em múltiplas categorias de personalidade. Isso também faz parte do processo — identificar como os comportamentos se encaixam. Fazer isso nos dará uma imagem mais nítida do indivíduo com o qual estamos lidando, mantendo em mente que certos traços de personalidade, quando combinados, podem potencializar uns aos outros, às vezes com resultados terríveis.

Vemos exemplos diários em situações de crise ao redor do mundo. Tenho certeza de que, quando Christopher Dorner — ex-policial acusado de assassinar policiais — fugiu no início de 2013, os profissionais de perfil criminal do Departamento de Polícia de Los Angeles e os psicólogos ficaram se perguntando: "Que tipo de personalidade ele é?

O que irá fazer agora?". Por sorte, Dorner havia escrito um longo manifesto que nos ofereceu entendimento para além do que constava em seu arquivo pessoal oficial. O manifesto revelou:

- Um indivíduo cheio de feridas emocionais, com uma necessidade de se livrar de seus inimigos (paranoia), associado a
- Sua visão de se sentir no direito de agir com violência contra colegas policiais e suas famílias para consertar o que ele considerava necessário ser consertado (grandiosidade narcísica)

O manifesto de Dorner forneceu informações determinantes: ajudou a explicar seu comportamento e, até certo grau, previu como ele se comportaria no futuro. Quando você está tentando deter um indivíduo altamente paranoico, que desvaloriza de forma narcísica seus colegas policiais, um tiroteio é o resultado mais provável — e foi, de fato.

NÃO TÃO RARO: COMBINAÇÃO DE PERSONALIDADES

Pelas instruções das Listas de Verificação dos capítulos anteriores, você aprendeu informações básicas importantes sobre como estar alerta a personalidades perigosas: observe as pessoas em questão e perceba seu comportamento, as coisas que dizem, que sensações nos provocam, o que se sabe sobre o passado delas, o que os outros com quem elas interagiram vivenciaram e notaram. Como discutiremos no Capítulo 6, isso é uma parte das diligências necessárias: avaliar de forma objetiva o que você e os outros observam, procurando indicadores significativos de que alguém pode ser tóxico, instável ou perigoso. Isso é uma responsabilidade nossa e é tanto sábia como sensata.

Agora, vamos expandir a partir dessa base ao verificar se a informação que coletamos pode ser colocada em mais do que uma das quatro Listas de Verificação. Desta forma, obteremos uma percepção melhor do tipo de personalidade do indivíduo e seu potencial perigo.

Por exemplo, digamos que percebemos que Harry fala e age como se pensasse ser alguém muito especial. Essa característica tem o potencial de encaixá-lo em três listas de verificação: a personalidade narcisista, a personalidade paranoide e o predador. Mas esse é só um comportamento. Então, continuamos, com cuidado, a coletar informações (Como ele nos trata? Que sensações nos provoca? Quais comportamentos específicos notamos?) e inserimos essas ações ou comportamentos na lista de verificação em que forem aplicáveis.

Digamos que nós também notemos que Harry demonstra uma necessidade de controlar os outros e tem um hábito torpe de ser vingativo. A adição desses comportamentos restringe seu tipo de personalidade ainda mais, e, com o tempo, podemos ver uma preponderância de características que se encaixam na lista da personalidade paranoide, assim como na lista do predador.

Se, por meio de interações suficientes com ele ou por suas observações, você, enfim, descobre que esse Harry fictício tem, digamos, 45 ou mais características comportamentais em cada uma das Listas de Verificação de Personalidades Perigosas, isso é significativo. Uma pessoa que pontua tão alto na lista da personalidade paranoide e na do predador pode ser não só maldosa, mas também inteiramente perigosa.

O segredo para obter um quadro mais completo é não tentar classificar alguém desde o princípio, e, sim, deixar o comportamento falar por si próprio. De outro modo, você poderá se ver cego para informações importantes — algo que pode ocorrer até mesmo com profissionais. Então, como falei lá no início, nós focamos em comportamentos, não em estatísticas ou probabilidades, e inserimos esses comportamentos nas Listas de Verificação onde forem aplicáveis.

Digamos que conhecemos alguém que é charmoso, muito confiante e cheio de ideias e planos grandiosos, mas que conquistou pouco — e rapidamente decidimos que ele se encaixa na categoria de personalidade narcisista. Certo, agora vamos dar um passo atrás e avaliar essa decisão por um momento. Ele talvez tenha, de fato, essas características, mas enquadrá-lo tão rápido em uma única categoria pode significar que nós paramos de estar alertas a outras informações — tais como seu súbito aparecimento na cidade, a aparente falta de credenciais e histórico profissional verificável, o estilo de vida efêmero e a falta de renda discernível, todos elementos que se encaixam na lista do predador e poderiam apontar para uma personalidade com potencial de nos causar dano grave (veja o Capítulo 4). É esse tipo de erro que queremos evitar. É isso que pilotos chamam de "fixação de alvo": ficam tão focados em um alvo específico que perdem todos os outros alvos próximos, ou estão tão fixados em uma tarefa, marco ou questão específica que se esborracham contra a montanha.

Existem, é claro, todos os tipos de combinações possíveis entre as quatro personalidades perigosas. Por exemplo, é possível existir alguém que é altamente inteligente, mas é também paranoico e narcisista. Veja o comportamento recente de John McAfee (fundador da McAfee Inc., a maior empresa de aplicativos antivírus do mundo) em Belize; cabe se perguntar: é isso o que estamos vendo? Alguém que se muda para um país estrangeiro e, de acordo com uma entrevista, sente a necessidade de limpar o lugar como se os deuses o tivessem ungido com essa responsabilidade — essa é uma característica do narcisismo. Mas ele também temia de forma irracional as forças policiais nacionais e seus vizinhos — esse é um traço comum da paranoia. Então, podemos estar diante de paranoia e narcisismo, mas não podemos ter certeza, pois não temos todos os fatos. Então, coletamos informação e a inserimos onde é cabível na Lista de Verificação de Personalidades Perigosas que se aplique e adicionamos informações em cada lista conforme se tornem disponíveis.

Por fim, começaremos a ter um entendimento de quem esse indivíduo é baseado em seu comportamento. Talvez um pouco disso, talvez mais um pouco daquilo dessa vez, reconhecendo que a mistura pode se alterar e variar, pois estamos lidando com características que se aplicam a mais de um tipo de personalidade — afinal, estamos lidando com seres humanos. Eles podem ser mais grandiosos e autocentrados num dia e, no outro, apresentar mais características do predador. É isso que torna interessante o estudo dos seres humanos: agimos sobre a vida, e a vida age sobre nós. Nunca estamos rigidamente num único lugar, e as personalidades perigosas também não.

Importa quais traços de personalidade são mais fortes? Sim e não — depende da pessoa em si e dos traços dela. Mas tenha em mente que não somos pesquisadores ou analistas de perfis criminais; estamos apenas interessados em determinar o grau de perigo que essa pessoa de fato representa. Então, se alguém pontuar alto (acima de 50) em duas ou mais Listas de Verificação, determinar com precisão qual patologia é mais proeminente não é tão essencial quanto perceber que um limiar crítico foi cruzado, o que nos permite dizer que essa pessoa provavelmente é muito tóxica, muito instável ou até mesmo perigosa e uma ameaça para você.

Por exemplo, alguém altamente instável emocionalmente e altamente paranoide é uma pessoa muito difícil de conviver: sempre suspeitando e explodindo com regularidade apavorante. Saber se é a paranoia ou a instabilidade que está desencadeando as explosões é menos importante do que garantir sua segurança.

Uma mulher que chamarei de Amanda me escreveu contando que seu marido inicialmente aparentava "pequenas idiossincrasias", como ela as chamava. Ele explodia às vezes, em especial quando tinha dias ruins. Ao longo dos anos, de acordo com Amanda, tanto a instabilidade como a paranoia aumentaram, por nenhuma razão. Ele se tornou hiperdesconfiado a ponto de procurar atividade no celular dela e até mesmo checava o bloco de mensagens em casa pelas ranhuras latentes, esfregando um lápis sobre a superfície para ver quais mensagens ela havia escrito. Por fim, seu marido se tornou "insuportável", em especial quando a violência contra ela se intensificou, passando de empurrá-la a atirá-la longe e até a esbofeteá-la e a asfixiá-la. Sim, asfixiá-la.

Qual era a característica predominante aqui — o lado emocionalmente instável ou o lado paranoico? É uma pergunta intrigante, a qual um pesquisador ou um terapeuta pode achar interessante. O que posso lhe dizer é: Amanda não se importava, e eu também não — e você não deveria. Não vivemos em um laboratório no qual podemos fazer experimentos em segurança, debater por prazer ou validar com precisão absoluta. Vivemos em um mundo no qual o abuso marital está desenfreado, crianças raptadas são estupradas ou mortas, segurança pessoal é um problema, tempo é essencial, e nossas decisões precisam ser tomadas com rapidez no momento do acontecimento, baseadas no pouco de informação que estiver disponível. Em suma, queremos ser precisos, mas dispensando exatidão absoluta. Se tivermos de esperar pela exatidão absoluta, pode ser tarde demais (como você verá mais adiante neste capítulo sobre o que ocorreu com uma mulher chamada Susan Powell).

Assim como Amanda teve de lidar com sua realidade cotidiana de abuso e, como ela descreveu, com a "insanidade" de sua situação imediata, nós também devemos lidar com nossa própria realidade. A tarefa de Amanda era sobreviver e não aferir, comparar ou experimentar. Sua preocupação imediata não era se perguntar: "Meu marido tem 80% disto ou 20% daquilo?". Deixe essas análises aos outros que as desejarem. A pergunta mais importante para você, assim como para ela, é: Estou em perigo? Esse é o principal propósito deste livro e é aqui que as Listas de Verificação de Personalidades Perigosas ajudarão.

Enquanto cumpre as devidas diligências, lembre-se que todos esses tipos de personalidade residem em um espectro amplo que vai do mais brando ao mais duro, do fraco ao forte, do irritante ao impossível, do difícil ao tóxico e até mesmo perigoso — e que o lugar deles nesse espectro pode variar dependendo das circunstâncias, dos estressores da vida, das oportunidades ou dos temperamentos. Uma forma de pensar sobre isso é imaginar um rádio. Ligue-o com suavidade, e a música pode ser quase imperceptível. Aumente o volume um pouco e você poderá ouvir a música com maior clareza. Aumente bem alto, e começa a se tornar irritante; ainda mais alto e fica doloroso e quase intolerável a seus ouvidos. Eleve ao volume máximo e você pode machucar seu tímpano — isso se torna, de fato, perigoso. Essa é uma forma de encarar as personalidades perigosas: qual é a altura do volume agora? Lá embaixo, mostrando poucos sinais? No meio, irritando ou incomodando? Ou lá em cima onde há perigo para nosso bem-estar — um risco para nossa saúde?

Mas, para escutar alguma coisa, você precisa sintonizar. Vale repetir: a maioria das pessoas que são tóxicas ou perigosas passa despercebida, no geral não são notadas, com pouco ou nenhum contato com a polícia e ainda menos com profissionais da saúde. Em geral, amigos e parentes, desprovidos de um mapa para decifrar essas personalidades perigosas, ficam perdidos, não sabem quais sinais observarem ou tendem a ficar a favor delas. Por exemplo, quando entrevistado, um amigo de Timothy McVeigh falou: "Desconsiderando o que ocorreu em Oklahoma City, Tim é uma boa pessoa". E isso diz tudo. Há pessoas que se recusam a enxergar o que está na frente delas ou são tão parciais que é como se estivessem cegas. Personalidades perigosas florescem nesse ambiente. No final, existem duas verdades a se ter em mente sobre personalidades perigosas: nós vemos só o que estamos preparados para ver, e a maioria das pessoas mascara quem elas realmente são.

Por meu trabalho como analista de perfis tanto criminais como comportamentais para questões de segurança nacional do FBI, sei que a análise de tipos de personalidade pode ser desafiante, em especial quando estamos lidando com alguém que é uma mistura complexa de dois ou mais tipos de personalidade. É aqui que as Listas de Verificação de Personalidades Perigosas serão mais úteis, ajudando a decifrar quais traços sobressaem em qual tipo de personalidade, para que você compreenda de forma mais precisa com quem realmente está lidando.

NOTÁVEIS COMBINAÇÕES DE PERSONALIDADES PERIGOSAS

Talvez o melhor caminho para compreender os que tiverem as características principais de dois ou mais tipos de personalidades perigosas seja olhar para exemplos da história e do noticiário, pois ambos estão cheios do caos que esses indivíduos deixam por onde passam.

"Existem inimigos lá fora, mas eu tenho as respostas": paranoide + narcisista

Comecemos pelo último século, pois esse foi o século dos meios de comunicação em massa, dando-nos um relato de figuras históricas talvez melhor do que qualquer outra época. A primeira pessoa que se destaca é Josef Stalin. Stalin almejava poder e adoração de forma narcisista — no Capítulo 1, você foi informado sobre os muitos títulos que ele reivindicava, alguns dos quais beiravam o ridículo — e fez cidades serem batizadas com seu nome. Mas, além de ser narcisista, Stalin tinha um lado sombrio impulsionado pela paranoia, e ambas as patologias estavam na ponta extrema e mais virulenta (aguda) do espectro, tornando-o altamente tóxico e perigoso.

Dado o controle totalitário que tinha sobre seu povo, sobre os serviços de segurança e sobre os militares, as consequências dessa combinação foram de proporções épicas. Imagine matar cada ser humano vivo morando na Califórnia. Foi essa façanha que ele realizou ao matar mais de 30 milhões de pessoas — o número exato é desconhecido. Sua hipersuspeita o levou a alterar populações inteiras, em especial as minorias nas quais não confiava. Ele também mandou matar cerca de um quarto de seu alto-comando militar após a Primeira Guerra Mundial, pois não confiava neles; uma manobra autodestrutiva que colocou todos os cidadãos russos em risco quando a Segunda Guerra Mundial se iniciou e suas habilidades mais fizeram falta.

Stalin foi uma raridade horripilante? Não exatamente. Adolf Hitler (mais de 5 milhões assassinados) também era patologicamente narcisista e paranoide. Assim como Pol Pot no Camboja, conhecido por seus "campos de assassinato" e de trabalho forçado (mais de 1,2 milhão de assassinados).

Ou podemos falar sobre a história recente: que tal Slobodan Milosevic nos anos 1990 e sua visão xenofóbica de minorias étnicas, em especial muçulmanos e croatas? Ou Ratko Mladic, também conhecido como "o Açougueiro da Bósnia", acusado pelo Tribunal Penal Internacional para a antiga Iugoslávia de assassinato étnico de mais de 7500 homens e garotos bósnios muçulmanos em Srebrenica em 1995? O que todos esses indivíduos tinham em comum é que eles eram personalidades ao mesmo tempo narcisistas (todos tinham soluções grandiosas e violentas para os problemas) e paranoides (enxergavam inimigos por toda parte). Isso já os tornava perigosos. Mas ainda tiveram acesso às forças de segurança e aos militares, tornando-os a mistura mais destrutiva de todas: uma personalidade perigosa com poder irrestrito.

Também existem tipos como Anders Behring Breivik, responsável pelo bombardeio de um prédio do governo em Oslo, na Noruega, em 22 de julho de 2011, matando oito, seguido por um tiroteio que matou 69 adolescentes. Ele também era narcisista e paranoide, como foi determinado no julgamento. Ele se via como a única pessoa capaz de salvar seu país (narcisismo) de estrangeiros e muçulmanos (paranoia), então matou inocentes em protesto. Breivik demonstrou que uma pessoa ainda pode causar muito estrago mesmo sem liderar um exército ao ter uma personalidade narcisista e paranoide com acesso a explosivos improvisados ou armas de alta potência.

Infelizmente, vimos esse tipo de personalidade antes: aqueles que são intérpretes de papéis irrelevantes no palco da vida, mas querem inserir o próprio nome na história. A alta valorização de si mesmos, acompanhada pela paranoia, os leva a extremos — mas, quando ninguém os escuta ou são rejeitados, eles buscam maneiras de tornarem a si mesmos ou sua causa conhecida, assim como Breivik fez.

Eles se tornam grandes jogadores, talvez até no palco do mundo, pelo caminho mais rápido que conhecemos — pela violência. Muito antes de Breivik chocar a Noruega, outro indivíduo difícil, altamente teimoso e de pensamento rígido, com todas as características da paranoia e do narcisismo já descritas, fez o próprio nome. Primeiro, ele tentou fazê-lo em abril de 1963 ao tentar assassinar o Major-General Edwin Walker, o homem que concorreu contra John Connally a governador do Texas no ano anterior, enquanto Walker estava lendo em sua casa em Dallas. Ele fracassou (conseguiu apenas causar machucados leves em Walker), mas sua próxima oportunidade foi bem-sucedida. Essa foi a liga dos grandes, da qual ele sempre dizia à esposa que queria fazer parte. Em 22 de novembro de 1963, de acordo com a rota publicada pelos jornais, seu próximo alvo de oportunidade passaria de carro, por acaso, em frente a seu local de trabalho em uma limusine aberta. Seu alvo: John F. Kennedy, presidente dos Estados Unidos. Seu nome: Lee Harvey Oswald, um homem que tinha em abundância todas as características da personalidade paranoide, assim como as da personalidade narcisista.

Para a maioria de nós, o perigo de uma personalidade narcisista + paranoide é de especial preocupação quando a pessoa se isola. Repetidas vezes, vimos que, quando esses indivíduos se isolam, não há amortecimento externo a suas ideias extravagantes. Em isolamento, eles podem se fixar em um problema ou em feridas percebidas, marinando em suas paixões, ódios e medos. Infelizmente, a trajetória deles é em regra a mesma: violência contra aqueles que eles desvalorizam ou temem.

Por exemplo, quando Timothy McVeigh foi recusado pelos Boinas-Verdes e foi dispensado do exército dos Estados Unidos, ele tomou a decisão de se isolar no Arizona para que pudesse burilar seu ódio ao governo federal. Nesse isolamento, planejou o bombardeio ao Prédio Federal Alfred P. Murrah em Oklahoma City. Décadas antes, Theodore Kaczynski (o Unabomber), narcisista e paranoide como McVeigh, também foi viver em uma cabana remota em Montana, de onde refinou ainda mais seu ódio pela tecnologia e pôde construir as bombas que vieram a matar três e machucar 23.

"Preste atenção enquanto faço o que quero": narcisista + predador

Em 2003, o Departamento de Estado dos Estados Unidos me pediu que ajudasse o governo da Colômbia a estabelecer sua primeira unidade de perfil criminal. Foi uma honra auxiliar nessa empreitada, e a Unidad Especial de Comportamiento Criminal de Colombia permanece bastante ativa em solucionar os casos criminais mais atrozes do país. Um dos primeiros casos que pediram que eu analisasse foi o de Luis Alfredo Garavito Cubillos, conhecido como o "Açougueiro da Colômbia". A maioria dos americanos nunca ouviu falar de Garavito Cubillos, mas ele é o mais prolífico assassino serial deste hemisfério, tendo matado mais de 240 crianças em um período de sete anos (140 corpos foram encontrados — ele não conseguia lembrar onde havia enterrado o resto).

Quando sentamos para analisar o caso, havia algo sobre a aparência dele em uma foto em particular que chamou minha atenção. Meu colega do governo colombiano, Luis Alfonso Forero-Parra, um psicólogo e oficial brilhante que agora é chefe da unidade de perfil criminal colombiana, percebeu minha pausa ao observar a foto. "Você percebe essa alegria narcisista no rosto dele?", perguntei. "Ele acabou de ser preso e parece estar apreciando a atenção que está recebendo da imprensa."

"Engraçado você dizer isso", respondeu o dr. Forero-Parra. "Quando estava sendo levado pra cadeia, ele perguntou 'meu cabelo está bonito?'." Às vezes, predadores são escancaradamente narcisistas. Essa foi uma das vezes.

De fato, é comum vermos algumas das características do predador no narcisista. Bernard Madoff, mentor e arquiteto do maior esquema de pirâmide da história dos Estados Unidos, que tirou vantagem da própria família e de amigos, parece ter muitas das características do narcisista, cujo comportamento diz: "Posso fazer o que quiser, por quaisquer meios, sem restrição", e o do predador, cujo comportamento diz: "Tirarei vantagem de qualquer um que eu puder, quando puder, sem remorso".

A escala grandiosa do plano, a audácia de sua implementação, a indiferença e a disposição para machucar os outros — tudo isso caracteriza bem essa personalidade perigosa multifacetada.

Muitos especialistas acreditam que o narcisismo agressivo está no centro da predação social — em outras palavras, no intuito de rapinar os outros sem perdão, você tem de ser capaz de supervalorizar a si mesmo e desvalorizar os outros. Faz sentido. Para ser um Ted Bundy, é preciso ter um tremendo senso de legitimação e uma habilidade aguda de desvalorizar os outros sem nenhum tipo de consciência. Então, quando vemos um predador com uma prevalência de características narcisistas, podemos dizer que estamos lidando com um indivíduo altamente perigoso, um tópico que discutiremos mais adiante no Capítulo 6, "Autodefesa Contra as Personalidades Perigosas".

Como Ted Bundy, Charles Manson também se encaixava nos critérios do narcisista e do predador. Desde cedo, Manson foi um criminoso trivial, arrombador, ladrão, predador sexual e um mentiroso que apreciava manipular os outros. Ele se via como um músico bem-dotado (o que ele não era) e um líder de seita, mas seu dom verdadeiro era exercitar controle similar ao divino (narcisismo) sobre os outros, tirando vantagem deles e fazendo-os cometer crimes por ele (predador). Ele foi considerado culpado de formação de quadrilha para cometer os assassinatos de Sharon Tate, Leno LaBianca e Rosemary LaBianca, e seus companheiros; crimes realizados, sob suas instruções, por membros de sua seita. Ele morreu atrás das grades, prova de sua periculosidade. Se você tiver alguma dúvida do perigo representado por um predador narcisista, leia *Manson: A Biografia*, de Jeff Guinn, ou *Helter Skelter*, de Vincent Bugliosi, e você entenderá.

COMBINANDO TRÊS OU MAIS TIPOS DE PERSONALIDADES PERIGOSAS

Chegamos aos indivíduos com três ou mais traços. Quando olho para o comportamento de Jim Jones, o líder de seita de Jonestown, na Guiana, percebo que ele, sem dúvida, tinha traços narcisistas. Sua necessidade de ser idolatrado é claramente narcisista. Mas ele também tinha as características paranoides e os elementos do predador. Sua necessidade de isolamento e seu medo de estranhos eram claramente características paranoides. Sua autoelevação narcisista deu origem a noções infladas do número de seus inimigos. Extorquir o dinheiro das pessoas e distribuir-lhes punições draconianas são comportamentos de um predador. Por fim, a punição incluiu a ingestão de suco com cianureto, que matou mais de novecentos de seus seguidores, uma prova de como ele de fato era extremamente perigoso (narcisista + paranoide + predador).

É triste dizer, mas não é incomum existirem tipos com diversas personalidades, em especial líderes em grupos de ódio ou em seitas. David Koresh, líder do Ramo Davidiano, era similar em muitos aspectos a Jim Jones: narcisista e paranoide, com traços de predador. Também o era o polígamo líder de seita Warren Jeffs. Até sua prisão, a seita de Jeffs tinha sido um espaço pessoal de procriação, que lhe permitiu fazer sexo com meninas menores de idade, com a assistência cúmplice de suas mães. Ele atende aos critérios para as características essenciais do narcisismo ao acreditar que Deus o havia chamado para fazer isso e que as leis "terrenas" não se aplicavam a ele, e não tinha remorso pelas coisas detestáveis que fazia, tal como ocorre com o predador. Por fim, Jeffs se esquivava de estranhos ou de qualquer um que competisse com ele ou discordasse dele (paranoia). Ele tipifica os indivíduos que têm os três tipos de personalidade (narcisista + predador + paranoide) — egoísta, manipulador, abusivo e temeroso.

Talvez nenhuma discussão a respeito dessa tríade de personalidades esteja completa sem mencionar o fundador da al-Qaeda, Osama bin Laden, cujo narcisismo extremo e paranoia severa, com pitadas do predador, resultou nos ataques terroristas de Onze de Setembro nos Estados Unidos. É difícil estimar o impacto social, político e econômico global que esse único indivíduo teve em um período marcadamente curto (embora, como muitos dos mais perigosos predadores, ele tenha planejado sua operação militar de Onze de Setembro por anos com determinação obstinada). A existência de terroristas possuindo esse nível de grandiosidade tende a nos fazer ver poucos atos como terroristas, mas aqueles que de fato ocorrem são enormes, isto é, eventos dos quais os terroristas sentem serem merecedores. Quando são carismáticos e inteligentes, conseguem construir planos elaborados e recrutar outras personalidades perigosas para levar adiante o trabalho conforme suas habilidades particulares: predadores cruéis que sentem uma excitação em matar, ou personalidades paranoides cujo medo e ódio podem ser canalizados até se tornarem homens-bomba.

O PACOTE COMPLETO: QUATRO PERSONALIDADES PERIGOSAS

É possível conhecer alguém que tenha as características centrais das quatro personalidades perigosas em graus variados. Como você provavelmente consegue imaginar, isso torna um indivíduo altamente destrutivo e instável. Estresse e outros fatores podem levá-lo para as pontas mais extremas e perigosas do espectro de qualquer uma das quatro patologias. Hitler, certamente, exibiu muitas das características da personalidade do predador, do narcisista, do paranoide e do emocionalmente instável conforme a maré se voltou contra ele na Segunda Guerra Mundial, e ele se aproximou do final de sua vida.

Você pode achar que é raro encontrar alguém que combina todos os quatro tipos, mas se surpreenderia com a quantidade de pessoas assim. Às vezes, causam estrago em uma vizinhança, em um escritório ou em uma cidade próxima, e não ficamos sabendo. Ou, quando ouvimos falar a respeito disso, após terem causado esse caos, é raro alguém fazer uma autópsia psicológica e concluir "Fulano e Beltrano fizeram essas coisas porque eram uma combinação desses tipos de personalidade". É uma pena, pois, embora tenhamos o hábito de realizar necropsias para estabelecer a causa da morte, raras vezes autópsias psicológicas são feitas nesses casos, o que poderia nos ensinar sobre os reais perigos mundo afora.

Se alguém afirmar ser improvável que uma pessoa possa ter características agudas de todos os quatro tipos de personalidades perigosas, lembre-se do ditador de Uganda Idi Amin. Ele tinha todas as características agudas descritas aqui em quantidades variadas. Ele sempre foi assim? Não sei. E, mais uma vez: isso importa, dado o que ele se tornou no final? As dezenas de milhares de ugandeses torturados ou assassinados e seus familiares sobreviventes também não se importam. O que importa é que, em algum momento, algo deu um clique, e esses traços comportamentais se tornaram a essência de sua personalidade, e o dano cometido foi horripilante.

Mas essas personalidades não precisam matar ou machucar centenas ou milhares para serem perigosas. Esse tipo de personalidade pode viver em seu bairro, bem perto de você. Em seu diário, a esposa e mãe Susan Powell, de Utah, detalhou algumas das coisas que seu marido, Josh Powell, estava fazendo que a perturbavam. Em 2008, ela até mesmo tomou nota que, caso morresse, não teria sido por acidente. Ela sentiu que estava em perigo, mas agiu devagar demais por medo de que o marido levasse seus filhos. Era uma boa observadora, mas estava hesitante e relutante em enxergar o perigo com clareza, pois teve pouca ajuda para validar suas observações. Susan esperava que sua fé e a igreja fizessem as coisas melhorarem. Sua esperança piedosa não conseguiu nem conseguiria salvá-la de uma personalidade perigosa, e a sua, leitor, também não salvará.

No final, Susan Powell desapareceu misteriosamente em 2009. Presume-se, como a própria previu, que esteja morta. O marido, Josh, se tornou de imediato alvo de investigação, o que está correto, uma vez que, em regra, são cônjuges que machucam cônjuges. Quando a investigação se tornou mais intensa e enfocada nele, Josh se mudou.

Finalmente, em 2012, quando assistentes sociais foram até sua residência, ele matou as crianças com uma machadinha e depois a si mesmo, ateando fogo na casa.

Pelo que as testemunhas disseram e pelos escritos de Susan Powell em seu diário, Josh tinha características tanto do paranoide como da personalidade emocionalmente instável, assim como as do predador e do narcisista. Ela não podia fazer nada sem a permissão dele; ele tinha o direito de fazer o que bem entendia; ele revidava nela a seu bel-prazer, inabalado pela própria crueldade; e a controlava e questionava sobre as pessoas com quem conversava. Era tão grave que Susan precisava conversar com familiares e amigos no trabalho para que ele não soubesse.

Infelizmente, ninguém a havia avisado de que estava casada com um homem dotado desses traços de personalidade perigosa. Até onde sei, ela recebeu pouca ou nenhuma orientação sobre personalidades perigosas e sobre o que se pode esperar delas. Ainda assim, de alguma forma, Susan percebeu que estava lidando com uma personalidade perigosa, pois começou a escrever a respeito disso em seu diário, pressentindo que sua vida estava em perigo.

O paradeiro de Susan Powell permanece desconhecido. O mais provável é que ela tenha sido assassinada por seu marido. Susan teve um pressentimento do perigo que seu marido representava com base no comportamento dele; só não teve confirmação confiável e um guia atestado para dizer-lhe: "Corra, fuja, busque ajuda, *agora*". Mas você tem.

QUANDO PERSONALIDADES PERIGOSAS JUNTAM FORÇAS

Você já se perguntou por que presos, quando libertos, são proibidos de se associarem com outros criminosos condenados? É porque a experiência nos ensinou que, quando personalidades perigosas se associam com outras personalidades perigosas, o risco para a sociedade (e para eles próprios) aumenta. Aqui estão alguns exemplos históricos do que ocorre quando personalidades perigosas viram camaradas:

- Frank e Jessie James eram conhecidos ladrões de trens e bancos nos anos 1860, que se tornaram notórios ao matarem e assassinarem em profusão.

- Assim como os irmãos James, Robert LeRoy Parker (Butch Cassidy) e Harry Alonzo Longabaugh (Sundance Kid), com a gangue Wild Bunch, foram ladrões de trens e assassinos do final do século XIX e início do XX.

- Bonnie Parker e Clyde Barrow (Bonnie e Clyde) foram ladrões de banco e assassinos — e nem chegam perto de serem tão fofos como são retratados no cinema.

- Charles Manson e sua coleção de bajuladores chamada de "família" furtaram, roubaram e mataram sem hesitação nem remorso.

- Angelo Buono Jr. e Kenneth Bianchi (os Estranguladores de Hillside) foram dois primos que estupraram, torturaram e mataram mulheres e meninas, variando em idades dos 12 aos 28, no final dos anos 1970 na Califórnia.

- Charles Ng e Leonard Lake em Wilseyville, na Califórnia, assassinaram de forma sádica algo entre 11 e 25 vítimas, incluindo dois bebês, nos anos 1980. Alguns desses eventos foram gravados em vídeo na câmara de tortura construída por eles.

- Henry Lee Lucas e Ottis Toole mataram juntos talvez mais de cem indivíduos nos Estados Unidos no começo dos anos 1980 e ao longo de um período de sete anos. Foi Toole que admitiu ter matado, em 1981, Adam Walsh, de 6 anos de idade, com um facão. O pai de Adam, John Walsh, tornou-se o apresentador do famoso programa de televisão voltado à resolução de crimes chamado *America's Most Wanted* [Os Mais Procurados dos Estados Unidos], e o caso de Adam Walsh aumentou a conscientização sobre os riscos representados por personalidades perigosas e estimulou a aprovação nos Estados Unidos da Lei de Proteção e Segurança Infantil Adam Walsh, de 2006, que levou à criação do Registro Nacional de Agressores Sexuais, entre outros avanços, no intuito de proteger crianças de personalidades predatórias.

- Eric Harris e Dylan Klebold mataram doze estudantes e um professor, e machucaram outras 23 pessoas antes de cometerem suicídio na Escola de Ensino Médio Columbine.

- John Muhammad e Lee Boyd Malvo atiraram de forma aleatória e mataram treze pessoas em áreas de Washington, Virginia e Maryland em 2002, usando um fuzil de precisão enquanto se escondiam no porta-malas do carro.

E esses são só alguns. Já é bem ruim quando essas personalidades agem sozinhas, mas, quando colaboram, nos colocam em perigo de verdade, pois tendem a se alimentar e nutrir uma à outra para causarem ainda mais estrago. No caso de Muhammad e Malvo, eles catalisaram um ao outro em um frenesi de matança de três semanas que aterrorizou uma das capitais mais protegidas do mundo: Washington, DC. E, por um tempo, pareceram imbatíveis.

JUNTANDO TUDO

Espero que este capítulo tenha ajudado você a entender como usar as listas de verificação de forma combinada para avaliar pessoas cujo comportamento lhe cause estranheza ou esteja causando sofrimento a você ou outros — esteja você ouvindo falar disso no noticiário ou vivenciando isso na própria vida.

Em suma: quando alguém tem características de mais de uma personalidade perigosa, essas características combinadas potencializam uma à outra, tornando essa pessoa muito mais complexa, muito mais instável e potencialmente mais perigosa. Quanto maior a pontuação desses indivíduos nas Listas de Verificação, maior sua complexidade, instabilidade e periculosidade. Mesmo se a pessoa pontuar pouco no quadro geral, ainda assim estamos falando de alguém que vai provocar, irritar, frustrar, assustar ou, de alguma forma, exaurir você — resumindo: uma pessoa perigosa que você vai querer evitar se você valoriza a própria saúde psicológica, mental, emocional, física ou financeira.

Embora as listas não façam previsões precisas sobre o que alguém vai fazer, elas dão uma ideia da trajetória do comportamento da pessoa. Não há como prever o comportamento de ninguém — somos todos complexos demais para isso. Mas lembre-se: o melhor profeta do comportamento futuro é o comportamento passado. E, como personalidades perigosas têm caráter e personalidade falhos, o provável é que não façam nenhum movimento para melhorar. Então, a trajetória do comportamento delas provavelmente permanecerá a mesma ou vai piorar, dependendo das circunstâncias.

Se as listas não estiverem à mão e você precisar avaliar alguém com rapidez, faça as cinco perguntas a seguir:

① Eles me afetam emocionalmente de forma negativa?

② Eles fazem coisas ilegais, irregulares, antiéticas ou que desafiam as normas sociais?

③ Eles exploram ou manipulam outros?

④ Eles fazem coisas perigosas?

⑤ Eles fazem coisas de forma impulsiva, com pouco controle ou não resistem à tentação do prazer imediato?

Quanto mais respostas positivas tiver, maior a probabilidade de estar lidando com alguém que combina traços de mais de um tipo de personalidade perigosa. As Listas de Verificação ajudarão você a definir de forma mais específica o tipo de pessoa com a qual está lidando e qual a posição desse indivíduo no espectro em nível de severidade.

Outra dica: recorra às seções "Palavras Que Descrevem..." nos Capítulos 1 a 4 e circule as palavras que você sentir que são combinações adequadas a essa personalidade. Essas palavras por si só ajudaram muitas pessoas a validar o que estavam vivenciando como sendo similar ao que outras vítimas já haviam vivenciado.

Em seu trabalho marcante, *O Arquipélago Gulag*, Alexandr I. Soljenítsyn, que trouxe ao conhecimento os abusos pavorosos do império soviético e de seus líderes, nos alertou que pode chegar um ponto no qual um ser humano cruza aquela linha tênue em direção ao que ele chamou de "perverso", do qual, às vezes, não há retorno. Houve uma época em que Ted Bundy não estava interessado em assassinar estudantes universitárias, mas, em algum momento, ele cruzou essa linha e nunca mais voltou. Muitos podem se perguntar como ou por que isso ocorreu. É uma curiosidade válida; mas eu e você vivemos no presente, e a única coisa que importa é como essa pessoa está agindo agora, e se ela é ou não uma ameaça a você e seus entes queridos. É só isso que me importa, e esse é meu propósito ao escrever este livro.

6
VOCÊ NÃO É
O PROBLEMA

CAPÍTULO 6

AUTODEFESA CONTRA PERSONALIDADES PERIGOSAS

VOCÊ PROVAVELMENTE CONHECE A HISTÓRIA sobre como cozinhar um sapo. Se o colocar na água fervente, ele vai pular fora. Mas, se o colocar em água morna e for aos poucos aumentando a temperatura, o sapo não vai nem perceber que está lentamente cozinhando até a morte.

No FBI, quando entrevistamos pessoas que haviam sido vitimizadas por uma personalidade perigosa, escutei versões deste refrão diversas vezes: "Quando finalmente me dei conta do que estava acontecendo, já era tarde demais".

Nossa capacidade de adaptação é um mecanismo de sobrevivência poderoso. Mas, com personalidades perigosas, podemos cozinhar até a morte antes de nos darmos conta de que estamos em água quente.

Felizmente, somos muito mais espertos do que sapos. Podemos aprender a ficar alerta àqueles que podem nos machucar e a tomar medidas para nos precaver. Ainda assim, devo ser honesto, até eu frequentar a Academia de Polícia de Utah e a Academia do FBI, eu não sabia como criminosos se comportavam de verdade. A televisão havia me dado algum conhecimento, mas, sem dúvida, não examinava todas as quatro personalidades perigosas exploradas nestes capítulos e como se comportavam.

Escrevi este livro para compartilhar o que aprendi pela experiência ao longo de décadas de treinamento, estudo e conversas com vítimas. Quis compartilhar isso porque sei que você não vai ter o treinamento que eu tive, nem vai ter um policial ou um profissional da saúde mental a seu lado toda hora para ajudar. Nenhum de nós tem.

Existem milhares de centrais de atendimento telefônico sobre suicídio ao redor dos Estados Unidos e existem diversos centros para pessoas que sofreram violência doméstica. Mas não existe um centro para o qual você possa telefonar quando tiver suspeitas acerca de uma personalidade perigosa. Assim como é tarefa de cada um "olhar para os dois lados da rua antes de atravessar", também é tarefa nossa, de forma individual e na função de pais e administradores, estarmos vigilantes, termos conscientização situacional, avaliarmos ameaças e perigos, tomarmos medidas adequadas para impedir personalidades perigosas de entrarem em nossa vida e lidarmos com elas caso o façam. Não quero que você seja o sapo que pensa que está tudo bem, sem se dar conta de que a temperatura está aumentando um grau a cada hora.

Este livro é só uma parte da equação. Existem outros ótimos livros por aí, incluindo o *Violence Risk and Threat Assessment* [Avaliação de Ameaça e Risco de Violência], clássico de J. Reid Meloy; *Fatal Flaws* [Falhas Fatais], do dr. Stuart Yudofsky; *The Criminal Personality* [A Personalidade Criminosa], de Samuel Yochelson e Stanton E. Samenow; *Sem Consciência: O Mundo Perturbador dos Psicopatas Que Vivem Entre Nós*, de Robert Hare; e *Virtudes do Medo*, de Gavin de Becker; assim como outros listados na Bibliografia. Muitas pessoas podem ajudar, e espero que você confira a seção de Recursos Selecionados a seguir para ver algumas das várias organizações preparadas e dispostas a auxiliar você. Quanto mais você aprender e quanto mais buscar apoio, mais preparado estará.

O que vem a seguir são observações pessoais baseadas em décadas de experiência com policiamento e perfil criminal. Por favor, considere essas ideias, tendo em mente que minha perspectiva é a de um ex-policial e de um criminólogo — não é a mesma perspectiva de um profissional da saúde mental. Será sábio de sua parte também conferir o que eles têm a dizer. Esta é a minha contribuição para a literatura e são minhas opiniões; não são, nem têm como ser, a última palavra sobre esse assunto.

COMEÇANDO PELO COMEÇO: REALIDADE

Ao lidar com uma personalidade perigosa, o conselho habitual e bem-intencionado que todo mundo ouve costuma ser alguma versão de "tente conversar com ele"; "tente conseguir alguma ajuda para ela"; "tente consertar as coisas junto a ele"; "dê a ela outra chance". Nicole Brown Simpson, primeira esposa de O. J. Simpson, fez tudo isso. Ela morreu. Acho que são bons conselhos quando você está lidando com problemas interpessoais rotineiros. Mas, quando estamos lidando com as quatro personalidades perigosas deste livro, as coisas são um pouco diferentes.

Primeiro de tudo, como mencionei em capítulos anteriores, essas personalidades não pensam que há algo de errado com elas. Então, esforços de apresentá-las a essa realidade costumam produzir este tipo de reação: "Eu não tenho um problema; você é o problema" ou "Você não sabe do que está falando" ou "Quem lhe disse que eu tenho um problema? Estou bem" ou "Com quem você anda conversando? O que você disse a eles?". Existem outras reações; essas são apenas algumas das mais agradáveis.

Não estou dizendo que você não deveria tentar conversar. Talvez eles estejam na parte mais branda do espectro comportamental e estejam dispostos a procurar ajuda sem revidar em você. Mas não se surpreenda se disserem que vão procurar ajuda e não procurarem, ou se forem uma vez e nunca mais retornarem. Digo isso porque já conversei com dezenas de pessoas que me disseram que foi isso que ocorreu.

Lembre-se: esses indivíduos têm o caráter e a personalidade falhos, então narcisistas podem explodir de raiva contra você, pois se veem como perfeitos e você está sugerindo o contrário. O emocionalmente instável vai revidar porque essa é a natureza dele. O predador definitivamente não vê nada de errado consigo e pode se tornar violento de súbito diante da mera sugestão de que precise de ajuda, enquanto o paranoide pode passar a ver você como um "inimigo" confirmado e confiar ainda menos. É por isso que eu digo que oferecer a sugestão de procurar ajuda de profissionais da saúde mental ou de um psicólogo é uma boa abordagem para a maioria das pessoas com problemas, mas, em se tratando de personalidades perigosas, você tem mesmo de ser cuidadoso, porque fazer isso pode ser muito arriscado.

Por exemplo, se você escolher confrontá-los e sugerir que procurem um profissional, saiba que isso terá de ser feito com delicadeza, minimizando qualquer agressão, e esteja ciente de que pode haver sérias repercussões. Penso que só vale a pena tentar se você acreditar que pode fazer isso com segurança. Só você conhece a própria situação. Não deixe ninguém de fala macia convencer você — para depois ser você quem recebe um soco na cara, ou você quem tem de viver no inferno pelas semanas seguintes.

Existem profissionais especializados em lidar com transtornos de personalidade e comportamento criminoso. Alguns estão listados no capítulo "Recursos". Lembre-se sempre que curar pessoas é tanto uma arte como uma ciência e deve ser deixado a cargo dos profissionais, e mesmo eles não conseguem curar certas pessoas. Personalidades perigosas, como já descrevi, não são introspectivas nem se dedicam a melhorar o próprio comportamento, então será uma batalha árdua que deveria ser deixada para profissionais — os da saúde mental, não você ou eu — e, mesmo assim, não há garantias de sucesso, pois essas personalidades perigosas são praticamente imunes ou resistentes à mudança.

Tenha cuidado especial com personalidades que tenham cruzado a linha do irritante e nocivo em direção ao lado mais virulento, instável e criminoso do espectro. Pessoas como Ted Bundy, Henry Lee Lucas, John Wayne Gacy ou Jerry Sandusky não fazem fila na clínica de saúde mental mais próxima buscando confrontar os próprios demônios. Não fazem isso porque não acham que têm algum demônio, mesmo ao matarem ou estuprarem. É um cenário totalmente distinto conseguir alguma ajuda para eles. Uma vez que tenham entrado na arena criminal ou estejam irracionais ou instáveis, é hora de se distanciar, sair e fugir. Parece cruel, mas é o melhor conselho que posso lhe dar com base em uma vida inteira de experiência.

COISAS QUE PODEMOS FAZER TODOS OS DIAS

Ao longo dos anos, conversei com especialistas sobre o que podemos fazer todos os dias para nos proteger. A lista abaixo não é taxativa e existem muitos livros por aí que entram em maiores detalhes sobre como lidar com personalidades tóxicas ou perigosas. Todavia, espero que encontre alguma orientação aqui e que essas táticas possam ajudar você a permanecer seguro, como já ajudaram outras pessoas em situações similares.

Obtenha conhecimento

Louis Pasteur, o químico e microbiologista francês que, entre outras coisas, nos deu a pasteurização, disse com alguma autoridade: "O acaso favorece a mente preparada". Ele estava certo. A essa altura, você já leu este livro e está familiarizado com as quatro personalidades perigosas e as respectivas listas de verificação. Agora que está sensibilizado aos traços de personalidade dessas pessoas perigosas, você está mais preparado para lidar com tais indivíduos e otimizar suas chances de permanecer a salvo.

Essas listas foram criadas não só para ajudar a avaliar indivíduos em sua vida que possam causar preocupação; elas também estão aqui para educar. Podem servir como lembretes de como esses indivíduos manipulam; exercem controles emocionais; insinuam-se e entram na vida das pessoas contra a vontade delas; abusam dos outros física ou mentalmente; mentem, trapaceiam, roubam ou adotam comportamentos arriscados que levam ao caos; colocam os outros em perigo; ou, de fato, os vitimizam. Ainda que você nunca releia este livro na íntegra, ao menos periodicamente reveja as quatro Listas de Verificação de Personalidades Perigosas para se recordar: essas são as pessoas a evitar e por essas razões.

Não apenas veja: observe

Quando eu era jovem, ia para a praia todos os fins de semana em Miami. Havia muitos turistas europeus lá, e suas crianças muitas vezes se banhavam nuas no mar, pois era o costume deles. Não raro eu via um homem por perto, vestido em traje cotidiano, tirando fotos. Achava que era fotógrafo profissional, com sua grande mochila e filme de 35 mm. Ele tinha um interesse aguçado em fotografar os turistas, mas, muitas vezes, se aproximava para fotografar as crianças enquanto elas brincavam nas ondas da beirada ou construíam castelos na areia. Não pensei nada a respeito à época; estava mais interessado em suas câmeras, pois sabia que eram do tipo que meus pais não teriam como comprar.

O que eu estava vendo, aos onze anos de idade, era um fotógrafo. O que eu não estava observando era um pedófilo em ação. Eu estava cego para o que estava acontecendo, pois ninguém havia me ensinado que características observar; ninguém havia apontado que é assim que um predador sexual ou molestador de crianças se comporta. Foi só muitos anos mais tarde, estudando crimes sexuais, que percebi o que eu havia visto, e não observado, pois minha mente estava despreparada.

Após a ocorrência de um crime terrível, quantas vezes já vimos um repórter perguntar a um vizinho a respeito do acusado "que tipo de pessoa" esse indivíduo era, apenas para ouvir alguma variação de "ele era um cara legal"? Há quase quarenta anos, quando investigadores estavam escavando o 26º cadáver sob a casa de John Wayne Gacy em Illinois, seu vizinho, como esperado, contou aos repórteres como "ele era um cara tão legal". Nada mudou. Pessoas veem, mas não observam. De fato, pode estar ficando pior. A próxima vez que você estiver em um espaço público, olhe ao redor: as pessoas hoje estão com a cara enfiada nas telas dos celulares, muitas vezes a ponto de trombar umas nas outras, e os ouvidos estão obstruídos com fones de ouvido internos ou externos. É difícil ver ou ouvir um perseguidor se você estiver caminhando até o carro com os olhos grudados numa tela, ou se estiver em uma chamada, ou se estiver com música ligada no máximo. Mas note quantas pessoas fazem exatamente isso. E os predadores mundo afora sabem disso.

Permita que este livro e as Listas de Verificação sirvam como um treinamento informal para preparar você para observar. Seus poderes de observação podem ser de grande valia para manter você e seus entes queridos a salvo. Como disse Alphonse Bertillon, renomado biometrista e criminólogo francês do século XIX: "Só é possível ver o que se observa, e só se observa as coisas que já estão em nossa mente".

Confie em seus sentimentos: que sensações essa pessoa provoca em você?

No Capítulo 4, escrevi sobre ouvir meu revólver sibilando enquanto meu corpo tremia ao reconhecer um predador social. Nós temos um sistema de alerta interno que nos diz quando estamos em perigo, se estivermos dispostos a ouvi-lo. Esteja alerta a como os outros fazem você se sentir — esse é um critério essencial muitas vezes ignorado até mesmo por especialistas. Sintonize-se com suas reações físicas a pessoas e situações: embrulho no estômago, pelos eriçados, rubor na pele, náusea, ansiedade ou apenas uma vaga inquietação. Seja grato a essas sensações, pois são mensagens do cérebro para o corpo: "Tenha cuidado — essa pessoa pode ser uma personalidade perigosa". Agradeça por essas "virtudes do medo" a respeito das quais Gavin de Becker escreveu com muita eloquência no livro homônimo — um livro que todos nós deveríamos ler.

Saiba a diferença entre gentileza e bondade

O assassino em série Ted Bundy oferecia ajuda a jovens mulheres para carregar as compras delas. O predador sexual e assassino em série John Wayne Gacy literalmente se vestia de palhaço para as crianças da vizinhança. O pedófilo condenado Jerry Sandusky mantinha programas esportivos para jovens com problemas. Todos eles conseguiam agir com gentileza (esses indivíduos costumam saber fazer isso muito bem), mas entre quatro paredes não eram gentis nem bons; eram malignos.

Um problema com a sociedade é que tendemos a atribuir bondade a pessoas que não merecem. Como mencionei em capítulos anteriores, personalidades perigosas sabem ser gentis, mas não são boas.

Quando eu era bem jovem, minha mãe me ensinou uma versão em espanhol desta sabedoria: *"Ventajeros no son buenos"*, que significa: quem faz coisas gentis para obter vantagem ou benefícios (oportunistas) não são pessoas boas ou gentis de verdade. Anos mais tarde, gostei da variação de Gavin de Becker: "Gentileza não é bondade". Precisamos reconhecer a diferença e ensinar a nossas crianças essa valiosa lição.

Gentileza vai e vem, e pode ser adotada por razões egoístas. Bondade vem do coração e faz parte da natureza essencial de uma pessoa. É a habilidade de pensar e se preocupar de forma consistente com as necessidades dos outros, como bons pais fazem pelos filhos. Pessoas boas podem, às vezes, ter um dia ruim — mas, depois, retornam a seu ponto de partida de bondade em pensamento, palavras e ações. Gentileza está relacionada a ações que qualquer um pode desempenhar. Bondade está relacionada a caráter e intenções. Quando avaliamos bondade, estamos avaliando as intenções por trás do comportamento. Ensine a seus filhos a diferença.

Controle o espaço e a distância

Use a distância como uma barreira para manter você e os seus a salvo. Paredes, muros, portões, portas, janelas de carro, controle parental em um computador — tudo isso existe para ajudar você a permanecer seguro. Às vezes, nós mesmos temos de criar essa distância e essa barreira. Você não quer ninguém perto demais no caixa eletrônico ou seguindo você até o carro. Também não quer seu parceiro íntimo discutindo a sete centímetros de seu rosto. Espaço e distância, assim como barreiras, podem ajudar você a permanecer a salvo. Lembre-se: predadores tentam controlar seu espaço, seu corpo, sua mente, seu dinheiro ou suas emoções. Espaço e distância podem impedi-los de fazer isso.

Controle o tempo — reduza a velocidade

Personalidades perigosas usam o tempo para tirar vantagem. Elas criam urgência ou querem que você aja com rapidez para fisgar você — para se casar, dar um emprego, assinar o contrato, passar um cheque, deixar que entrem na casa ou para adotar suas crenças. Reduza a velocidade. Crie amortecedores de tempo para que você possa pensar e refletir sem pressão. Esta é uma pista: se o tempo estiver sendo usado para pressionar você, se sentir que estão apressando você, então algo está errado. Quando as pessoas se importam de verdade, não querem que você corra.

Personalidades perigosas podem também usar o tempo para cansar você, sendo persistentes, repetindo argumentos ou mesmo fazendo ameaças cada vez mais sérias. Se sentir que alguém está tentando vencer você pelo cansaço, distancie-se ou faça uma interrupção definitiva nessa interação. Esse é um momento em que aliados empáticos de confiança podem ser úteis de se ter por perto, caso necessário (consulte "Faça Alianças de Apoio", discutido mais adiante neste capítulo).

Corte as cordas emocionais

Se estiver perto de uma pessoa que age como se você fosse um fantoche (ou que tenta), algo está errado. Pessoas que se importam não fazem isso. Personalidades perigosas são como titereiros sociais: sabem o que dizer e fazer para mexer com suas emoções. Elas podem ameaçar deixar você ou ameaçar cometer suicídio, ou lhe dirão que ficarão devastadas se você não fizer isso ou aquilo. Ou podem se emburrar e chorar e se lamuriar, igual a crianças, tentando fazer você agir como querem. Apenas pare e lembre-se: quando suas emoções são manipuladas, isso significa que alguém está intencionalmente exercendo esse controle, puxando as cordas como um titereiro. Isso é manipulação. Você não quer passar a vida sendo manipulado por alguém. Assuma o controle de sua vida longe de personalidades perigosas. Reconheça o que estão fazendo, imponha limites e fuja de pessoas que não respeitam você e o tratam como um fantoche.

Avalie quanto/com qual frequência

Se tratando de personalidades perigosas, quais comportamentos nós observamos e como esses comportamentos são apresentados muitas vezes nos dão pistas sobre a posição das pessoas na escala ou espectro de sua personalidade perigosa individual, assim como nos permitem avaliar o grau de periculosidade delas, ou se são uma combinação de tipos de personalidades perigosas (consulte o Capítulo 5). Isso significa que todo mundo ganha uma colher de chá se tiver um ou dois comportamentos que sobressaem de forma espaçada e depois de um longo período. Afinal de contas, como já mencionei, qualquer um pode ter um dia ruim. Mas, se os comportamentos observados nas listas de verificação ocorrem repetidas vezes, se tais comportamentos se tornam mais frequentes com o tempo ou se afetam você emocional ou fisicamente, fique atento. Lembre-se: em se tratando de personalidades perigosas, permissividade de sua parte é vista como fraqueza ou como sinal verde para continuarem fazendo mais do mesmo.

Saiba que hora e local importam

Uma vez trabalhei num caso em Tampa no qual uma jovem mulher foi encontrada estuprada e estrangulada no mato a apenas quatro metros de uma rodovia principal. A análise de seu *modus vivendi* (como ela vivia) revelou o seguinte: em algum momento durante a noite na qual desapareceu, ela ficou sem cigarros (encontramos diversas caixas de cigarro vazias em seu apartamento). Ela caminhou até uma loja de conveniência 24h a duas quadras de distância, na qual comprou cigarros e saiu em torno das 23h10 — a câmera de vigilância da loja a capturou fazendo a compra e saindo sozinha. Algum tempo depois disso, enquanto caminhava para casa, ela foi atacada (ferimentos de defesa nos braços), estuprada (sêmen dentro e fora dela) e assassinada (sulcos ao redor do pescoço). De acordo com o funcionário da loja de conveniência que a havia atendido, ela fora até a loja comprar cigarros ou outros itens muitas vezes no passado. O que foi diferente desta vez foi a hora do dia: ela costumava ir à loja em torno das 17h30, após o trabalho, quando ainda não tinha anoitecido e havia muitas pessoas e carros passando. Essa simples mudança alterou a situação dela de jovem mulher trabalhadora fazendo compras após o trabalho para vítima de assassinato.

Seu risco de se tornar uma vítima pode aumentar drasticamente apenas mudando a hora do dia e sua localização. Violência interpessoal aumenta no período entre 16h e 2h. Quando álcool e drogas estão envolvidos, a violência se intensifica. Sabemos desses fatos desde os anos 1960 e, ainda assim, as pessoas parecem alheias a essa realidade.

Isso não significa que você não deve sair após as 16h, mas significa que deve ser ainda mais cuidadoso. Um simples ato às onze da manhã pode se tornar letal às onze da noite.

Torne-se pouco convidativo às personalidades perigosas

Predadores costumam escolher os alvos pelo modo como caminham. Quando estiver na rua, olhe ao redor; preste atenção; encare as pessoas diretamente; deixe-as saber que você as está vendo — ou mesmo que desconfia delas. Caminhe com propósito e de forma decidida (bom balançar de braços), não passivamente — predadores amam caminhantes passivos e desatentos. Encare o tráfego; não deixe o tráfego vir por trás de você. Quando caminhar até o carro, evite estar ao telefone e tente manter uma das mãos livre. Você deve evitar becos ou estar perto demais da rua caso esteja caminhando sozinho. Em áreas rurais ou onde houver muita vegetação, procure lugares nos quais alguém possa estar escondido.

Verifique

Diligência prévia é um termo usado nos negócios e envolve verificar se as pessoas são quem elas dizem ser, se são confiáveis ou se há quaisquer problemas. Seja lá como vamos chamar isso — "verificação", "checagem de confiabilidade" ou ver se são "honestos de verdade" —, precisamos fazer isso com as pessoas que entram em nossa vida. É impressionante a quantidade de pessoas que levam alguém para casa, deixam um estranho cuidando do próprio filho ou permitem que alguém tome conta de suas finanças sem checar referências. Pessoas se casam e só descobrem depois que o cônjuge ainda está casado com outra pessoa, ou é um criminoso procurado, ou (como vimos na história "Clark Rockefeller" no Capítulo 1) é um completo impostor.

As pessoas deveriam gastar mais tempo conhecendo aqueles que estão namorando ou casando, do que gastam pesquisando seu próximo utensílio de cozinha. A informação pessoal desse indivíduo (nome, onde cresceu, que escola frequentou) confere? Você já conheceu sua família? Ela realmente trabalha onde diz que trabalha? Ela já foi casada antes? Parece muita coisa, mas até aqui você já escutou muitas histórias sobre como confiar nos outros levou pessoas a serem abusadas ou violadas. Se você não fizer a diligência prévia e, de fato, conhecer os outros, então saiba que estará se colocando em risco.

Não espere tempo demais

Não espere tempo demais para agir. Se tiver a sensação de alguma coisa negativa, ainda que muito no início, aja. Talvez Natalee Holloway tenha sentido que algo estava errado perto do fim da noite em Aruba mas, se sentiu, foi tarde demais — nessa hora seus amigos haviam ido embora, e ela estava em um país estrangeiro cercada por homens que ela havia acabado de conhecer. Como você deve se recordar, ela nunca foi encontrada. Talvez Travis Alexander tenha sentido que algo estava errado no início do relacionamento com Jodi Arias, mas ele também demorou tempo demais para tomar uma atitude.

Em se tratando de personalidades perigosas, você pode não ter muito tempo para agir. Se não souber o que fazer, distanciar-se é provavelmente a melhor saída.

LIDANDO COM PERSONALIDADES PERIGOSAS

É óbvio que a melhor coisa que podemos fazer é evitá-las, mas, às vezes, não conseguimos. Talvez nos achem, ou nós nos achemos em situações com elas por uma série de razões, incluindo viagens, casamento e trabalho, ou talvez seja um parente. Seja lá qual for a razão, se você achar que está na presença de uma personalidade perigosa, tome conta de si mesmo antes de tudo. Espero que estas estratégias possam ajudar.

Quem é esse?

Use as Listas de Verificação de Personalidades Perigosas para ter um parâmetro melhor sobre a pessoa com quem estiver lidando. Se não puder fazer isso, então ao menos acesse sua memória das listas e tente identificar onde esse indivíduo se encaixa. Fazer isso lhe dará parâmetros sobre o quão ruim é sua situação e quais medidas protetivas você deveria tomar. Dito isso, contudo, nunca adie caso sinta que está em perigo. Se você vir um homem com um revólver no corredor, não precisa de lista nenhuma — apenas corra. Mas, às vezes, como já destaquei em capítulos anteriores, não é tão evidente — por exemplo, quando vigaristas de fala mansa conseguem os dados bancários de sua avó.

Situações complexas

Você pode saber que seu marido é um mentiroso e um traidor e que ele é abusivo, mas questões tais como família e finanças podem complicar de verdade as coisas. Sim, ele é uma personalidade perigosa e pontua alto em duas das Listas de Verificação de Personalidades Perigosas, mas talvez você ache difícil deixá-lo por razões legítimas. Se for uma situação de trabalho, talvez você precise do dinheiro, talvez o chefe desagradável seja um parente ou talvez você não possa ir embora até que consiga guardar um pouco mais de grana. Já escutei tudo isso diversas vezes e entendo. Seja realista a respeito de sua situação para que possa lidar com ela.

Francamente, quanto mais complexa a situação for, de mais ajuda você precisará. Pode também levar mais tempo para se desenredar, mas, se as coisas se intensificarem, em especial o nível de ameaça e violência, você talvez não tenha escolha. Todos os pilotos militares que conheço querem salvar sua aeronave, mas, em algum ponto, não há mais nada que possa ser feito, e eles têm de se ejetar para se salvarem. O mesmo pode ocorrer conosco na vida.

Se for uma questão de emprego, veja se consegue uma transferência ou trabalhar em outro turno. Converse com o RH ou com a gerência e construa alianças de apoio; porém, no fim, é possível que precise pedir demissão. Aliás, todas essas são coisas que algumas pessoas que trabalharam para Steve Jobs, cofundador da Apple, por fim, foram forçadas a fazer. Leia a biografia *Steve Jobs* escrita por Walter Isaacson e você descobrirá que, embora Jobs tenha sido um visionário, ele também era temperamental e patologicamente grosseiro com a própria equipe — por décadas. Ele causou a muitos de seus funcionários desconforto emocional e deixou outros doentes fisicamente. Até mesmo seu parceiro de longa data, Steven Wozniak, acabou tendo de se demitir; não conseguia mais tolerar a maldade de Jobs. Isso pode ser algo que você também terá de fazer, pois, assim como esses funcionários da Apple descobriram, ganhar milhões não fazia valer a pena perder a saúde mental e física — nada vale.

Largar um emprego é obviamente mais fácil do que encerrar um casamento no qual haja crianças e finanças envolvidas. E se você for um adolescente e quiser se emancipar de seus pais, pois eles são tóxicos, estão envolvidos com drogas ou, sem dúvida, se encaixam na descrição de personalidades perigosas discutidas aqui? Escapar pode se tornar realmente complicado — mas há caminhos.

Se a situação for complexa, você vai precisar mesmo de ajuda, mais do que qualquer livro é capaz de lhe dar. Precisará que profissionais interfiram e orientem, auxiliem e lhe estendam a mão. Ou talvez as coisas estejam tão ruins que o serviço social ou a polícia precisará intervir.

Vá em frente, use as Listas de Verificação para confirmar e validar o que você está vivenciando. Depois, será hora de conversar com um profissional e envolvê-lo no processo. Jamais hesite em consultar um profissional de saúde mental ou mesmo a polícia com este livro na mão e dizer "por favor, confira esta lista, pois meu parceiro íntimo/meu marido/minha esposa/meus pais/meu amigo/meu filho faz todas essas coisas". É muito mais difícil ignorar alguém que chega preparado com registros.

E já que estamos falando sobre registros...

Catalogue os comportamentos

Enquanto estive lotado em Porto Rico, tive um chefe que era verbalmente abusivo com todo mundo abaixo dele. Ele gritava e berrava comigo e com todos os outros. Depois de explodir comigo umas duas vezes, aprendi minha lição. A partir dali, cada vez que ele vinha até meu escritório ou me chamava até o dele, eu me assegurava de estar com meu diário pessoal. Assim que ele começava a gritar, eu começava a anotar. Logo parou, pois sabia que eu estava registrando o que ele dizia e como dizia. Aprendi que, para algumas pessoas, registrar suas palavras e ações, muitas vezes, pode alterar seu comportamento ou impedir assédio futuro.

Mas algumas pessoas não são só gritonas — algumas são mais voláteis ou violentas. Para esses casos, tenho a mesma recomendação. Registre tudo o que fazem, com dia e hora, em especial se forem eventos recorrentes. Estará fazendo a si mesmo um favor, e isso pode salvar você mais adiante — esteja a situação ocorrendo em casa ou no trabalho. Algo tão simples como enviar a si mesmo por e-mail os detalhes do que aconteceu garante um registro que pode auxiliar no futuro.

Se alguém explode com você, bate uma porta na sua cara, estapeia você, lhe dá socos, esvazia seu pneu, persegue você ou começa a assediar pelo telefone, tome nota em algum lugar (dia, hora, o que ocorreu). Sempre retorno ao exemplo de Nicole Brown Simpson. Se ao menos ela tivesse mantido um diário pessoal de quantas vezes O. J. Simpson a assediou, telefonou, invadiu sua casa, a estapeou, a atirou no chão, a espancou e assim por diante. E se Nicole tivesse ido até a polícia ou ao ministério público com um diário lotado de anotações e dissesse "Por favor, façam algo a respeito disto"? Quero acreditar que o resultado teria sido diferente para ela. Jamais pressuponha que boletins de ocorrência serão suficientes — não serão; nós temos a responsabilidade de também juntar provas para o caso.

Conversei com muitas mulheres que foram salvas em seus processos judiciais de divórcio porque chegaram com um diário cheio de anotações narrando como os maridos as furtaram ou lhes abusaram. Lembre-se: um diário escrito sempre supera a memória de alguém em qualquer tribunal ou procedimento formal. A última coisa que um advogado do lado oposto quer é ver um cônjuge, funcionário ou negociante que registrou por escrito de forma diligente todos os detalhes — fim de caso.

Faça alianças de apoio

Quanto mais características você vir nas Listas de Verificação, mais será necessário se comunicar com os outros para construir ou aprofundar alianças de apoio. Assegure-se de que todo mundo em sua família sabe como você é maltratado ou com que tipo de pessoa você está lidando. Conte a seus vizinhos, diga a seu barman, converse com seu treinador ou professor de ginástica, assegure-se de que seus amigos sabem como é estar sendo atormentado ou maltratado por esse indivíduo. Você precisa de pessoas de seu lado telefonando, conferindo, visitando, sendo vigilantes e validando sua experiência. Pode surgir um momento no qual eles, de fato, tenham de se intrometer para ajudar.

Lembra a história que eu contei no Capítulo 3 sobre a mulher que foi obrigada a sentar no chão com os filhos? Por incrível que pareça, só foi validada quando uma amiga que tinha sido avisada visitou e testemunhou por si própria.

Evite o isolamento

Qualquer pessoa que procura isolar você fisicamente é um perigo em potencial. Se você entra em um relacionamento, um grupo, uma organização ou uma seita e sente que essa pessoa está tentando isolar você de sua família, amigos, colegas de trabalho ou pessoas com as quais se sente confortável, você está lidando com uma personalidade perigosa. Quando as pessoas se importam com você, elas querem ver seu florescimento e felicidade, e na presença de amigos. Se querem manter você longe dos outros (e elas têm diversos caminhos para conseguir isso, incluindo recorrer à culpa ou envergonhando seus amigos e sua família), apenas esteja ciente de que personalidades perigosas usam o isolamento para controlar. Todo mundo, desde Jim Jones a Ted Bundy, usou isolamento para controlar suas vítimas. Evite isso se possível.

Isso também inclui evitar entrar em veículos com desconhecidos ou com pessoas cujas intenções são nebulosas. Uma vez no carro, o potencial para o perigo aumenta de forma dramática, ao passo que suas chances de escapar se reduzem significativamente. Qualquer tentativa de forçar você a entrar num veículo deve ser resistida com gritos, berros, chutes, mordidas, arranhões de todo tipo, até mesmo se a pessoa tiver um revólver ou uma faca. O perigo maior estará dentro do veículo, não do lado de fora e, repito, mesmo que a pessoa tenha um revólver, você deve evitar entrar no carro. Como um ex-policial e Agente Especial do FBI, não posso deixar de enfatizar muito isso.

Estabeleça limites

Meu pai trabalhou por anos numa loja de ferragens cujo dono era um bully (narcisista e emocionalmente instável). Ele gritava com os funcionários, os repreendia, atirava coisas contra a parede e gritava até mesmo com os clientes. Mas nunca tratou meu pai assim. Quando lhe perguntei por quê, meu pai respondeu: "Porque eu disse pra ele no primeiro dia: 'Jamais fale comigo desse jeito'".

As pessoas, no geral, vão fazer o que você permitir que elas façam. Estabeleça limites rígidos e sem negociação. O "não" precisa ser absoluto contra esses indivíduos. Se você der um dedo, vão querer a mão inteira. É preciso estabelecer limites sobre o que é e não é permitido e defendê-los com persistência. O curioso é que a personalidade emocionalmente instável, na verdade, funciona bem com estruturas, regras e rotinas, então limites podem ser, de fato, úteis.

Uma vez que você tiver estabelecido esses limites, mantenha sua palavra. Isso é sua linha vermelha que jamais deve ser cruzada. Se a pessoa cruzar esses limites repetidas vezes, você deve tomar uma atitude em algum momento; do contrário, ele ou ela vai continuar como antes, sendo abusivo, drenando sua energia, testando sua paciência, deixando você emocional ou fisicamente doente, ou colocando você em perigo.

Evite manipulação

É comum as pessoas focarem em estabelecer limites contra a vitimização, mas falham em defini-los contra a manipulação. Só que, com frequência a manipulação é o prelúdio da vitimização, pois essas personalidades vão aumentar as exigências repetidas vezes, desgastando você, pedindo tratamento especial ou favores. Eles vão chegar atrasados; vão fazer você esperar; vão pedir que você altere sua agenda; vão querer que você os acomode de novo e de novo. Não recompense mau comportamento. Quando o narcisista descobrir que a reunião começou sem ele e for ignorado ao entrar enfim na sala, ele vai chegar mais cedo da próxima vez. Porém, se todo mundo o aguardar, bajulando-o ao chegar, ele repetirá o comportamento.

Alguns vão dizer: "Isso não é uma prática do amor exigente?". Não, não mesmo. O amor verdadeiro, o amor altruísta tem limites saudáveis impregnados de respeito. Não tem nada de exigente nele. Só é "exigente" para a personalidade perigosa que não gosta de limites, não tem empatia e não respeita os outros. Só é "exigente" porque, para o narcisista egoísta, para o emocionalmente instável ou para o predador, tudo o que diz respeito a limites e dignidade exige muito.

Dê às crianças descanso e escapes positivos

Essas almas inocentes devem ser protegidas de personalidades perigosas o quanto for possível, e isso inclui pais ou parceiros. Se as crianças não podem ser tiradas da situação, a melhor saída é lhes dar oportunidades de estarem fora de casa e em lugares dos quais possam escapar, sobressair e se sentir seguras e felizes.

Elas precisam de oportunidades para passar tempo com um parente ou cuidador amoroso no qual confiem; fazer terapia se possível; se envolver em atividades na escola; praticar esportes; trabalhar com animais; ou imergir nos mundos criativos da arte, leitura ou música. Deixe-as ver o que é uma vida normal: uma vida sem constantes brigas, discussões ou ameaças.

Lidei com uma família na qual as crianças estavam em ensino domiciliar e o pai tinha características do predador e do narcisista. Foi só quando essas crianças chegaram aos quinze anos mais ou menos que descobriram como era uma vida "normal". Isso não é justo com elas. É nosso dever ajudar crianças a compreenderem que o abuso, em todas as suas formas (física ou psicológica), não é normal nem aceitável.

QUANDO ESTIVER EM PERIGO, AJA

Às vezes, uma personalidade perigosa exibe um nível tão alto de comportamento tóxico, instável, arriscado ou criminoso que todo mundo que estiver perto ou envolvido com eles estará em grave perigo. Seja perigo financeiro, emocional, psicológico ou físico, uma vez que esses indivíduos tenham entrado nesse estado (o lado perigoso da escala ou espectro), ação imediata é necessária. A essa altura, não importa mais como você foi parar nessa situação. É preciso se distanciar de imediato ou se desenredar de alguma forma dessa relação.

Aqui estão algumas estratégias para lidar com essa ameaça imediata de uma personalidade perigosa:

AJA. Se seu corpo, sua intuição ou sua mente estiver lhe dizendo para fugir, então fuja. Se precisar pedir desculpas depois, é só pedir — mas, caso se sinta ameaçado no momento, tente fugir. Não espere. Quaisquer ameaças de dano físico ou qualquer tentativa por parte da personalidade perigosa de controlar seu corpo, mente, espaço, dinheiro ou seus entes queridos deveria ser um aviso para agir de imediato. Tenha cautela, não atraia a atenção desse indivíduo se possível, mas fuja.

PENSE. Se for uma personalidade altamente perigosa, você pode estar mais seguro não falando com essa pessoa sobre o que está acontecendo e focando em se colocar em segurança em vez disso. Como já disse, essas personalidades podem atacar você. Se você sentir um alto nível de perigo, dizer que elas precisam de ajuda ou confrontá-las a ponto de o clima ficar pesado não é o melhor para você. Esses indivíduos podem ficar violentos, ir atrás de você, destruir propriedade, limpar sua conta bancária, sumir com seus filhos, aparecer armados em seu trabalho, fazer reféns, tentar suicídio ou qualquer outro tipo de ação violenta. Então, pense primeiro em como você pode ir embora, sair ou se retirar disso com segurança. Se tiver de falar com eles, faça com calma; tente falar perto de uma porta ou da saída.

ALERTE SUA REDE DE FAMILIARES E AMIGOS. Se as coisas se intensificarem, se você se sentir cada vez mais ameaçado, ou se sentir que a situação está deteriorando, ative sua rede de contatos. Peça que apareçam e visitem sem avisar com mais frequência. Combine com eles de telefonarem todos os dias e, caso você não atenda ao telefone, que apareçam em sua casa ou chamem a polícia — sim, a coisa, às vezes, fica feia a esse ponto.

BUSQUE AJUDA PROFISSIONAL. Se você não tiver entrado em contato com agências de apoio, organizações de ordem religiosa, sacerdotes, terapeutas, advogados, polícia, centros de crise, serviços sociais ou linhas telefônicas de apoio, faça-o agora. Agora! Você precisa de uma equipe de apoio e de uma rede de proteção. Por favor, não sinta vergonha e não espere. Os serviços de emergência (polícia, bombeiros, ambulância) foram criados precisamente porque todos nós, em algum momento, precisamos de ajuda imediata.

NÃO OS ENCARE SOZINHO. Se você tem de conversar com um abusador ou um criminoso, mas teme que a pessoa possa se voltar contra você, peça que um profissional de saúde mental, membro da família ou amigo esteja junto, com o celular na mão. Ou chame a polícia e diga a ela que quer que esteja por perto só por precaução. Os policiais irão — a maioria das delegacias de polícia já sabe que violência doméstica é um assunto grave que precisa ser enfrentado de imediato.

PLANEJE SUA ESTRATÉGIA DE FUGA. Garantir sua segurança é de suma importância. Conversei com pessoas que passaram meses planejando sua fuga de um relacionamento com uma personalidade altamente perigosa, escondendo isso por completo; por exemplo, arranjaram tudo como se fosse um jantar normal, disseram à pessoa que precisavam ir até a esquina comprar algo — e nunca mais voltaram (ou voltaram mais adiante com um amigo para buscar pertences). Em se tratando de sua segurança e a de seus filhos, faça o que tiver de fazer para fugir de uma personalidade perigosa de forma segura.

JUNTE DINHEIRO PARA A FUGA. Você precisará de recursos para se manter caso tenha de fugir quanto antes. Se sentir que a situação está feia e ficando pior, prepare-se financeiramente para escapar. Faça o que tiver de fazer, inclusive vender itens pessoais para obter dinheiro suficiente que tire você do perigo. Uma mulher que conheço na Colômbia fez isso pegando centavos — *centavos!* — todos os dias de seu marido abusivo até que ela pudesse comprar uma passagem de ônibus para ela e a filha retornarem para a família dela.

ABORDE QUESTÕES FINANCEIRAS. Se você sentir que há algo suspeito em um investimento ou algo não parece correto de uma perspectiva financeira, comece a fazer perguntas, adie decisões ou assinaturas de documentos ou evite revelar o número do cartão de crédito. Seja lá o que fizer, não siga em frente sozinho. Consiga ajuda (de preferência, um profissional qualificado como um banqueiro, um contador ou um advogado) para avaliar a situação ou verificar no que você está investindo ou cogitando fazer e pergunte se eles acham que é um bom negócio. Gastar quatrocentos dólares com um advogado é muito melhor do que perder 40 mil dólares para uma personalidade perigosa.

O GRANDE DESPERTAR É DOLOROSO. Algo ocorre com quem se envolve com personalidades perigosas, e eu chamo isso de "o Grande Despertar". As pessoas muitas vezes dedicam anos de suas vidas a esses indivíduos. A maioria se decepciona. Mas estão tão envolvidos nisso que simplesmente continuam tentando fazer as coisas darem certo — até que, enfim, percebem que suas esperanças de melhorar essa relação jamais serão atendidas. Esse é o Grande Despertar: o momento no qual você entende que nada mais pode ser feito em favor desse indivíduo, você está em sofrimento e é hora de deixar isso para trás.

LEMBRE-SE DE QUE NÃO ESTÁ SOZINHO. Já passei por isso. As pessoas se sentem tolas — como se tivessem sido usadas, estivessem vivendo uma mentira ou não conseguissem confiar em ninguém. Alguns voltam a própria dor para si mesmos, culpando-se. É por isso que terapia sempre é útil nesse momento, se você tiver condições de fazer. Mas, por favor, não se sinta sozinho. Todos nós, de uma forma ou outra, vivenciamos algo assim.

EXIJA E MANTENHA DISTÂNCIA. A essa altura, você já deve ter percebido um padrão em meus conselhos, sobre como a distância pode ser bastante eficaz. Você está certo — e não peço desculpas, pois minha principal preocupação é com as vítimas e seus entes queridos. Minha experiência me ensinou que é raro personalidades perigosas melhorarem, e elas podem causar efeitos psicológicos, emocionais, financeiros e físicos devastadores em nós. Com alta frequência, quando nos distanciamos do perigo ou de pessoas que podem nos machucar, nós paramos de sofrer. É aqui que me diferencio de muitos outros. Conversei com vítimas demais para vir com esse papo, como outros fazem, sobre tentar fazer as coisas darem certo quando seu bem-estar está em risco. Me sinto persuadido pelas sábias palavras do falecido diplomata, escritor e segundo Secretário-Geral das Nações Unidas, o sueco Dag Hammarskjöld, que, após ter vivido a carnificina da Segunda Guerra Mundial, afirmou: "Quem quer manter seu jardim bem cuidado não reserva espaço para as ervas daninhas". Se as ervas daninhas não vão embora, é hora de se mudar para um novo jardim.

UMA NOTA PARTICULAR: SE VOCÊ ACHA QUE TALVEZ SEJA UMA PERSONALIDADE PERIGOSA

Ao longo dos anos, escrevi artigos sobre personalidades perigosas. Constantemente, alguém me escrevia e dizia, em suma: "Reconheço muitas dessas características e comportamentos em mim". Se esse for o caso, quero ser o primeiro a parabenizar você por sua honestidade. Agora que enxerga essas características, procure ajuda de um profissional da saúde mental que seja especialista em lidar com seus comportamentos em particular e que possa auxiliar. Aprenda a se distanciar cognitivamente de seus próprios comportamentos que, no final, também colocam você em risco.

PARA ONDE VAMOS AGORA?

Espero que este livro tenha lhe dado conhecimento sobre personalidades perigosas e algumas ferramentas para impedi-las de lhe causar sofrimento. A vida é um presente a ser valorizado, e não desperdiçado atendendo a uma pessoa tóxica. Quando vivíamos em pequenas vilas nas quais todo mundo se conhecia, era mais fácil identificar essas personalidades e ajudar outros a fazerem o mesmo. Quando migramos para cidades, e nossas comunidades aumentaram de tamanho, isso se tornou mais difícil. Mas não impossível.

Temos uma obrigação para conosco, com nossas famílias e com nossa comunidade de estarmos seguros. Alcançamos isso com educação, com vigilância e compartilhando informação que possa beneficiar os outros, incluindo as crianças. Mas, primeiro, devemos ajudar a nós mesmos. Ao ler este livro, você deu um grande passo à frente em favor de sua segurança e da de quem você ama. Existem muitos outros livros por aí que também ajudarão e ensinarão você, espero que recorra a eles a partir da Bibliografia.

Acredito em tratar a todos com dignidade e respeito. Sempre tentei agir assim, mesmo com pessoas que coloquei na cadeia por crimes terríveis. Devemos todos tratar uns aos outros com respeito, mas isso não significa permitir que alguém abuse de nós ou nos vitimize.

Este livro foi escrito, em parte, para ajudar você a confirmar quando não estiver sendo respeitado, quando estiver sofrendo abuso, quando estiver sendo violado ou quando estiver em perigo. Espero que agora você esteja mais preparado para estar alerta a essas questões e a identificar esses indivíduos antes que eles o machuquem.

Por sorte, a maioria das pessoas que você vai conhecer e interagir em sua vida cotidiana não será uma personalidade perigosa. No geral, as pessoas se importam e têm boas intenções. Mas sei que, em algum momento, você vai se deparar com uma personalidade perigosa, porque existem milhões delas mundo afora. Quando isso ocorrer, por favor, lembre-se destas minhas palavras de encerramento:

VOCÊ NÃO TEM NENHUMA OBRIGAÇÃO SOCIAL DE SER ATORMENTADO OU VITIMIZADO — JAMAIS.

RECURSOS

ENCONTRAR INFORMAÇÕES, COM CERTEZA, FICOU MAIS FÁCIL COM A INTERNET. A seguir, algumas organizações que podem prover assistência caso você conheça alguém que tenha problemas de saúde mental ou que tenha sido vitimizado. Esta lista, óbvio, não é taxativa. Muitos grupos e canais estão abertos para oferecer ajuda no Brasil e no mundo.

LINHAS DIRETAS EMERGENCIAIS

Polícia Militar • Disque 190
Responsável pela segurança e combate ao crime
e atendimentos em casos de emergência.

Polícia Civil • Disque 197
Responsável pela investigação de crimes. Disque 197
ou registre ocorrência na delegacia mais próxima.

Polícia Rodoviária Federal • Disque 191
Responsável pela fiscalização e combate
ao crime nas rodovias federais.

Ministério dos Direitos Humanos e da Cidadania • Disque 100
Canal que recebe denúncias anônimas de vítimas ou testemunhas
de quaisquer violações de direitos humanos e de grupos
vulneráveis. O serviço funciona diariamente, 24 horas, por dia,
incluindo sábados, domingos e feriados. As ligações podem ser
feitas de todo o Brasil por meio de discagem direta e gratuita, de
qualquer terminal telefônico fixo ou móvel, bastando discar 100.

Central de Atendimento à Mulher • Disque 180
Central de atendimento à mulher, crianças e adolescentes.
O serviço recebe denúncias de violação dos direitos das
mulheres, crianças e adolescentes e também fornece
informações como locais de atendimento: Casa da
Mulher Brasileira, Centros de Referências, Delegacias
de Atendimento à Mulher (Deam), Defensorias Públicas,
Núcleos Integrados de Atendimento às Mulheres.

ASSISTÊNCIA A VÍTIMAS

Centros de Atenção Psicossocial (CAPS)
Unidades destinadas ao atendimento de pessoas com sofrimento mental grave, incluindo aquele decorrente do uso de álcool e outras drogas, seja em situações de crise ou nos processos de reabilitação psicossocial. Serviço de caráter aberto e comunitário, funciona sem necessidade de agendamento prévio ou encaminhamento para ser acolhido por profissionais de saúde como psiquiatras, clínicos, pediatras, fonoaudiólogos, psicólogos, terapeutas ocupacionais, assistentes sociais, equipe de enfermagem, farmacêuticos, a depender da modalidade do CAPS.

Centro de Valorização da Vida (CVV) • Disque 188 • cvv.org.br
Realiza apoio emocional e prevenção do suicídio, atendendo voluntária e gratuitamente todas as pessoas que querem e precisam conversar, sob total sigilo por telefone, e-mail e chat 24 horas todos os dias. Além dos atendimentos, o CVV desenvolve, em todo o país, outras atividades relacionadas a apoio emocional, com ações abertas à comunidade que estimulam o autoconhecimento e melhor convivência em grupo e consigo mesmo.

Centro de Referência Especializada em Assistência Social (CREAS)
O Centro de Referência Especializada em Assistência Social é responsável por atender crianças, adolescentes e famílias em qualquer situação de risco. Como cada município tem vários CREAS, procure o mais perto de você.

Centro Nacional para Crianças Desaparecidas e Exploradas
br.globalmissingkids.org
Essa página é mantida pela Secretaria Nacional dos Direitos da Criança e do Adolescente (SNDCA), do Ministério dos Direitos Humanos, com o objetivo de tornar mais acessíveis informações cruciais à prevenção do desaparecimento de crianças e adolescentes, assim como sobre os procedimentos mais adequados para a busca imediata e localização de crianças e adolescentes desaparecidos. Neste espaço é possível encontrar informações seguras sobre o que deve ser feito para prevenir o desaparecimento; como devemos agir e os direitos que devem ser respeitados por pessoas e instituições que estarão envolvidas no caso de desaparecimento; e o que não é recomendável fazer durante a busca.

DENÚNCIAS

Proteja Brasil
É um aplicativo gratuito criado pelo Unicef Brasil e apresenta de forma simples informações sobre os tipos de violência e indica ao usuário, a partir do local onde ele está, telefones e endereços de delegacias, conselhos tutelares e organizações que ajudam a combater a violência contra a infância e adolescência nas principais cidades brasileiras. Para os brasileiros que estão no exterior, o aplicativo apresenta os números de telefones e endereços das Embaixadas e Consulados do Brasil no Exterior.

SaferNet • new.safernet.org.br
Organização não governamental, sem fins lucrativos, que reúne cientistas da computação, professores, pesquisadores e bacharéis em direito com a missão de defender e promover os direitos humanos na Internet. A instituição recebe denúncias de quaisquer crimes contra os direitos humanos cometidos pela internet, tais como pornografia infantil, aliciamento de crianças e adolescentes e demais violências sexuais infantis.

Conselho Tutelar
É o órgão autônomo administrativo de cada município que tem a função de garantir que crianças e adolescentes tenham todos os seus direitos respeitados e foi criado pelo ECA. Denúncias de situações que prejudiquem crianças e adolescentes podem ser feitas por telefone ou pessoalmente na sede do conselho tutelar de cada cidade.

Ministério Público
É o órgão brasileiro responsável pela fiscalização do cumprimento da lei. É também quem fiscaliza os demais órgãos e agentes públicos. Sendo assim, recebe denúncias de qualquer violação de direitos.

POR FIM — E ISTO É IMPORTANTE:

Confira sua própria lista telefônica local, caso disponível, e registre aqui ou coloque em seu celular os telefones do departamento de polícia local, profissional de saúde mental ou outros telefones de assistência à vítima que você ache que talvez possa precisar. Isso lhe poupará tempo.

BIBLIOGRAFIA

109th CONGRESS (2005-2006). *Adam Walsh Child Protection and Safety Act of 2006. 109th Congress Public Law 248*, July 27, 2006. Washington, DC: US Government Printing Office. Acesso em: 03 dez. 2013. DOCID: f:publ248.109.

AMERICAN Psychiatric Association. *Diagnostic and Statistical Manual of Mental Disorders*. 5th ed. Arlington, VA: American Psychiatric Association, 2013.

_____. *Diagnostic and Statistical Manual of Mental Disorders*. 4th ed. Text rev. Washington, DC: American Psychiatric Association, 2000.

ARRIGO, Bruce A. *Introduction to Forensic Psychology*. San Diego: Academic Press, 2000.

ASSOCIATED PRESS. "Neighbors of Ala. Man Suspected of Holding Child in Standoff Say He Was Threatening, Violent". *Washington Post*, January 30, 2013. Acesso em: 02 fev. 2013. Disponível em: <http://www.washingtonpost.com/national/standoff-police-say-ala-gunman-kills-school-bus-driver-seizes-boy-retreats-into-bunker/2013/01/30/60d86d2c-6b47-11e2-9a0b-db931670f35d_story.html>.

_____. "Susan Powell's Diary Foreshadows Family Tragedy, Detailing Fears of Controlling Husband". *Foxnews.com*. Acesso em: 01 jul. 2013. Disponível em: <https://www.foxnews.com/us/susan-powells-diary-foreshadows-family-tragedy-detailing-fears-of-controlling-husband>.

ATHENS, Lonnie. *The Creation of Dangerous Violent Criminals*. Urbana, IL: University of Illinois Press, 1992.

AVIRGAN, Tony; HONEY, Martha. *War in Uganda: The Legacy of Idi Amin*. Westport, CT: Lawrence Hill & Co. Publishers, 1982.

BABIAK, Paul; HARE, Robert D. *Snakes in Suits: When Psychopaths Go to Work*. New York: Regan Books, 2006.

BAKER, Mark. "Diane Downs." *Register-Guard*, May 19, 2008, p. A1.

BAKER, Mike; JOHNSON, Gene. "Josh Powell Dead: Missing Woman Susan Powell's Husband, 2 Sons Killed in Home Explosion". *Huffington Post*, February 5, 2012. Acesso em: 19 nov. 2013. Disponível em: <http://www.huffingtonpost.com/2012/02/05/josh-powell-susan-powell-home-explosion_n_1256113.html>.

BANCROFT, Lundy. *Why Does He Do That? Inside the Minds of Angry and Controlling Men*. New York: Berkley Publishing Group, 2002.

BECK, Aaron. *Prisoners of Hate: The Cognitive Basis for Anger, Hostility, and Violence*. New York: Harper Collins Publishers, 1999.

BENTLEY, Paul; DURANT, Thomas. "Polygamist Paedophile Warren Jeffs 'in a Coma after Going on Hunger Strike in Solitary Cell'". *Daily Mail*, August 29, 2011. Acesso em: 01 ago. 2013. Disponível em: <http://www.dailymail.co.uk/news/article-2031483/Polygamist-paedophile-Warren-Jeffs-coma-going-hunger-strike-solitary-cell.html>.

BERKE, Joseph H. *A Tirania da Malícia. Explorando o Lado Sombrio do Caráter e da Cultura*. Rio de Janeiro: Imago, 1992.

BLACKBURN, R. "Psychopathology and Personality Disorder in Relation to Violence". In: HOWELLS, Kevin; HOLLINS, Clive R. (eds.). *Clinical Approaches to Violence*. New York: Wiley, 1989. p. 187—205.

BLAIR, James; MITCHELL, Derek; BLAIN, Karina. *The Psychopath: Emotion and the Brain*. Malden, MA: Blackwell Publishing, 2006.

BOHM, Robert. *A Primer on Crime and Delinquency Theory*. Belmont, CA: Wadsworth, 2001.

BOVSUN, Mara. "14 Years and Nine Tiny Corpses Later, Authorities Finally Took Action on Murderous Mother". *New York Daily News*, March 20, 2011. Acesso em: 20 ago. 2013. Disponível em: <http://www.nydailynews.com/news/crime/14-years-tiny-corpses-authorities-finally-action-murderous-mother-article-1.122089>.

BROOKS, David. "The Columbine Killers". *New York Times*, April 24, 2004. Acesso em: 01 jun. 2013. Disponível em: <http://www.nytimes.com/2004/04/24/opinion/the-columbine-killers.html>.

BROWN, Robbie; ROBERTSON, Campbell. "Standoff in Alabama Ends in Boy's Rescue and Kidnapper's Death". *New York Times*, February 4, 2013. Acesso em: 08 maio 2013. Disponível em: <https://www.nytimes.com/2013/02/05/us/boy-is-safe-after-alabama-hostage-standoff.html>.

BROWNING, Christopher. *The Path to Genocide*. Cambridge: Cambridge University Press, 1992.

BRUSSEL, James A. *Casebook of a Crime Psychiatrist*. New York: Grove Press, 1968.

BUGLIOSI, Vincent. *Helter Skelter: The True Story of the Manson Murders*. New York: W. W. Norton & Company, 1994.

_____. *Reclaiming History: The Assassination of President John F. Kennedy*. New York: W. W. Norton & Company, 2007.

_____. *Outrage: The Five Reasons Why O. J. Simpson Got Away with Murder*. New York: W. W. Norton & Company, 2008.

BUREAU of Justice Statistics. *Intimate Partner Violence in the US. 1993—2004*. Washington, DC: US Department of Justice, 2006.

BUTCHER, James (ed.). *Clinical Personality Assessment*. New York: Oxford University Press, 1995.

CAHILL, Tim. *Buried Dreams: Inside the Mind of a Serial Killer*. New York: Bantam Books, 1986.

CALLAHAN, Maureen. "The Hunt for the Perfect Serial Killer". *New York Post*, December 30, 2012. Acesso em: 19 nov. 2013. Disponível em: <https://nypost.com/2012/12/30/the-hunt-for-the-perfect-serial-killer>.

CAMPBELL, Andy. "'Whitey' Bulger Verdict: Boston Mobster Guilty of Federal Racketeering, Some Murders". *Huffington Post*, August 12, 2013. Acesso em: 12 ago. 2013. Disponível em: <http://www.huffngtonpost.com/2013/08/12/whitey-bulger-verdict-guilty-racketeering_n_3712706.html?view=print&comm_ref=false>.

CHAN, Sewell. "Remembering Leona Helmsley". *New York Times*, August 20, 2007. Acesso em: 01 jul. 2013. Disponível em: <http://cityroom.blogs.nytimes.com/2007/08/20/leona-helmsley-is-dead-at-87>.

CHAPMAN, Alexander L.; GRATZ, Kim L. *The Borderline Personality Disorder Survival Guide: Everything You Need to Know about Living with BPD*. Oakland, CA: New Harbinger Publications, 2007.

CHRISTIE, Richard; GEIS, Florence L. (eds.). *Studies in Machiavellianism*. New York: Academic Press, 1970.

CIALDINI, Robert B. *As Armas da Persuasão. Como se influenciar e não se deixar influenciar*. Rio de Janeiro: Sextante, 2012.

CLOUD, John. "Preventing Mass Murder". *Time*, August 6, 2012. p. 28-29.

COLEMAN, James C. et al. *Abnormal Psychology and Modern Life*. 7th ed. Glenview, IL: Scott, Foresman and Company, 1984.

CONNOLLY, Kate. "I Was Born to Rape, Fritzl Tells Doctor". *Guardian*, October 22, 2008. Acesso em: 09 ago. 2013. Disponível em: <http://www.theguardian.com/world/2008/oct/23/josef-fritzl-trial>.

COSCARELLI, Joe. "Jodi Arias Found Guilty of First-Degree Murder". *New York*, May 8, 2013. Acesso em: 20 jul. 2013.

Disponível em: <http://nymag.com/daily/intelligencer/2013/05/jodi-arias-guilty-verdict-first-degree-murder.html>.

COX, Marian Roalfe. *Cinderella: Three Hundred and Forty-Five Variants of Cinderella, Catskin, and Cap O'Rushes*. London: Folk-lore Society, 1893. Google Books. Acesso em: 15 fev. 2013.

CROMPTON, Vicki; KESSNER, Ellen Zelda. *Saving Beauty from the Beast: How to Protect Your Daughter from an Unhealthy Relationship*. New York: Little, Brown and Company, 2003.

DAVIS, Don. *Bad Blood: The Shocking True Story behind the Menendez Killings*. New York: St. Martin Press, 1994.

DAVIS, Joshua. "Dangerous: An In-Depth Investigation into the Life of John McAfee". *Wired*, March 2, 2013. Acesso em: 27 jul. 2013. Disponível em: <http://www.wired.co.uk/magazine/archive/2013/02/features/dangerous/viewall>.

DAWSON, Pat. "The Children's War". *Time*, June 11, 2001. p. 30.

DE BECKER, Gavin. *Virtudes do Medo. Sinais de alerta que nos protegem da violência*. Rio de Janeiro: Rocco, 1999.

DEES, Morris; CORCORAN, James. *Gathering Storm: America's Militia Movement*. New York: Harper Collins, 1996.

DICKINSON, Debbi. "He Lied to Me When We First Met and I Married Him Anyway". *Huffington Post*, April 14, 2012. Acesso em: 17 fev. 2013. Disponível em: <https://www.huffpost.com/entry/mr-wrong_b_1421712>.

DREEKE, Robin. *It's Not All about "Me": The Top Ten Techniques for Building Quick Rapport with Anyone*. Robin K. Dreeke, 2011.

DUGARD, Jaycee Lee. *Vida Roubada*. Rio de Janeiro: Editora Best-Seller, 2011.

DURANDO, Jessica. "BP's Tony Hayward: 'I'd like my life back'". *USA Today*, June 1, 2010. Acesso em: 18 nov. 2013. Disponível em: <http://content.usatoday.com/communities/greenhouse/post/2010/06/bp-tony-hayward-apology/1#>.

DYER, Joel. *Harvest of Rage: Why Oklahoma City Is Only the Beginning*. Boulder, CO: Westview Press, 1998.

EHRENFREUND, Max. "Prosecutors Investigating Reported Stabbing of John Gotti, Jr. on Long Island." *Washington Post*, November 11, 2013. Acesso em: 17 nov. 2013. Disponível em: <http://www.washingtonpost.com/national/prosecutors-investigating-reported-stabbing-of-john-gotti-jr-on-long-island/2013/11/12/f7129d62-4bb1-11e3-ac54-aa84301ced81_story.html>.

EMERSON, Steven. *American Jihad: The Terrorists Living among Us*. New York: Free Press, 2002.

EPSTEIN, Daniel Mark. *The Lincolns: Portrait of a Marriage*. New York: Ballantine Books, 2009.

ERIKSON, Erik H. *Identity: Youth and Crisis*. New York: W. W. Norton & Company, 1968.

ESSER, Doug. "Michael Chadd Boysen, Accused of Killing Grandparents, to Be Extradited to Washington State". *Huffington Post*, March 14, 2013. Acesso em: 08 ago. 2013. Disponível em: <http://www.huffingtonpost.com/2013/03/14/michael-chadd-boysen-extradited_n_2875068.html>.

EVANS, Patricia. *The Verbally Abusive Relationship: How to Recognize It and How to Respond*. Avon, MA: Adams Media Corporation, 2010.

FANTZ, Ashley. "Ariel Castro Agrees to Pleas Deal to Avoid the Death Penalty". *CNN*, July 28, 2013. Acesso em: 01 ago. 2013. Disponível em: <http://www.cnn.com/2013/07/26/justice/ohio-castro/>.

FEDERAL BUREAU OF INVESTIGATION. *Uniform Crime Reports: Crime in the United States 2010*. Washington, DC: United States Department of Justice, 2010.

_____. *Uniform Crime Reports: Crime in the United States 2011*. Washington, DC: United States Department of Justice. Acesso em: 08 jul. 2013. Disponível em: <http://www.fbi.gov/about-us/cjis/ucr/crime-in-the-u.s/2011/crime-in-the-u.s.-2011>.

FRANK, Gerold. *The Boston Strangler*. New York: New American Library, 1966.

FORD, Charles V. *Lies!, Lies!, Lies!: The Psychology of Deceit*. Washington, DC: American Psychiatric Press, 1996.

FOX, James Allen; LEVIN, Jack. *Extreme Killing: Understanding Serial and Mass Murder*. Thousand Oaks, CA: Sage Publications, 2005.

GABBARD, Glen O. *Psiquiatria Psicodinâmica na Prática Clínica*. Porto Alegre: Artmed, 2015.

_____. *The Psychology of the Sopranos: Love, Death, Desire, and Betrayal in America's Favorite Gangster Family*. New York: Basic Books, 2003.

GARDNER, D. L.; COWDRY, R. W. "Suicidal and Parasuicidal Behavior in Borderline Personality Disorder". *Psychiatric Clinics of North America 8*, n. 2, 1985. p. 389—403.

GIANNANGELO, Stephen. *The Psychopathology of Serial Murder: A Theory of Violence*. Westport, CT: Praeger, 1996.

GIBBS, Nancy. "Tracking Down the Unabomber". *Time*, April 15, 1996. p. 38—46.

GIBSON, Megan. "Scotland Yard Report Reveals Details of Jimmy Savile's Crimes". *Time World*, January 11, 2013. Acesso em: 01 ago. 2013. Disponível em: <http://world.time.com/2013/01/11/scotland-yard-report-reveals-details-of-jimmy-saviles-crimes/>.

GLOVER, Barry. *Entrevistado por Joe Navarro*. 07 abr. 2000.

GOFORTH, Candace; ORTIZ, Erik; MCSHANE, Larry. "Kidnap Victims Released from Cleveland Hospital Reunite with Families; 3 Brothers Arrested in Shocking Case". *New York Daily News*, May 7, 2013. Acesso em: 18 nov. 2013. Disponível em: <https://www.nydailynews.com/news/crime/castro-brothers-arrested-connection-missing-cleveland-women-article-1.1337032>.

GOLEMAN, Daniel. *Inteligência Emocional: A teoria revolucionária que redefine o que é ser inteligente*. Rio de Janeiro: Objetiva, 1996.

_____. *Inteligência Social: A ciência revolucionária das relações humanas*. Rio de Janeiro: Objetiva, 2019.

GRAEBER, Charles. "The Tainted Kidney". *New York*, October 24, 2007. Acesso em: 18 maio 2013. Disponível em: <http://nymag.com/news/features/30331>.

GREIG, Charlotte. *Evil Serial Killers: In the Minds of Monsters*. New York: Barnes & Noble, 2005.

GUINN, Jeff. *Manson: A Biografia*. Rio de Janeiro: Darkside Books, 2014.

GUNDERSON, John G.; HOFFMAN, Perry D. *Understanding and Treating Borderline Personality Disorder: A Guide for Professionals and Families*. Arlington, VA: American Psychiatric Publishing, 2005.

GUNDERSON, John G.; LINKS, Paul S. *Borderline Personality Disorder: A Clinical Guide*. Arlington, VA: American Psychiatric Publishing, 2008.

HAMMARSKJÖLD, Dag. *Markings*. New York: Alfred A. Knopf, 1964.

HARE, Robert D. *Sem Consciência: O Mundo Perturbador dos Psicopatas que Vivem Entre Nós*. Porto Alegre: Artmed, 2012.

HARE, Robert D. et al. "Psychopathy and the DSM-IV Criteria for Antisocial Personality Disorder". *Journal of Abnormal Psychology*, 100, n. 3, 1991. p. 391—398.

HAROUN, Ansar M. "Psychiatric Aspects of Terrorism". *Psychiatric Annals*, 26, n. 6, 1999. p. 335—336.

HARRIS, Grant T. et al. "Criminal Violence: The Roles of Psychopathy, Neurodevelopment Insults, and Antisocial Parenting". *Criminal Justice and Behavior*, 28, n. 4, 2001. p. 402—426.

HARRIS, Judith Rich. *The Nurture Assumption: Why Children Turn Out the Way They Do*. New York: Touchstone Books, 1998.

HEDGES, Peter. *The Devil Wears Prada*, March 10, 2005 [Roteiro]. Acesso em: 21 abr. 2013. Disponível em: <http://www.dailyscript.com/scripts/devil_wears_prada.pdf>.

HOCH, Paul. *Differential Diagnosis in Clinical Psychiatry*. New York: Science House, 1972.

HOFFER, Eric. *The True Believer: Thoughts on the Nature of Mass Movements*. New York: Harper & Row, 1989.

HOROWITZ, Mardi J. (ed.). *Hysterical Personality*. New York: Jason Aronson, 1977.

HOTCHKISS, Sandy. *Why Is It Always About You? The Seven Deadly Sins of Narcissism*. New York: Free Press, 2003.

HYDE, Maggie; MCGUINNESS, Michael. *Introducing Jung*. New York: Totem Books, 1998.

IADICOL, Peter; SHUPE, Anson. *Violence, Inequality, and Human Freedom*. New York: General Hall, 1998.

ISAACSON, Walter. *Steve Jobs*. São Paulo: Companhia das Letras, 2011.

"'I Was Born to Rape,' says Josef Fritzl". *Austrian Times*, October 24, 2008. Acesso em: 21 ago. 2013. Disponível em: <http://austriantimes.at/news/General_News/2008-10-24/9273/I_was_born_to_rape,_says_Josef_Fritzl>.

JONES, Stephen A. "Family Therapy with Borderline and Narcissistic Patients". *Bulletin of the Menninger Clinic*, 51, n. 3, 1987. p. 285—295.

KANTOR, Martin. *Understanding Paranoia: A Guide for Professionals, Families, and Sufferers*. Westport, CT: Praeger Publishers, 2008.

KARAS, Beth; O'NEILL, Ann. "Ex 'Mrs. Rockefeller': 'I Had a Pretty Big Blind Spot'". *CNN Online*, June 2, 2009. Acesso em: 01 jul. 2013. Disponível em: <http://www.cnn.com/2009/CRIME/06/02/massachusetts.rockefeller.trial/index.html?eref=rss_mostpopular>.

KASHNER, Sam; SCHOENBERGER, Nancy. *Furious Love: Elizabeth Taylor, Richard Burton: The Marriage of the Century*. New York: Harper Collins, 2010.

KEEFE, Patrick Radden. "Did a Murderer in Waiting Go Undetected Because She Was a Woman?". *New Yorker*, February 14, 2013. Acesso em: 17 fev. 2013. Disponível em: <http://www.newyorker.com/online/blogs/newsdesk/2013/02/did-a-mass-murderer-in-waiting-go-undetected-because-she-was-a-woman.html>.

KERNBERG, Otto F. *Borderline Conditions and Pathological Narcissism*. Northvale, NJ: Jason Aronson, 1985.

_____. *The Psychopathology of Hatred: In Rage, Power and Aggression*. New Haven, CT: Yale University Press, 1993.

KILDUF, Marshal; JAVERS, Ron. *Suicide Cult: The Inside Story of the Peoples Temple Sect and the Massacre in Guyana*. New York: Bantam Books, 1978.

KILGANNON, Corey. "Hedda Nussbaum Promotes Her Memoir on Life with an Abuser". *New York Times*, April 6, 2006. Acesso em: 11 fev. 2013. Disponível em: <http://www.nytimes.com/2006/04/06/nyregion/06hedda.html>.

KIERNAN, Ben. *How Pol Pot Came to Power: History of Communism in Kampuchea, 1930—1975*. London: Verso Press, 1985.

KREISMAN, Jerold J.; STRAUS, Hal. *I Hate You— Don't Leave Me: Understanding the Borderline Personality*. New York: Avon Books, 1989.

KYEMBA, Henry. *A State of Blood: The Inside Story of Idi Amin*. New York: Ace Books, 1977.

LANGER, Walter C. *The Mind of Adolf Hitler: The Secret Wartime Report*. New York: Basic Books, 1972.

LAQUEUR, Walter. *Voices of Terror: Manifestos, Writings and Manuals of al Qaeda, Hamas, and Other Terrorists from around the World and throughout the Ages*. New York: Reed Press, 2004.

LAWSON, Christine Ann. *Understanding the Borderline Mother: Helping Her Children Transcend the Intense, Unpredictable, and Volatile Relationship*. Northvale, NJ: Jason Aronson, 2000.

LEDOUX, Joseph E. *O Cérebro Emocional: Os misteriosos alicerces da vida emocional*. Rio de Janeiro: Objetiva, 1998.

LEVINE, Sol. "Psychiatric Aspects of Terrorism: Youth in Terroristic Groups, Gangs, and Cults: The Allure, the Animus, and the Alienation". *Psychiatric Annals*, 26, n. 6, 1999. p. 342–349.

LEVIN, Jack; MCDEVITT, Jack. *Hate Crimes: The Rising Tide of Bigotry and Bloodshed*. New York: Plenum, 1993.

LINEHAN, Marsha. *Terapia Cognitivo-Comportamental para Transtorno da Personalidade Borderline: Guia do Terapeuta*. Porto Alegre: Artmed, 2009.

LIPMAN-BLUMEN, Jean. *The Allure of Toxic Leaders: Why We Follow Destructive Bosses and Corrupt Politicians—And How We Can Survive Them*. New York: Oxford University Press, 2005.

LUHRMANN, T. M. *Of Two Minds: The Growing Disorder in American Psychiatry*. New York: Random House, 2000.

MABE, Logan D. "Questions Elicit Tale of Baby's Death". *St. Petersburg Times*, August 30. 1999. Acesso em: 11 maio 2013. Disponível em: <http://www.sptimes.com/News/83099/TampaBay/Questions_elicit_tale.shtml>.

MADOFF MACK, Stephanie. *The End of Normal: A Wife's Anger, a Widow's New Life*. New York: Blue Rider Press, 2011.

MAGUIRE, John; DUNN, Mary. *Hold Hands and Die: The Incredible True Story of the People's Temple*. New York: Dale Books, 1978.

MAGUIRE, Daniel C.; FARGNOLI, A. Nicholas. *On Moral Grounds: The Art and Science of Ethics*. New York: Cross Roads Publishing, 1991.

MARTINEZ, Michael. "Charges in Rebecca Sedwick's Suicide Suggest 'Tipping Point' in Bullying Cases". *CNN*, October 28, 2013. Acesso em: 18 nov. 2013. Disponível em: <http://www.cnn.com/2013/10/25/us/rebecca-sedwick-bullying-suicide-case/>.

MASTERSON, James F. *The Search for the Real Self: Unmasking the Personality Disorders of Our Age*. New York: Free Press, 1988.

MCFARLAND, Sheena. "Josh Powell's Lasting Identity: Murderer". *Salt Lake City Tribune*, February 6, 2012. Acesso em: 20 nov. 2013. Disponível em: <http://www.sltrib.com/sltrib/faith/53450298-78/powell-josh-sons-susan.csp>.

MCGINNES, Jamie. "Millionaire on the Run: How the Man Who Founded Software Giant McAfee Lost His Fortune and Ended Up Hiding from Police in Belize after They 'Rousted Mim from the Bed of a 17-Year-Old and Shot His Dog Because He's Running a Meth Lab'". *Daily Mail*, May 25, 2012. Acesso em: 10 jun. 2013. Disponível em: <http://www.dailymail.co.uk/news/article-2149904/John-McAfee-arrested-Belize-police-claim-running-meth-lab.html>.

MELOY, J. Reid. *The Mark of Cain: Psychoanalytic Insight and the Psychopath*. Hillsdale, NJ: Analytic Press, 2001.

_____. *The Psychopathic Mind: Origins, Dynamics, and Treatment*. Northvale, NJ: Jason Aronson, 1998.

_____. *Violent Attachments*. Northvale, NJ: Jason Aronson, 1997.

_____. *Violence Risk and Threat Assessment*. San Diego: Specialized Training Services, 2000.

MELOY, J. Reid; MELOY, M. J. "Autonomic Arousal in the Presence of Psychopathy: A Survey of Mental Health and Criminal Justice Professionals". *Journal of Threat Assessment*, 2, n. 2, 2002. p. 21–34.

MILLON, Theodore; DAVIS, Roger D. *Disorders of Personality: DSM-IV and Beyond*. New York: Wiley and Sons, 1996.

MONAHAN, John. *Predicting Violent Behavior: An Assessment of Clinical Techniques*. Beverly Hills, CA: Sage, 1981.

MOORE, Solomon, et al. "Actor Phil Hartman, Wife Killed in Murder-Suicide Tragedy: The Comedian Is Apparently Shot by Spouse in Their Encino Home". *Los Angeles Times*, May 29, 1998. Acesso em: 20 jul. 2013. Disponível em: <http://articles.latimes.com/1998/may/29/news/mn-54521>.

MOSES, Jeanette. "Desperately Seeking Susan Powell: A Best Friend's Quest". *Time*, February 10, 2012. Acesso em: 20 nov. 2013.

Disponível em: <http://content.time.com/time/nation/article/0,8599,2106632,00.html#ixzz2lvKNFYHm>.

MSNBC.COM NEWS SERVICES. "Police: 1981 Killing of Adam Walsh Solved." *Crime & Courts*, NBC *News.com*, updated December 16, 2008. Acesso em: 03 dez. 2013. Disponível em: <http://www.nbcnews.com/id/28257294/#.Up4f9RzPzCc>.

MULLER, Rene J. *Anatomy of a Splitting Borderline: Description and Analysis of a Case History*. Westport, CT: Praeger Press, 1994.

MUNRO, Alistair. *Delusional Disorder: Paranoia and Related Illnesses*. New York: Cambridge University Press, 1999.

MURRAY, Jill. *But I Love Him: Protecting Your Teen Daughter from Controlling, Abusive Dating Relationships*. New York: Harper Collins, 2001.

MYERS, David G. *Exploring Psychology*. 2nd ed. New York: Worth Publishers, 1993.

NAVARRO, Joe. "Are You Being Manipulated by a Social Puppeteer?". *Spycatcher (blog). Psychology Today*, January 7, 2013. Acesso em: 21 fev. 2013. Disponível em: <http://www.psychologytoday.com/blog/spycatcher/201301/are-you-being-manipulated-social-puppeteer>.

_____. *How to Spot a Psychopath*. Kindle Edition, 2010.

_____. *Hunting Terrorists: A Look at the Psychopathology of Terror*. Springfield, IL: Charles C. Thomas Publishers, 2005.

_____. "Lessons from the Oslo Terrorist Attack". *Spycatcher (blog). Psychology Today*, July 30, 2011. Acesso em: 04 maio 2013. Disponível em: <http://www.psychologytoday.com/blog/spycatcher/201107/lessons-the-oslo-terrorist-attack>.

_____. *Narcissists Among Us*. Kindle Edition, 2012.

_____. "The Psychopathology of Terror." Lecture before the FBI *National Academy graduates*, Key West, FL, 28 jul. 2003.

_____. "Wound Collectors". *Spycatcher (blog). Psychology Today*, April 7, 2013. Acesso em: 20 jul. 2013. Disponível em: <http://www.psychologytoday.com/blog/spycatcher/201304/wound-collectors>.

NAVARRO, Joe; SCHAFER, John R. "Universal Principles of Criminal Behavior: A Tool for Analyzing Criminal Intent". FBI *Law Enforcement Bulletin*, jan. 2003. p. 22—24.

NICHOLI, Armand M., Jr. (ed.). *The Harvard Guide to Modern Psychiatry*. 3rd ed. Cambridge, MA: Harvard University Press, 1987.

O'BRIEN, Darcy. *Two of a Kind: The Hillside Stranglers; The Inside Story*. New York: Signet, 1985.

O'CONNOR, Anahad. "Government Ends Case against Gotti". *New York Times*, January 13, 2010. Acesso em: 20 jul. 2013. Disponível em: <http://www.nytimes.com/2010/01/14/nyregion/14gotti.tml?ref=johnagotti&gwh=4773BDA2194941569DFECA25576B1987>.

OHLIN, Lloyd; TONRY, Michael (eds.). *Family Violence: Crime and Justice: A Review of Research*. 2nd ed. Chicago: University of Chicago Press, 1990.

OLDHAM, John M.; MORRIS, Lois B. *The New Personality Self-Portrait: Why You Think, Work, Love, and Act the Way You Do*. New York: Bantam Books, 1995.

PANKSEPP, Jaak. *Affective Neuroscience: The Foundations of Human and Animal Emotions*. New York: Oxford University Press, 1998.

PAYSON, Eleanor D. *The Wizards of Oz and other Narcissists: Coping with the One-Way Relationship in Work, Love, and Family*. Royal Oak, MI: Julian Day Publications, 2002.

PEARCE, Matt. "Cleveland Suspect Ariel Castro: A Troubling Portrait Emerges". *Los Angeles Times*, May 9, 2013. Acesso em: 18 nov. 2013. Disponível em: <http://www.latimes.com/news/nation/nationnow/la-na-nn-castro-abuse-history-20130509,0,1600490.story#axzz2l3Qm5YES>.

PENNEBAKER, James W. *Emotion, Disclosure, and Health*. Washington, DC: American Psychological Association, 1995.

_____. *Opening Up; The Healing Power of Expressing Emotions*. New York: Guilford Press, 1990.

PINKER, Steven. *Tábula Rasa: a negação contemporânea da natureza humana*. São Paulo: Companhia das Letras, 2004.

POOL, Bob. "Former GI Claims Role in Goering's Death". *Los Angeles Times*, February 7, 2005. Acesso em: 01 jul. 2013. Disponível em: <https://www.latimes.com/archives/la-xpm-2005-feb-07-me-goering7-story.html>.

POST, Jerrold M. "It's Us against Them: The Group Dynamics of Political Terrorism." *Terrorism*, 10, 1987. p. 23—36.

_____. *Leaders and Their Followers in a Dangerous World: The Psychology of Political Behavior*. Ithaca, NY: Cornell University Press, 2004.

_____. "The Mind of the Terrorist: Individual and Group Psychology of Terrorist Behavior". *Testimony before the Senate Armed Services Committee*, 15 nov. 2001.

_____. *The Psychological Assessment of Political Leaders*. Ann Arbor, MI: University of Michigan Press, 2003.

_____. "Terrorist Psycho-Logic: Terrorist Behavior as a Product of Psychological Forces". In: REICH, Walter (ed.). *Origins of Terrorism: Psychologies, Ideologies, Theologies, States of Mind*. Cambridge: Cambridge University Press, 1992. p. 25—40.

PRESIDENT's Commission on Law Enforcement and Administration of Justice. *The Challenge of Crime in a Free Society*. Washington, DC: US Government Printing Office, 1967.

QUARTZ, Steven R.; SEJNOWSKI, Terrence J. *Liars, Lovers, and Heroes: What the New Brain Science Reveals about How We Become Who We Are*. New York: Harper Collins, 2003.

QUINN, Phil. *Entrevistado por Joe Navarro*, 07 nov. 2001.

RADZINSKY, Evard. *Stalin: The First In-Depth Biography Based on Explosive New Documents from Russia's Secret Archive*. New York: Anchor Books, 1996.

RAINE, Adrian. *A Anatomia da Violência: As Raízes Biológicas da Criminalidade*. Porto Alegre: Artmed, 2015.

RESSER, Marc. *Entrevistado por Joe Navarro*, 13 abr. 2003.

REICH, Walter (ed.). *Origins of Terrorism: Psychologies, Ideologies, Theologies, States of Mind*. Cambridge: Cambridge University Press, 1992.

RENNISON, Callie Marie. *Bureau of Justice Statistics Crime Data Brief: Intimate Partner Violence 1993—2001*. Washington, DC: US Department of Justice, 2003.

RESSLER, Robert H.; SHACHTMAN, Tom. *Whoever Fights Monsters*. New York: St. Martin's Press, 1992.

RHODES, Richard. *Why They Kill: Discoveries of a Maverick Criminologist*. New York: Vintage Books, 1999.

ROBBINS, Robert S.; POST, Jerrold M. *Political Paranoia: The Psychopolitics of Hatred*. New Haven, CT: Yale University Press, 1997.

ROCHE, Mike. *Face 2 Face: Observation, Interviewing and Rapport Building Skills: An Ex-Secret Service Agent's Guide*. Kindle Edition, 2012.

ROGERS, Patrick. "Ill Suited Life as a Crime Boss, John Gotti Follows His Father into Prison". *People*, September 27, 1999. Acesso em: 20 nov. 2013. Disponível em: <http://www.people.com/people/archive/article/0,,20129328,00.html>.

ROTH, Kimberlee; FRIEDMAN, Freda B. *Surviving a Borderline Parent: How to Heal Your Childhood Wounds and Build Trust, Boundaries, and Self-Esteem*. Oakland, CA: New Harbinger Publications, 2003.

ROY, Joe. *False Patriots: The Threat of Antigovernment Extremists*. Montgomery, AL: Southern Poverty Law Center, 1996.

RULE, Ann. *Small Sacrifices*. New York: Signet, 1987.

_____. *Ted Bundy: Um Estranho ao Meu Lado*. Rio de Janeiro: Darkside Books, 2014.

RUSSO, Francine. "The Faces of Hedda Nussbaum". *New York Times Magazine*, March 30, 1997. Acesso em: 11 fev. 2013. Disponível em: <http://www.nytimes.com/1997/03/30/magazine/the-faces-of-hedda-nussbaum.html>.

SAMENOW, Stanton. *Inside the Criminal Mind*. New York: Crown Publishers, 1984.

SANDERS, Ed. *The Family*. New York: Thunder's Mouth Press, 2002.

SCHAFER, John; NAVARRO, Joe. "The Seven-Stage Hate Model; the Psychopathology of Hate Groups". FBI *Law Enforcement Bulletin*, mar. 2003, p. 1—9.

SCHECHTER, Harold; EVERITT, David. *The A to Z Encyclopedia of Serial Killers*. New York: Simon & Schuster, 1997.

SCHOUTEN, Ronal; SILVER, James. *Almost a Psychopath: Do I (or Does Someone I Know) Have a Problem with Manipulation and Lack of Empathy?* Center City, MN: Hazelden, 2012.

SHAPIRO, Ronald M.; JANKOWSKI, Mark A. *Bullies, Tyrants, and Impossible People: How to Beat Them without Joining Them*. New York: Crown Business, 2005.

SEIGEL, Larry J. *Criminology: The Core*. 2nd ed. Belmont, CA: Wadsworth, 2005.

SIEVER, Larry J.; KOENIGSBERG, Harold W. "The Frustrating No-Mans-Land of Borderline Personality Disorder". *Cerebrum, The Dana Forum on Brain Science*, 2, n. 4, 2000.

SIMMONS, Debra. "Gender Issues and Borderline Personality Disorder: Why Do Females Dominate the Diagnosis?" *Archives of Psychiatric Nursing*, 6, n. 4, 1992. p. 219—223.

SIMON, George K. *In Sheep's Clothing: Understanding and Dealing with Manipulative People*. Little Rock, AR: A.J. Christopher & Co., 1996.

SINGER, Margaret Thaler; LALICH, Janja. *Cults in Our Midst: The Hidden Menace in Our Everyday Lives*. San Francisco: Jossey-Bass Publishers, 1995.

SLUKA, Jeffrey (ed.). *Death Squad: The Anthropology of State Terror*. Philadelphia: University of Pennsylvania Press, 2000.

SOLOFF, Paul H. et al. "Self-Mutilation and Suicidal Behavior in Borderline Personality Disorder". *Journal of Personality Disorders* 8, n. 4, 1994. p. 257—267.

SOLZHENITSYN, Aleksandr I. *Arquipélago Gulag: Um experimento de investigação artística 1918-1856*. São Paulo: Carambaia, 2019.

SPITZ, Vivien. *Doctors from Hell: The Horrific Account of Nazi Experiments on Humans*. Boulder, CO: Sentient Publications, 2005.

SPOTO, Donald. *Marilyn Monroe: The Biography*. New York: Cooper Square Press, 1993.

STANTON, Bill. *Klanwatch: Bringing the Ku Klux Klan to Justice*. New York: Grove Weidenfeld, 1991.

STERN, Kenneth S. *A Force upon the Plain: The American Militia Movement and the Politics of Hate*. New York: Simon & Schuster, 1996.

STOUT, Martha. *Meu Vizinho É Um Psicopata*. Rio de Janeiro: Sextante, 2010.

ST.-YVES, M.; BAROCHE, C.; RENAUD, J. "Personality Disorders and Crisis Intervention". In: ST.-YVES, M.; COLLINS, P. (eds.). *The Psychology of Crisis Intervention for Law Enforcement Officers*. Toronto: Carswell Publisher, 2012. p. 167—198.

ST.-YVES, M.; COLLINS, P. *The Psychology of Crisis Intervention for Law Enforcement Officers*. Toronto: Carswell Publisher, 2012.

SUDDATH, Claire. "Top 10 CEO Scandals". *Time*, August 10, 2010. Acesso em: 04 jun. 2013. Disponível em: <http://content.time.com/time/specials/packages/article/0,28804,2009445_2009447,00.html>.

SUTHERLAND, Edwin H.; CRESSEY, Donald R. *Principles of Criminology*. Philadelphia: Lippincott, 1978.

SUTTON, Robert I. *The No Asshole Rule: Building a Civilized Workplace and Surviving One That Isn't*. New York: Business Plus, 2007.

SWANSON, Charles R.; CHAMELIN, Neil; TERRITO; Leonard. *Criminal Investigation*. 11th ed. New York: McGraw-Hill Companies, 2011.

SWARTZ, Marvin. et al. "Estimating the Prevalence of Borderline Personality Disorder in the Community". *Journal of Personality Disorders* 4, n. 3, 1990. p. 257–272.

TARABORRELLI, J. Randi. *A Vida Secreta de Marilyn Monroe*. São Paulo: Planeta, 2010.

TARM, Michael. "Drew Peterson Sentenced to 38 Years for Murder". *Associated Press*, February 21, 2013. Acesso em: 20 nov. 2013. Disponível em: <https://apnews.com/article/545a78e651394866b74642f6bad45afe>.

THOMAS, M. E. *Confessions of a Sociopath: A Life Spent Hiding in Plain Sight*. New York: Crown Publishers, 2013.

TWENGE, Jean M.; CAMPBELL, W. Keith. *Living in the Age of Entitlement: The Narcissism Epidemic*. New York: Simon & Schuster, 2009.

U.S. News & World Report, April 4, 1988, p. 11.

VAN HORN, Charisse. "Read Transcripts from Jodi Arias Trial Closing Arguments, Videos". *Examiner.com*, May 14, 2013. Acesso em: 20 jul. 2013. Disponível em: <http://www.examiner.com/article/read-transcripts-from-jodi-arias-trial-closing-arguments-videos-photos>.

VERPLAETSE, Jan et al (eds.). *The Moral Brain: Essays on the Evolutionary and Neuroscientific Aspects of Morality*. New York: Springer, 2009.

VITELLO, Paul. "Clifford Olson, Canadian Serial Killer, Is Dead at 71". *New York Times*, October 4, 2011. Acesso em: 09. ago. 2013. Disponível em: <http://www.nytimes.com/2011/10/05/world/americas/clifford-olson-canadian-serial-killer-is-dead-at-71.html>.

WALDINGER, Robert; GUNDERSON, John. *Effective Psychotherapy with Borderline Patients: Case Studies*. New York: Macmillan, 1987.

WALSH, Anthony; WU, Huei-Hsia. "Differentiating Antisocial Personality Disorder, Psychopathy, and Sociopathy: Evolutionary, Genetic, Neurological, and Sociological Considerations". *Criminal Justice Studies* 21, n. 2, 2008. p. 135–152.

WEEK, The, March 21, 2009, p. 20.

WILL, George. *With a Happy Eye but...: America and the World, 1997–2002*. New York: Free Press, 2002.

WILSON, Karen J. *When Violence Begins at Home: A Comprehensive Guide to Understanding and Ending Domestic Abuse*. Alameda, CA: Hunter House, 2006.

WINTER, Michael; LEGER, Donna Leinwand. "Dorner Charged with Murder, Attempted Murder of Cops". *USA Today*, February 11, 2013. Acesso em: 22 jun. 2013. Disponível em: <http://www.usatoday.com/story/news/nation/2013/02/11/los-angeles-murder-charges-dorner/1910643>.

YACCINO, Steven. "Former Official Pleads Guilty to Defrauding Illinois Town of $53 Million". *New York Times*, November 14, 2012. Acesso em: 13 jul. 2013. Disponível em: <http://www.nytimes.com/2012/11/15/us/former-official-pleads-guilty-to-defrauding-illinois-town-of-53-million.html>.

YOCHELSON, Samuel; SAMENOW, Stanton E. *The Criminal Personality*. New York: Jason Aronson, 1989.

YUDOFSKY, Stuart C. *Fatal Flaws: Navigating Destructive Relationships with People with Disorders of Personality and Character*. Washington, DC: American Psychiatric Publishing, 2005.

AGRADECIMENTOS

Sempre que embarcamos em uma jornada intelectual, há diversas pessoas a agradecer. A Bibliografia está lotada de tais indivíduos, que reservaram um tempo para compartilhar o que sabiam — a eles, meu mais profundo apreço. O falecido dr. Phil Quinn, que me persuadiu a entrar para o corpo docente do departamento de criminologia da Universidade de Tampa, foi um mentor por mais de uma década conforme estudei e explorei esses indivíduos de caráter e personalidade falhos. Para mim, a perspectiva dele como humanitário, padre, psicólogo e criminólogo foi, de fato, única e contribuiu de forma significativa para minha compreensão de um assunto complexo.

Dr. Michel St.-Yves, da Polícia Nacional do Québec e escritor como eu, tem me honrado com sua amizade e colaboração em inúmeros projetos ao longo dos anos, aqui e no Canadá, onde ele é um gigante em sua área. Uma vez mais, ele não me decepcionou com as críticas a este livro.

Um agradecimento especial vai para Kaja Perina, editora-chefe na *Psychology Today*, que encontrou espaço em sua agenda lotada para comentar os rascunhos iniciais deste livro. O dr. Leonard Territo recebe tanto minha admiração como meu agradecimento. Enquanto finalizava seu 12º livro, ele reservou um tempo em sua rotina atarefada para avaliar este manuscrito meticulosamente comigo, linha por linha. Sua vasta experiência trabalhando com personalidades perigosas, incluindo Ted Bundy, foi extremamente útil. Seu Prefácio é muito gentil.

Este livro não teria sido possível sem Steve Ross, diretor da Divisão de Livros da Agência de Artistas Abrams. Steve é o tipo de agente literário que faz acontecer e é, sem dúvida, uma das pessoas mais interessantes com quem já dividi uma refeição.

Quero agradecer a Alex Postman, Jennifer Levesque e ao resto da equipe da Rodale Books, que têm um apreço pelo bem-estar dos outros, tanto físico quanto mental e que, ao verem este manuscrito, de imediato compreenderam seu potencial de salvar vidas. Ao nosso editor Michael Zimmerman, obrigado por aterrissar neste projeto às pressas; você deu corpo à coisa toda — que ótimo trabalho.

Rascunhos iniciais deste texto foram lidos e relidos com cuidado por Janice Hillary. Agradeço a ela por seu apoio e orientação perspicaz. Que bom seria se todos nós pudéssemos ter professoras como ela — uma professora que se importa com seus alunos — incluindo os velhos como eu.

Minha gratidão a Elizabeth Lee Barron, da Biblioteca Macdonald-Kelce da Universidade de Tampa, por me ajudar de forma generosa a encontrar material de referência e por, tal como meu bom amigo Marc Reeser do FBI, sempre me fazer rir.

A Toni Sciarra Poynter, estou em dívida com você mais uma vez por dar forma a minhas palavras e pensamentos, mas, o que é mais importante, por ser inquisitiva, por compartilhar ideias e conceitos que são transformadores e por ser meticulosa de forma singular. Que talento você tem para a escrita e para tornar minha tarefa tão mais fácil. Obrigado, minha amiga.

Agradeço também a minha família aqui e na Europa por tolerar minhas ausências conforme eu lutava para escrever um manuscrito que era três vezes maior do que o leitor lerá. A minha esposa, Thryth, por quem tenho um respeito muito profundo, devo agradecer por você ser quem é; por prover conselhos valiosos e apoio amoroso; e por sua paciência enquanto eu lutei com a escrita deste livro por mais de um ano. Você é uma bênção em cada sentido da palavra que, com enorme frequência, tem de me isolar de distrações. E, por último, agradeço a meus pais, que me deixam honrado ao me chamarem de filho e por terem me provido com um ambiente amoroso sem personalidades perigosas.

Joe Navarro,
Mestre em Relações Internacionais,
Agente Especial do FBI (aposentado)
Tampa, Novembro de 2013

Faço meus os agradecimentos de Joe para Steve Ross da Agência de Artistas Abrams, para nosso editor Mike Zimmerman e para a equipe da Rodale Books por todo o esforço em nome deste livro.

Agradeço a Dona Munker por ser a amiga e colega escritora mais leal, mais amorosa e mais carinhosa que alguém poderia ter.

Amor e gratidão a meu marido, Donald, por sempre fazer parte de minha equipe e estar a meu lado e pelo modo como podemos conversar sobre o que há de mais pesado e mais leve.

A Joe Navarro, obrigada por nosso trabalho conjunto e por nossas muitas entrevistas e conversas profundas sobre os modos de ser das personalidades perigosas — um estranho terreno que você conhece muito bem. Obrigada pelo incansável trabalho em cada aspecto deste livro, pela dedicação, pelo humor e por sua enorme alegria em aprender e trabalhar. Quando você me manda um e-mail dizendo "deixa comigo", sei que *tá contigo*.

Por fim, correndo o risco de não ser levada a sério, sou grata por nossa gata Lucy ter estado sempre enrolada agradavelmente ao alcance dos braços em seu tapete de lã quando foi doloroso escrever sobre essas personalidades.

Toni Sciarra Poynter
Nova York, Dezembro de 2013

JOE NAVARRO é autor, professor e ex-agente do FBI. Com uma carreira distinta no campo da segurança e investigação, Navarro é amplamente reconhecido por seu conhecimento especializado em comportamento humano e comunicação não verbal. Ele dedicou mais de 25 anos de sua vida ao FBI, onde desempenhou um papel crucial na área de contraespionagem e na investigação de crimes graves. Após sua aposentadoria do FBI, Navarro canalizou sua expertise para a escrita e ensino, tornando-se autor de best-sellers e instrutor aclamado internacionalmente. Seus livros e cursos oferecem uma visão fascinante sobre a mente humana, revelando os segredos por trás das expressões faciais, linguagem corporal e detecção de mentiras. Através de suas contribuições, Joe Navarro continua a impactar e enriquecer o conhecimento sobre comportamento humano em todo o mundo. Saiba mais em: jnforensics.com

TONI SCIARRA POYNTER é escritora, editora e consultora, conhecida por suas obras envolventes e perspicazes de suspense e ficção contemporânea. Além de sua carreira de escritora, Poynter também é uma profissional experiente em comunicação e marketing.

CRIME SCENE®
DARKSIDE

"Não há quem consiga, por um período considerável,
manter uma cara para si e outra para a multidão
sem que, por fim, caia em confusão sobre
qual das duas é a verdadeira."

— *A LETRA ESCARLATE* —

DARKSIDEBOOKS.COM